当代西方社会心理学
名著译丛

方文 主编

SOCIAL CONSTRUCTION IN CONTEXT

语境中的社会建构

[美] 肯尼斯·J·格根(Kenneth J. Gergen) /著
郭慧玲 张颖 罗涛 /译 赵旭东 /校

中国人民大学出版社
·北京·

当代西方社会心理学名著译丛

编委会

“文化自觉”的阶梯

——“当代西方社会心理学名著译丛”总序

方 文

只有一门社会心理学。它关注人之认知、情感和行为潜能的展现，如何受他人在场（presence of others）的影响；其使命就是激励每个活生生的个体去超越约拿情结（Jonah Complex）的羁绊，以缔造其动态、特异而完整的丰腴生命。但他人在场，已脱离奥尔波特（G. W. Allport）原初的实际在场（actual presence）、想象在场（imagined presence）和隐含在场（implied presence）的微观含义，可从共时—历时和宏观—微观两个维度进行重构，以含括长青的研究实践和不断拓展的学科符号边界（方文，2008a，p. 137）。社会心理学绝不是哪个学科的附属亚学科，以从容开放的胸怀，持续融会心理学、社会学、人类学、进化生物学和认知神经科学的智慧，逐渐建构和重构自主独立的学科认同和概念框架，岸然成为人文社会科学的一门基础学问。

在不断建构和重构的学科历史话语体系中，社会心理学有不同版本的诞生神话（myth of origin），如1897年特里普里特（Triplett）有关社会促进/社会助长（social facilitation）的实验研究，1908年两本偶然以社会心理学为题的教科书，或1924年大奥尔波特（F. H. Allport）的权威教材。这些诞生神话，蕴涵可被解构的意识形态偏好和书写策略。援引学科制度视角（方文，2001），这门新生的社会/行为科学的学科合法性和学科认同，在20世纪30年代中期于北美得以完成。而北美社会心理学，在第二次世界大战及战后年代声望日盛，成就其独断的符号霸权。当代社会心理学的学科图景和演进画卷，展开在此脉络中。

1967年：透视当代社会心理学的时间线索

黑格尔说过，一切哲学也就是哲学史。哲人道破学科史研究的秘密：滋养学术品位。但在社会科学/行为科学的谱系中，学科史研究一直地位尴尬，远不及人文学科。研究学科史的学者，或者被污名化：自身没有原创力，只能去总结梳理他人的英雄故事；或者是学问大家研究之余的闲暇如成长过程的记录。而在大学的课程设计中，学科史也成为二等课程，大多数被简化为具体课程中的枝节，在导论里一笔带过。

学科史研究，对品位的滋养，从几方面展开。第一，它在无情的时间之流中确立学科演化路标：学科的英雄谱系和经典谱系。面对纷繁杂乱的研究时尚或招摇撞骗的学界名流，它是最简洁而高效的解毒剂。第二，它作为学科集体记忆档案，是学科认同建构的基本资源。当学子领悟到自身正置身于那些非凡而勤奋的天才所献身的理智事业时，自豪和承诺油然而生。而学科脉络中后继的天才，就从中破茧而出。第三，它也是高效的学习捷径。尽管可向失败和愚昧学习，但太浪费了；而向天才及其经典学习，是最佳的学习策略。第四，它还可能为抽象的天才形象注入温暖的感性内容。而这感性，也正是后继者求知的信心和努力的动力。

已有四种通常线索、视角或策略，被用来观照当代社会心理学的演化。学科编年史，或者学科通史是最为常用的策略；学派的更替是第二种策略；不同年代研究主题的变换是第三种策略；而不同年代权威教科书的内容变迁，则是第四种策略。

还有一些新颖的策略在被尝试。支撑学科理智大厦的核心概念或范畴在不同时期杰出学者视域中的意义演化，即概念史或范畴史，是一种新颖独特但极富难度的视角；而学科制度视角，以学科发展的制度建设为核心，也被构造出来（方文，2001)。这些视角或策略为洞悉学科的理智进展提供了丰厚洞识。

而历史学者黄仁宇先生则以核心事件和核心人物的活动为主线，贡献了其大历史的观念。黄先生聚焦在“无关紧要的一年”（A Year of

No Significance）——1587年，或万历十五年（黄仁宇，2007）。黄先生条分缕析，洞悉当时最强大的帝国大明王朝若干年后崩溃的所有线索，在这一年都可以找寻踪迹。

剥离其悲哀意味，类似地，当代社会心理学的命运，也可标定一个“无关紧要的一年”：1967年。它关联两个基本事件和三个英雄人物。

两个基本事件。第一是1967年前后“社会心理学危机话语”的兴起，第二是1967年前后开始的欧洲社会心理学的理智复兴。危机话语的兴起及其应对，终结了方法学的实验霸权，方法多元和方法宽容逐渐成为共识。而欧洲社会心理学的理智复兴，则终结了北美主流“非社会的”社会心理学（asocial social psychology），“社会关怀”成为标尺。这两个事件之间亦相互纠缠，共同型塑了其当代理论形貌和概念框架（Moscovici and Marková，2006）。

三个英雄人物。主流社会心理学的象征，“社会心理学的教皇”（the Pope of Social Psychology）费斯廷格（Leon Festinger，1919—1989），在1967年开始对社会心理学萌生厌倦，正准备离开斯坦福大学和社会心理学。一年后，费斯廷格终于成行，从斯坦福大学来到纽约的新社会研究学院（New School for Social Research），主持有关运动视觉的项目。费斯廷格对社会心理学的离弃，是北美独断的符号霸权终结的先兆。

而在同一年，主流社会心理学界还不熟悉的泰弗尔（Henri Tajfel，1919—1982），这位和费斯廷格同年出生的天才，从牛津大学来到布里斯托大学（The University of Bristol，UK）。他从牛津大学的讲师变成布里斯托大学社会心理学的讲席教授（Chair Professor of Social Psychology）。

而在巴黎，和泰弗尔同样默默无闻的另一位天才莫斯科维奇（Serge Moscovici，1925—）正在孕育少数人影响（minority influence）和社会表征（social representation）的思想和研究。

从1967年开始，泰弗尔小组和莫斯科维奇小组，作为欧洲社会心理学理智复兴的动力源和创新中心，在“社会关怀”的旗帜下，开始一系列独创性的研究。

社会心理学的当代历史编纂家，会铭记这一历史时刻。当代社会心理学的世界图景从那时起开始慢慢重构，北美社会心理学独断的符号霸权开始慢慢解体，而我们置身于其中的学科成就，在新的水准上也开始孕育和完善（方文，2008a，p. 3）。

统一的学科概念框架的建构：解释水平

教科书的结构，是学科概念框架的范例表征。在研究基础上获得广泛共识的学科结构、方法体系和经典研究案例，作为学科内核，构成教科书的主体内容。教科书，作为学科发展成熟程度的重要指标，是学科知识传承、学术社会化和学科认同建构的基本资源和主要媒介。特定学科的学子和潜在研究者，首先是通过教科书获得有关学科的直观感受和基础知识的。而不同年代权威教科书的内容变迁，实质上负载特定学科理智演化的基本线索。

在杂多的教科书当中，有几条标准可帮助辨析和鉴别其优劣。第一，教科书的编/作者是否是第一流的研究者。随着学科的成熟，中国学界以往盛行的“教材学者”，已经淡出；而使他们获得声望的所编教材，也逐渐丧失价值。第二，教科书的编/作者是否禀赋理论关怀。没有深厚的理论关怀，即使是第一流的研究者，他/她也只会专注于自己所感兴趣的狭隘领域，没有能力公正而完备地展现和评论学科发展的整体面貌。第三，教科书的作者是否有“文化自觉”的心态。如果负荷文化中心主义的傲慢，编/作者就无法均衡公正地选择研究资料，而呈现出对自身文化共同体的“单纯暴露效应”（mere exposure effect），缺失文化多样性的感悟。

直至今日，打开绝大多数中英文社会心理学教科书的目录，只见不同研究主题杂乱无章的并置，而无法明了其逻辑连贯的结构。学生和教师大都无法领悟不同主题之间的逻辑关联，也无法把所学所教内容图式化，使之成为自身特异的知识体系中可随时启动的知识组块和创造性资源。这种混乱，是对社会心理学学科身份的误识，也是对学科概念框架的漠视。

如何统合纷繁杂乱但生机活泼的研究实践、理论模式和多元的方法偏好，使之归于逻辑统一而连贯的学科概念框架？有深刻理论关怀的社会心理学大家，都曾致力于这些难题。荣誉最终归于比利时出生的瑞士学者杜瓦斯。

在杜瓦斯之前，美国社会心理学者，2007 年库利—米德奖（Cooley-Mead Prize）得主豪斯也曾试图描绘社会心理学的整体形貌（House，1977）。豪斯所勾画的社会心理学是三头怪物：社会学的社会心理学（sociological social psychology，SSP）、实验社会心理学（experimental social psychology，ESP）和语境社会心理学或社会结构和人格研究（contextual social psychology，CSP；social structure and personality）。曾经被误解为两头怪物的社会心理学，因为豪斯更加让人厌烦和畏惧。

但如果承认行动者的能动性，即使是在既定的社会历史语境中的能动性，在行动中对社会过程和社会实在进行情景界定和社会建构的社会心理过程的首要性，就凸显出来。换言之，社会心理过程在主观建构的意义上对应于社会过程。

杜瓦斯在《社会心理学的解释水平》这部名著中，以解释水平为核心，成功重构了社会心理学统一的学科概念框架。杜瓦斯细致而合理地概括了社会心理学解释的 4 种理想型或 4 种解释水平，而每种解释水平分别对应不同的社会心理过程，生发相对应的研究主题（Doise，1986，pp. 10－17）。

（1）水平 1——个体内水平（intra-personal or intra-individual level）。它是最为微观也最为心理学化的解释水平。个体内分析水平，主要关注个体在社会情境中组织其社会认知、社会情感和社会经验的机制，并不直接处理个体和社会环境之间的互动。

以个体内解释水平为核心的个体内过程，可含括基本研究主题：具身性（embodiment）、自我、社会知觉和归因、社会认知和文化认知、社会情感、社会态度等。

在这一解释水平上，社会心理学者已经构造一些典范的理论模型，如费斯廷格的认知失调论，态度形成和改变的双过程模型，如精致化可能性模型（elaboration likelihood model，ELM）与启发式加工—系统加工模型（heuristic-systematic model，HSM），和希金斯的知识启动和激活模型（Higgins，1997）。

（2）水平2——人际和情景水平（interpersonal and situational level）。它主要关注在给定的情景中所发生的人际过程，而并不考虑在这特定的情景之外个体所占据的不同的社会位置（social positions）。

以人际水平为核心的人际过程，可含括基本研究主题：亲社会行为、攻击行为、亲和与亲密关系、竞争与合作等。其典范理论模型是费斯廷格的社会比较论。

（3）水平3——社会位置水平（social positional level）或群体内水平。它关注社会行动者在社会位置中的跨情景差异（inter-situational differences），如社会互动中的参与者特定的群体资格或类别资格（different group or categorical membership）。

以群体水平为核心的群体过程，可含括基本研究主题：大众心理、群体形成、多数人的影响和少数人的影响、权威服从、群体绩效，领导—部属关系等。

其典范理论模型是莫斯科维奇有关少数人影响的皈依模型（conversion theory），多数人和少数人影响的双过程模型和社会表征论（Moscovici，2000）。

（4）水平4——意识形态水平（ideological level）或群际水平。它是最为宏观也最为社会学化的解释水平。它在实验或其他研究情景中，关注或考虑研究参与者所携带的信念、表征、评价和规范系统。

以群际水平为核心的群际过程，可含括基本研究主题：群际认知如刻板印象、群际情感如偏见、群际行为如歧视及其应对。

在过去的30年中，群际水平的研究有突破性的进展。主宰性的理论范式由泰弗尔的社会认同论所启动，并深化到文化认同的文化动态建构论（dynamic constructivism）（Chiu & Hong，2006；Hong et al.，

2000；Wyer，Chiu & Hong，2009）和偏差地图模型（bias map）（Cuddy et al.，2007；Fiske et al.，2002）中。

社会理论大家布迪厄曾经讥讽某些社会学者的社会巫术或社会炼金术，他们把自身的理论图式等同于社会实在本身。英雄所见！杜瓦斯尤其强调的是，社会实在在任何时空场景下都是整体呈现的，而不依从于解释水平。社会心理学的4种解释或分析水平只是逻辑工具，绝不是社会实在的4种不同水平；而每种分析水平，都有其存在的合理性，它们都只是对于整体的社会实在某种面向的研究；对于整体的社会实在的整体把握和解释，有赖于4种不同的分析水平在同一水平或不同水平上的联合（articulation）（Doise，1986，pp. 11－16）。

这4种不同面向和不同层次的社会心理过程，从最为微观也最为心理学化的个体内过程到最为宏观也最为社会学化的群际过程，是对整体的社会过程不同面向和不同层次的相应表征。

以基本社会心理过程为内核，就可以勾画社会心理学逻辑连贯的概念框架，它由5部分所组成：

1. 社会心理学的历史演化、世界图景和符号分层。

2. 社会心理学的方法体系。

3. 不断凸显的新路径。它为生机勃勃的学科符号边界的拓展预留空间。

4. 基本社会心理过程。

5. 社会心理学在行动中：应用实践的拓展。

社会心理学的基础研究，从二战开始，就从两个方面向应用领域拓展。第一，在学科内部，应用社会心理学作为现实问题定向的研究分支，正逐渐地把基础研究的成果用来直面和应对更为宏大的社会问题，如健康、法律、政治、环境和组织行为。

第二，社会心理学有关人性、心理和行为的研究，正对其他学科产生影响。认知社会心理学家卡尼曼（Kahneman，D.）因为有关行动者在不确定境况中的判断启发式及其偏差的研究，而与另一位学者分享2002年诺贝尔经济学奖。这是社会心理学家在近40年中第3次获此殊荣。在此之前，社会心理学家洛伦茨（Lorenz，K.）、廷伯根（Tinbergen，N.）和冯·弗里契（von Frisch，K.）有关动物社会行为的开创性研究于1973年分享诺贝尔医学或生理学奖。西蒙（H. Simon自取中文名为司马贺，以向司马迁致敬）因有关有限理性（bounded rationality）和次优决策或满意决策（sub-optimum decision-making or satisficing）的研究而获得1977年诺贝尔经济学奖。

在诺贝尔奖项中，并没有社会心理学奖。值得强调的是，这些荣膺大奖的社会心理学家，也许只是十年一遇的杰出学者，还不是百年一遇的天才。天才社会心理学家如费斯廷格、泰弗尔、莫斯科维奇和特里弗斯（Trivers，R.）等，他们的理论，在不断地触摸人类物种智慧、情感和欲望的限度。在这个意义上，也许任何大奖包括诺贝尔奖都无法度量他们持久的贡献。但无论如何，不断获奖的事实，从一个侧面明证了社会心理学家群体的卓越成就，以及社会心理学的卓越研究对于其他人文社会科学研究的典范意义。

杜瓦斯的阐释，是对社会心理学统一概念框架的典范说明。纷繁杂乱的研究实践和理论模式，从此可以被纳入逻辑统一而连贯的体系之中。社会心理学直面社会现实的理论雄心由此得以释放，它不再是心理学、社会学或其他什么学科的亚学科，而是融会相关理智资源的自主学科。

当代社会心理学的主宰范式

已有社会心理学大家来系统梳理当代社会心理学的理智进展（如乐国安，2009；周晓虹，1993；Burke，2006；Kruglanski & Higgins，2007）。以杜瓦斯所勾画的社会心理学的概念框架为心智地图，也可尝试粗略概括支配当代社会心理学的主宰范式，这些主宰范式主要体现在方法创新和理论构造上，而不关涉具体的学科史研究、实证研究和应用研究。

1. 方法学领域：社会建构论和话语社会心理学的兴起

作为学科内外因素剧烈互动的结果，“社会心理学危机话语”在20

世纪60年代末期开始登场，到20世纪80年代初尘埃落定（方文，1997）。在这段时间，社会心理学教科书、杂志和论坛中充塞着种种危机论的悲观论调，甚至有的更为激进——“解构社会心理学”（Parker & Shotter，1990）。“危机话语”实质上是社会心理学家群体自我批判意识的兴起。这种自我批判意识的核心主题，就是彻底审查社会心理学赖以发展的方法学基础即实验程序。

危机之后，社会心理学已经迈入方法多元和方法宽容的时代。实验的独断主宰地位已经消解，方法体系中的所有资源，正日益受到均衡的重视。不同理智传统和方法偏好的社会心理学者，通过理智接触，正消解相互的刻板印象、偏见甚至是歧视，逐渐趋于友善对话甚至是合作。同时，新的研究程序和文献评论技术被构造出来，并逐渐产生重要影响。

其主宰性的理论视角就是社会建构论（如Gergen，2001），主宰性的研究路径就是话语社会心理学（Potter & Wetherell，2006；1987；Van Dijk，1993）和修辞学（rhetoric）（Billig，1996），而新的研究技术则是元分析（meta-analysis）（Rosenthal & DiMatteo，2001）。

2. 不断凸显的新路径：进化路径、文化路径和社会认知神经科学

社会心理学一直不断地自我超越，以开放的心态融会其他学科的资源，持续拓展学科符号边界。换言之，社会心理学家群体不断地实践新的研究路径（approaches or orientations）。进化路径、文化路径和认知神经科学是其中的典范路径。

进化路径和文化路径的导入，关联持续困扰的基本理论论争：是否存在统一而普遍的规律和机制以支配人类物种的社会心理和社会行为？人类物种的社会心理和社会行为是否依其发生的社会文化语境的差异而呈现出特异性和多样性？这个基本理论论争，又可称之为普遍论—特异论（universalism vs. particularism）之论争。

依据回答这个论争的不同立场和态度的差异，作为整体的社会心理学家群体可被纳入三个不同的类别或范畴之中。第一个类别是以实验定向为代表的主流社会心理学家群体。他们基本的立场和态度是漠视这个

问题的存在，或视之为假问题。他们以发现普遍规律为己任，并把这一崇高职责视为社会心理学的学科合法性和学科认同的安身立命之所。因为他们持续不懈的努力，社会心理学的学子们在其学科社会化过程中，不断地遭遇跨时空的典范研究和英雄系谱。

第二个类别是以文化比较研究为定向的社会心理学家群体。不同文化语境中社会心理和社会行为的特异性和多样性，使他们刻骨铭心。他们坚定地主张特异论的一极，并坚定地质疑普遍论的诉求。因为他们同样持续不懈的努力，社会心理和社会行为的文化嵌入性（cultural embeddedness）的概念开始深入人心，并且不断激发文化比较研究和本土化研究的热潮。奇妙的是，文化社会心理学的特异性路径，从本世纪开始逐渐解体，而迈向文化动态建构论（Chiu & Hong，2006；Hong et al.，2000）。

文化动态建构论路径，关涉每个个体的文化命运，如文化认知和知识激活、文化认同和文化融合等重大主题。我们每个个体宿命地生在某种在地的文化脉络而不是某种文化实体中。经过生命历程的试错，在文化认知的基础上，我们开心眼，滋心灵，育德行。但文化认知的能力，是人类物种的禀赋，具有普世性。假借地方性的文化资源，我们成长为人，并不断地修补和提升认知力。我们首先成人，然后才是中国人或外国人，黄皮肤或黑白皮肤。

依靠不断修补和提升的认知力，我们逐渐穿越地方性的文化场景，加工异文化的体系，建构生动而动态的“多元文化的心智”（multicultural mind）（Hong et al.，2000）。异质的“文化病毒”，或多元的文化“神灵”，都“栖居”在我们的心智中，而表现出领域—特异性。几乎没有“诸神之争”，她们在我们的心灵中，都各就其位。

这些异质的“文化病毒”，或多元的文化“神灵”，她们不是暴君，也做不成暴君，绝对主宰不了我们的行为。因为先于她们，从出生时起，我们就被植入了自由意志的天赋。我们所终身刻苦的文化修行，只是手头待命的符号资源或“工具箱”（Swidler，1986）。并且在行动中，我们练习“文化开关”的转换技能和策略，并能累积性地创造新工具或新的“文化病毒”(Sperber，1996)。

第三个类别是在当代进化生物学的理智土壤中生长而壮大的群体，即进化社会心理学家群体。他们蔑视特异论者的“喧嚣”，而把统一理论建构的雄心拓展至包括人类物种的整个动物界，以求揭示支配整个动物界的（社会心理）和社会行为的秩序和机制。以进化历程中的利他难题和性选择难题为核心，以有机体遗传品质的适应性（fitness）为逻辑起点，从1964年哈密尔顿开始，不同的宏大理论（grand theories）如亲属选择论（kin selection/ inclusive fitness）、直接互惠论（direct reciprocal altruism）和间接互惠论（indirect reciprocal altruism）在利他难题上，亲本投资论（theory of parental investment）(Trivers，2001）在性选择难题上被构造出来。而进化定向的社会心理学者把进化生物学遗传品质的适应性转化为行为和心智的适应性，进化社会心理学作为新路径和新领域得以成就（如Buss，2007；1994)。

认知神经科学和社会认知的融合，催生了社会认知神经科学。以神经科学的新技术如功能性磁共振成像技术（fMRI）和正电子发射断层扫描技术（PET）为利器，社会认知的不同阶段、不同任务以及认知缺陷背后的大脑对应活动，正是最热点前沿（如Greene et al.，2001；Eisenberger et al.，2003；Ochsner，2007)。

3. 个体内过程：社会认知范式

在个体内水平上，从20世纪80年代以来，以“暖认知”（warm cognition）或“具身认知”（embodied cognition）为核心的“社会认知革命”（李其维，2008；赵蜜，2010；Barsalou，1999；2005)，有重要进展。其典范的启动程序（priming procedure）为洞悉人类心智的“黑箱”贡献了简洁武器，并且渗透在其他水平和其他主题的研究中，如文化认知、群体认知（Yzerbyt et al.，2004）和偏差地图（高明华，2010；佐斌等，2006；Fiske et al.，2002；Cuddy et al.，2007)。

和特沃斯基合作，卡尼曼因为有关行动者在不确定境况中的判断启发式及其偏差的研究（Kahneman et al.，2008；1982)，而与另一位学者分享2002年诺贝尔经济学奖。卡尼曼的研究使社会认知的路径贯注在经济判断和决策领域中，行为经济学开始凸显。

4. 群体过程：社会表征范式

人际过程的研究，充塞着杂多的中层理论模型和小理论，并受个体内过程和群体过程研究的挤压。最有理论综合潜能的可能是以实验博弈论为工具的有关竞争和合作的研究。

当代群体过程的革新者是莫斯科维奇。在北美有关群体规范形成、从众以及权威服从的研究传统中，莫斯科维奇洞悉了群体秩序和群体创新的辩证法。莫斯科维奇的团队从 1969 年开始，在多数人的影响之外，专注少数人影响的机制。他以少数人行为风格的一致性为基础的皈依模型（conversion theory）以及在此基础上所不断完善的多数人和少数人影响的双过程模型（如 De Deru et al.，2001），重构了群体过程研究的形貌。莫斯科维奇有关少数人影响的研究经历，佐证了其理论的有效性（Moscovici，1996）。

而社会表征论（social representation）则是莫斯科维奇对当代社会心理学的另一重大贡献（Moscovici，2000）。他试图超越北美不同版本内隐论（implicit theories）的还原主义逻辑，解释和说明常识在社会沟通实践中的生产和再生产过程。社会表征论从 20 世纪 90 年代开始，激发了丰富的理论探索和实证研究（如管健，2009；杨宜音，张曙光，2008；Doise et al.，1993；Liu，2004；Marková，2003），并熔铸在当代社会理论中（梅勒，2009）。

5. 群际过程：社会认同范式

泰弗尔的社会认同论（social identity theory，SIT）革新了当代群际过程的研究。泰弗尔首先奠定了群际过程崭新的知识基础和典范程序：建构主义的群体观、对人际—群际行为差异的精妙辨析，以及“最简群体范式”（minimal group paradigm）的实验程序。从 1967 年开始，经过十多年持续不懈的艰苦努力，泰弗尔和他的团队构造了以社会范畴化、社会比较、认同建构和认同解构/重构为核心的社会认同论。社会认同论，超越了前泰弗尔时代北美盛行的还原主义和个体主义的微观—利益解释路径，基于行动者的多元群体资格来研究群体过程和群际关系

(Brown, 2007; Tajfel, 1970; 1981; Tajfel & Turner, 1986)。

在泰弗尔于1982年辞世之后，社会认同论在其学生特纳的领导下，有不同版本的修正模型，如主观不确定性降低模型（subjective uncertainty reduction model）和最优特异性模型（optimal distinctiveness model）。其中最有影响的是特纳等人的“自我归类论”（self-categorization theory）（Turner et al., 1987）。在自我归类论中，特纳构造了一个精妙构念——元对比原则（meta-contrast principle），它是行为连续体中范畴激活的基本原则（Turner et al., 1987: 51-52）。所谓元对比原则，是指在群体中，如果群体成员之间在特定品质上的相似性小于差异性时，群体中沿着这个品质或维度就分化为两个群体，群际关系因此从群体过程中凸显。特纳的元对比原则，有两方面的重要贡献。其一，它完善了其恩师的人际—群际行为差别的观念，使之转换为人际—群际行为连续体；其二，它卓有成效地解决了内群行为和群际行为的转化问题。

但社会认同论仍存在基本理论困扰：内群偏好（ingroup favoritism）和外群敌意（outgroup hostility）难题。不同的修正版本都没有解决这个基本问题。倒是当代社会认知的大家费斯克团队从群体认知出发，在刻板印象内容模型（stereotype content model, SCM）（Fiske et al., 2002）中巧妙解决了这个难题，并在偏差地图（bias map）（Cuddy et al., 2007）中把刻板印象（群际认知）、偏见（群际情感）和歧视（群际行为）融为一体。

典范意味着符号霸权，但同时也是超越的目标和击打的靶心。在社会认同范式的笼罩下，以自尊假设和死亡显著性（mortality salience）为核心的恐惧管理论（terror management theory, TMT）（张阳阳，佐斌，2006；Greenberg et al., 1997）以及社会支配论（social dominance theory）（Sidanius & Pratto, 1999）被北美学者构造出来，尝试替代解释群际现象。它有两方面的意涵。其一，它意味着人格心理学对北美社会心理学的强大影响力；其二则意味着北美个体主义和还原主义的精神气质期望在当代宏观社会心理过程中的借尸还魂，而这尸体就是腐败达半世纪的权威人格论及其变式。

文化自觉的阶梯

中国社会“千年未有之变局”，或社会转型，已经并正在型塑整体中国人的历史命运。如何从结构层面深入到人心层面来系统描述、理解和解释中国人的所知、所感及所行？如何把社会转型的现实灌注到中国社会心理学的研究场景中，以缔造中国社会心理学的独特品格？如何培育中国社会心理学者对持久的人类困扰和紧迫的社会议题的深沉关注和敏感？所有这些难题，是中国社会心理学者不得不直面的挑战和理智复兴的机遇。

中国社会转型，给中国社会心理学者提供了独特的社会实验室。为了描述、理解和解释社会转型中的中国人心理和行为逻辑，应该呼唤直面社会转型的社会心理学的研究，或转型心理学的研究。转型心理学的路径，期望能够把握和捕捉社会巨变的脉络和质地，以超越文化特异性路径和稳态社会路径，以求实现中国社会心理学的理智复兴（方文，2008b；Fang，2009）。

中国社会心理学的理智复兴，需要在直面中国社会转型的境况下，挖掘本土资源和西方资源，进行脚踏实地的努力。追踪、学习、梳理及借鉴西方社会心理学的新进展，就成为无法绕开的基础性的理论工作，也是最有挑战性和艰巨性的理论工作之一。

从前辈学者开始，对西方社会心理学的翻译、介绍和评论，从来没有停止过。这些无价的努力，已经熔铸在中国社会心理学研究者和年轻学子的心智中，滋养学术品位，培育“文化自觉”的信心。但翻译工作还主要集中于西方尤其是北美的社会心理学教科书。

教科书作为学术社会化的基本资源，只能择要选择相对成熟的研究发现和理论模型。整体研究过程和理论建构过程中的鲜活逻辑，都被忽略或遗弃了。学生面对的不是原初的完整研究，而是由教科书的编写者所筛选过的第二手资料。期望学生甚至是研究者直接亲近当代社会心理学的典范研究，就是《当代西方社会心理学名著译丛》的初衷。

本译丛10本名著的选择，期望能近乎覆盖当代西方社会心理学的主宰范式。在书目权衡过程中，尽力咨询了国内外一些社会心理学大家，国内如乐国安先生、王登峰先生和周晓虹先生，国外如赵志裕先生和康萤仪先生。本译丛主要侧重当代西方社会心理学主宰范式的代表专著，而不是烦琐具体的经验研究报告、论文或文集。本名著译丛的作者，或者是特定研究范式的奠基者和开拓者，或者是特定研究范式的当代旗手。

期望本译丛的出版，能成为中国社会心理学“文化自觉”的阶梯。

鸣谢

从2000年开始，我的研究幸运地持续获得国家社会科学基金（2000；2003；2008）和教育部基金（2002；2006；2008）资助。最近获得资助的项目是2008年度教育部新世纪优秀人才支持计划《转型心理学的基本议题：理论和实证研究》（NCET－08－0025），2008年度国家社会科学基金项目《中国社会转型：转型心理学的路径》（08BSH063）和2006年度教育部人文社会科学重点研究基地重大研究项目《行动者群体资格研究：转型社会的实践和理论》（06JJD840001）。“当代西方社会心理学名著译丛”，是这些资助项目的主要成果之一。

而10年前有幸结识潘宇博士，开始了和中国人民大学出版社的良好合作。潘宇博士，沙莲香先生的高徒，以对社会心理学学科制度建设的激情、承诺和敏锐洞察力，给我持续的信赖和激励。本译丛从最初的构想、书目选择到版权事宜，她都持续地极力推动。而中国人民大学出版社的龚洪训先生和陈红艳女士在译丛出版过程中则持续地贡献了他们的智慧和耐心。

最后衷心感谢所有翻译者的创造性工作和编辑委员会所有师友的鼎力支持、批评和建议。

参考文献

［美］巴斯著，熊哲宏译．进化心理学．上海：华东师范大学出版社，2007
［英］布朗著，胡鑫，庆小飞译，方文审校．群体过程．北京：中国轻工业出版社，

2007
方文．社会心理学百年进程．社会科学战线，1997（2）：240～249
方文．社会心理学的演化：一种学科制度视角．中国社会科学，2001（6）：126～136
方文．学科制度和社会认同．北京：中国人民大学出版社，2008
方文．转型心理学：以群体资格为中心．中国社会科学，2008b（4）：137～147
高明华．刻板印象内容模型（SCM）的修正与发展：源于大学生群体样本的调查结果．社会，2010（3）
管健．社会表征理论的起源与发展——对莫斯科维奇《社会表征：社会心理学探索》的解读．社会学研究，2009（4）
[美] 黄仁宇．万历十五年．北京：中华书局，2007
[美] 卡尼曼等编，方文等译．不确定状况下的判断：启发式和偏差．北京：中国人民大学出版社，2008
李其维．"认知革命"与"第二代认知科学"刍议．心理学报，2008（40）：1306～1327
[英] 菲利普·梅勒著，赵亮员等译．社会理论新视角——理解社会．北京：北京大学出版社，2009
[英] 波特，[英] 韦斯雷尔著，肖文明等译，方文审校．话语和社会心理学——超越态度和行为．北京：中国人民大学出版社，2009
杨宜音，张曙光．理想社区的社会表征：北京市居民的社区观念研究．中国农业大学学报（社会科学版），2008（1）：109～123
乐国安主编．社会心理学理论新编．天津：天津人民出版社，2009
张阳阳，佐斌．自尊的恐惧管理理论研究述评．心理科学进展，2006（2）：273～280
赵蜜．以身行事．开放时代，2010（1）：150～158
周晓虹．现代社会心理学史．北京：中国人民大学出版社，1993
佐斌等．刻板印象内容模型：理论假设及研究．心理科学进展，2006（1）：138～145
Eisenberger，N. I. et al. Does Rejection Hurt? An fMRI Study of Social Exclusion. *Science*，2003，Vol. 302：290～292
Barsalou，L. W. Perceptual Symbol Systems. *Behavioral and Brain Science*，1999，Vol. 22：577～660
Barsalou，L. W. et al. Embodiment in Religious Knowledge. *Journal of Cognition and Culture*，2005，Vol. 5：14～57
Billig，M. *Arguing and Thinking：A Rhetorical Approach to Social Psychology*（2nd

ed.）. Cambridge：Cambridge University Press，1996

Burke，P. J. （ed.）*Contemporary Social Psychological Theories*. Stanford：Stanford University Press，2006

Chiu，C.-y. and Hong，Y-y. *Social Psychology of Culture*. New York：Psychology Press，2006

Buss，D. *The Evolution of Desire*：*Strategies of Human Mating*. Basic Books，1994

Cuddy，A. J. C. The Bias Map：Behaviors From Intergroup Affect and Stereotype. *Journal of Personality and Social Psychology*，2007，Vol. 92，No. 4：631～648

De Deru，C. K. W. et al. （eds.）*Group Consensus and Minority Influence*. Oxford：Blackwell，2001

Doise，W. *Levels of Explanation in Social Psychology*. Cambridge：Cambridge University Press，1986

Doise，W. et al. *The Quantitative Analysis of Social Representation*. Harvester Wheatsheaf，1993

Fang，Wen. Transition Psychology：The Membership Approach. *Social Sciences in China*，2009，No. 2：35～48

Fiske，S. T. et al. A Model of Stereotype Content：Competence and Warmth Respectively Follow From Perceived Status and Competition. *Journal of Personality and Social Psychology*，2002，Vol. 82，No. 6：878～902

Gergen，K. *Social Construction in Context*. Sage，2001

Greenberg，J. et al. Terror management theory of self-esteem and cultural worldviews：Empirical assessments and conceptual refinements. In P. M. Zanna（eds.），*Advances in experimental social psychology*. San Diego，CA：Academic Press，1997，Vol. 29，61～139

Greene，J. D. et al. An fMRI Investigation of Emotional Engagement in Moral Judgment. *Science*，2001，Vol. 293，No. 14 (September)：2105～2108

Higgins，E. T. Knowledge Activation：Accessibility，Applicability and Salience. In E. T. Higgins and A. E. Kruglanski（eds.）*Social Psychology*：*Handbook of Basic Principles*. New York：Guilford Press，1996，133～168

Hogg，M. and Abrams. *Social Identifications*. Routledge，1998

Hong，Ying-yi，et al. Multicultural Minds. *American Psychologist*，2000，Vol. 55，No. 7：709～720

House, J. S. The Three Faces of Social Psychology. *Sociometry*, 1977, Vol. 40, No. 2: 161～177

Kahneman, D. et al. eds. *Judgment Under Uncertainty: Heuristics and Biases*. Cambridge: Cambridge University Press.

Kruglanski, A. E. and Higgins E. T. (eds.) *Social Psychology: Handbook of Basic Principles* (2nd ed.) . New York: Guilford Press, 2007

Liu, L. Sensitising Concept, Themata and Shareness: A Dialogical Perspective of Social Representations. *Journal for the Theory of Social Behaviour*, 2004 (34): 249－264

Marková, I. *Dialogicality and Social Representations*. Cambridge: Cambridge University Press, 2003

Moscovici, S. Just Remembering. *British Journal of Social Psychology*, 1996, Vol. 35: 5～14

Moscovici, S. *Social Representations: Explorations in Social Psychology*. Cambridge: Polity, 2000

Moscovici, S. and Marková, I. *The Making of Modern Social Psychology: The Hidden Story of How An International Social Science Was Created*. Cambridge: Polity, 2006

Parker, I. , Shotter, J. (eds.) *Deconstructing Social Psychology*. Routledge, 1990

Ochsner, K. Social Cognitive Neuroscience: Historical Development, Core Principles and Future Promise. In A. E. Kruglanski and E. T. Higgins (eds.) *Social Psychology: Handbook of Basic Principles*. New York: Guilford Press, 2007, 39～66

Potter, J. and Wetherell, M. *Discourse and Social psychology*. Sage, 1987

Rosenthal, R. and DiMatteo, M. R. Meta Analysis: Recent Developments in Quantitative Methods for Literature Review. *Annual Review of Psychology*, 2001, Vol. 52

Sidanius, J. and Pratto, F. *Social Dominance: An Intergroup Theory of Social Hierarchy and Oppression*. Cambridge: Cambridge University Press, 1999

Sperber, D. *Explaining Culture: An Naturalistic Approach*. Blackwell, 1996

Swidler, A. Culture in Action: Symbols and Strategies. *American Sociological Review*, 1986, Vol. 51 April: 273～286

Tajfel, H. Experiments in Intergroup Discrimination. *Scientific American*, 1970 (223): 96～102

Tajfel, H. *Human Groups and Social Categories*: *Studies in Social Psychology*. Cambridge: Cambridge University Press, 1981

Tajfel, H. and Turner, J. C. The Social Identity Theory of Intergroup Behavior. In S. Worchel et al. (eds.) *Psychology of Intergroup Relations* (2nd ed.). Chicago: Nelson-Hall, 1986, 7～24

Trivers, R. *Natural Selection and Social Theory*: *Selected Papers of Robert Trivers*. Oxford: Oxford University Press, 2002

Turner, J. C. et al. *Rediscovering the Social Group*: *A Self-Categorization Theory*. Oxford: Blackwell, 1987

Van Dijk, T. A. *Elite Discourse and Racism*. Sage, 1993

Wyer, R. S., Chiu, C-y. and Hong, Y-y. *Understanding Culture*: *Theory*, *Research and Application*. New York: Psychology Press, 2009

Yzerbyt, V. et al. *The Psychology of Group Perception*. New York and Hove: Psychology Press, 2004

谨以此书献给

不断受到吸引而跨越各种界限的对话同仁们：库尔特·贝克（Kurt Back）、迈克尔·毕利格（Michael Billig）、杰罗姆·布鲁纳（Jerome Bruner）、玛丽·格根（Mary Gergen）、哈罗德·格丽珊（Harold Goulishian）、罗姆·哈里（Rom Harré）、爱德华·桑普森（Edward Sampson）与约翰·肖特尔（John Shotter）。

致　　谢

第 1 章　《建构论与实在论：我们该如何继续?》(Constructionism and Realism：How Are We to Go on?）一文的修改版，见帕克主编的《社会建构、话语与实在论》[I. Parker（ed.），*Social Construction*，*Discourse and Realism*，London，Sage，1998] 一书。

第 2 章　刊登在《理论与心理学》[*Theory and Psychology*，1997 (7)，pp. 31－36] 上的同名论文的修改版。

第 3 章　同名论文的修改版，见西蒙斯和毕利格合著的《后现代主义之后》[H. Simons & M. Billig（eds.），*After Postmodernism*，London，Sage，1994] 一书。

第 4 章　刊登在《人文科学史》[*History of the Human Sciences*，1997（10），pp. 151－173] 上的同名文章的修改版。

第 5 章　《历史与心理学：三个婚礼和一个未来》一文的修改版，见斯登和刘易斯合著的《美国情感史》[P. N. Stearns & J. Lewis（eds.），*An Emotional History of the United States*，New York，New York University Press，pp. 14－32] 一书。

第 6 章　首发文章。

第 7 章 首发文章。

第 8 章 刊登在《组织》[*Organization*，1995（2），pp. 519－532] 上的《全球组织：从帝国主义到伦理观》（Global Organization：From Imperialism to Ethical Vision）一文的修改版。

第 9 章 刊登在《应用行为科学期刊》[*Journal of Applied Behavioral Science*，1997（32），pp. 356－377] 上的同名文章的修改版。

第 10 章 同名文章的修改版，见霍尔兹曼和莫斯合著的《后现代心理学、社会实践与政治生活》[L. Holzman & J. Morss（eds.），*Postmodern Psychologies*，*Social Practice*，*and Political Life*，New York，Routledge，2000] 一书。

第 11 章 同名文章的修改版，见戴维斯编的《认同与社会变迁》[J. E. Davis（ed.），*Identity and Social Change*，New Brunswick，NJ，Transaction Books，pp. 135－154] 一书。

中文版序

肯尼斯·J·格根

看到本书可以与中国的学者和研究者们见面，我感到非常荣幸。关于社会建构论的对话正在世界各地推进，伴随着本书中文版的出版，我希望这些重要的联结能够得到更大程度的扩展。这些对话不只简单地涉及知识、真理和科学的本质，还对世界人民的福祉具有巨大的推动作用。它们也一度受到批评性的讨论。我随后将更多地讨论这些对话的全球性意涵。不过，我将先概述一下社会建构论中的一些核心思想，并且说明它们一度如此受争议的原因。这一总结在当前情况下尤其重要，因为构成本书的各篇文章假定读者熟悉这些假设和它们嵌入于其中的会话。关于社会建构的学术研究现在非常多。然而，简而言之，其中的绝大部分都倾向于以下假设。

● **关于世界的描述或解释并不能准确地映射、描绘或反映所存在的事物**。在这种意义上，对世界不存在真的或客观的解释，它们只是我们赖以真实地理解或知晓实情如何的一些对词语或短语的特定排列。对于任何事态，都可能有潜在的无数种描述和解释。只有通过社会习俗，任何特定解释才被当做真（true）的或客观的（objective）。如果是这样，那么伴随的便是，我们习得的关于世界和我们自身的任何事物——包括万有引力将我们引向地球，人们不能像鸟儿一样飞翔，癌症致死，或者地球围绕太阳旋转——都可能并非如此。“存在着什么”并不必然要求这些特定的解释。我们可以使用我们的语言来建构其他形式的多重世界(worlds)，在其中，不存在万有引力和癌症，或者人与鸟儿是相等物，以及太阳围绕着地球旋转。对于很多人，这种推测具有极大的威胁。它提出不仅不存在真理，而且没有事物可以让我们坚持，也没有任何牢靠的事物可以作为我们信念的支撑，没有事物是可靠的。然而，对于建构论者，多元建构为个人和社会转型敞开了巨大的可能性。

● **我们描述和解释世界的方式是关系的结果**。按照前面的假设，世界自身并不能驱动我们的理解。正如哲学家康德指出的，我们可以始终盯着这个世界，却想不出数量或因果的概念。试想一下自然科学——物理、化学、生物、天文学等。我现在坐在一个我称为“我的书桌”的构造前面。对我来说，这个书桌是固体的、红褐色、重约 90 磅[①]、无臭。然而，原子物理学家考察了此构造，告诉我它不是固体的（它主要是由空隙组成的）；心理学家告诉我，它没有颜色（因为色彩经验是由视网膜反射光波形成的）；天体物理学家声称，它只是看上去重 90 磅（因为重量依赖于周围的引力场）；而生物学家则指出，我的味觉是次于狗的，对于狗来说此书桌具有丰富的嗅觉信息。如果我尽可能仔细地观察，我将无法达成这些结论中的任何一个。事实上，这些描述和解释都不是源于观察。它们是从专业学科中的关系中突显出来的，它们对于这些实践传统是特有的。对真理的科学宣称只有在这些传统——嵌入文化和历史——中才是真的。

● **世界建构从其社会效用中获得其重要性**。扩展前面的解释，当我们在一起相处时，我们不仅产生出一种关于真的语言，而且也产生关于什么是理性和善的协议。依照维特根斯坦的重要著作《哲学研究》，我们可以说，这种建构从其在关系中的使用中获得其意义。因此，心灵学、化学、心理学这些术语——与解释性理论和共享价值观一起，从其在这些学科的“语言游戏”的使用中获得其意义。同时，语言游戏又嵌

① 1 磅约合 0.45 公斤。——译者注

入维特根斯坦所称的“生活方式”之中，也就是对于特定的一种传统或一个群体的人类实践（以及相关物质）的全部序列。

如果我们将语言看做从其在各种生活方式中的效用中获得意义，那么我们就得到一个关键问题的答案：一些对世界的解释如何能简单地在客观上比其他的更准确？地图可能是不准确的，新闻报道可能是虚假的，而天文物理学理论能使人类登上月球。在回答中，我们现在知道，宣称某种解释是“准确的”（与“不准确”相对照），就是说此描述在一种特定传统中是有用（或者具有价值）的。这些话语，作为一种特定游戏常规或传统中的“真理讲述”，发挥着作用。在足球比赛中，我们谈论“点球”，当一个点球正在发生时这是毫无疑问的。这一术语对以一种公平的方式进行这项比赛非常有用，而且它可以在此比赛常规中被完全准确地使用。同样，“地球是圆的而不是平的”这个命题，就其图像价值而言，即与“存在什么”相对应，既不真也不假。不过，按照现行的标准，当乘飞机从北京飞往悉尼时，遵守“圆球真理”的规则更能让人接受；而当乘火车从北京到上海时，遵照“它是平的”会更有益。世界是由原子组成的，这个命题也不是超越任何活动都是真的；不过当你进行关于裂变的实验时，“原子话语”是极其有用的。同样，只要我们参与一种我们称之为基督宗教的生活方式之中，我们就可以适当地说，世界的确存在圣灵。在任何普遍的意义上，原子存在并不比圣灵存在的真实程度高或低多少；它们都存在于一种特定的生活方式之中。从这一视角来看，对任何关于实在的宣称都要询问的主要问题，不是它们是否是“真正真实的”，而是它们的效用是什么和对谁有用？

● **在我们描述和解释之时，我们也塑造了我们的未来。**正如建构论者们提出的，我们的语言实践受到关系的束缚，而我们的关系又受到更广泛的实践方式或文化传统的束缚。如此，像“犯罪”、“证人”和“法律”这些词语对于传统法律实践中的我们的关系是不可或缺的；我们的教育传统依赖于像“学生”、“教授”、“课程”和“学习”等话语。如果没有这些共享的描述和解释语言，这些制度将无法以其当前的方式存在。在一种广义上，语言是我们的行动世界中的一种主要成分。思考其中的意涵：如果我们同意，关于这个世界没有什么需要特定的描述或解释，那么我们的所有制度都是不可靠的。如果我们不继续说我们要怎么做，那么我们为时甚久的文化生活传统就会受到威胁。如果去除关于真和善的语言，那么我们也就毁灭了各种生活方式。

然而，建构论绝不单单关注对传统的维持。很多观点都被吸收进建构论思想，因为它们提供了一种大胆的朝向转变社会生活、构建崭新未来的邀请。转变我们自身、我们的关系或我们的文化不需要等待某些专家、一系列法律、军事力量、勇敢的领袖和公共政策等的干预。当我们现在在一起谈话时，我们正参与创造未来——无论好坏。我们如果渴望改变，那么就应该动摇我们传统的建构世界的方式，开始构造新的形成意义的方式。新的生活方式不能简单地通过拒绝或反对传统的对真和善的建构来获得。如果社会变革是值得追求的，就可能需要新的话语。我们引入了发生性对话（*generative dialogues*），即，可以同时挑战现存的理解传统和提供新的行动可能性的谈论、书写或表征方式（正如在摄影、电影、艺术、戏剧等之中那样）。

● **反思我们理所当然的世界对于我们的未来福祉非常重要**。一方面维持宝贵的传统，另一方面创造新的未来，此挑战并非小事。每种传统都将新生事物拒之门外，每种大胆的创新都破坏一种传统。我们应挽救什么，我们应抗拒和毁灭什么，我们应当创造怎样的世界？这里不仅存在着复杂的问题，而且，在一个充满多元且相互抵触的对善的建构的世界中，我们看到，不可能存在普遍的答案。对于建构论者，这种考虑引来一种反身性（*reflexivity*）的态度，即愿意质疑一个人的预设，悬置“显然的”事物，倾听替代性的实在框架和掌握多元立场。对于建构论者，这意味着一种对“理所当然”事物的不加思考的潜在性的无情关注。我们如果要一起创立一个更为可行的未来，那么必须准备好质疑所有我们接受为真正、真实、正确、必然和必要的事物。这种批评性反思也不必然是一种反对我们主要传统的序曲。只是承认它们是传统，也是承认其他传统就其自身说法而言的合法性。正是这种对话的引入，可以导向一种共同基础。

● **社会建构论者们的宣称既不真也不假**。没有任何词语的集合对实情如何的描述是终极正确的。我们只能从我们的文化和时代之中来言说或书写。对于社会建构论的宣称也同样如此。因此，我们不要拷问它们的真理性或谬误性。它们是在引入一种理解方式，是对会话的参与。当这些思想进入我们的生活方式中时，它们可能也会改造我们的行动。主要问题是，当我们以这些方式说话时，“我们的共同生活发生了什么”?

正是这最后一点引导我们回到我前面的提议，社会建构论思想可能对世界的未来至关重要。我们现在居住在这样一个世界中，在各宗教传统、种族、民族、政治等之中，沟通的可能性无与伦比。通过电子邮件、Skype①、互联网、无线电广播、出版物和旅行，这些传统中的参与者可以积极地建立和加强他们的实在、合理行动和价值观。当他们这么做时，意义边界得以确立，隔绝让位于敌对。我们无法理解他者的行动，他们似乎误入歧途，并且可能是坏的。我们也居住在这样一个世界里，于其中任何群体都可以形成各种大规模破坏性的策略。事实上，我们正面临一种危险的相互毁灭的全球形势。正是在这种情况下，我们极为需要一种社会建构论视角，将我们的实在、理性和价值观理解为社会塑造的，即将我们从真理的束缚中解放出来。并且，意识到世界建构的多样性和它们对其他人民的积极作用，是朝向转型性对话的重要一步。社会建构论思想可能产生于特定的“语言游戏”之中，但这些游戏确实是严肃的。

① 一种网络即时通信工具。——译者注

序　言

早在15年前，约翰·肖特尔和我便开始探讨，我们可能需要一种能把社会科学领域当中的质疑声音整合起来的思想力量。针对普遍存在着的对人类科学的毫无反思的接纳状况，也已有人们在不断探求它的替代形式。我们能否找到一个主题，可以综合表达这些探索？在这些替代形式中，民族方法学、女权主义社会科学、民族起源心理学、标签理论、象征人类学、批判理论、辩证心理学、权力/知识的理论以及历史心理学都有了令人振奋的发展。同时，这些发展似乎与基要主义科学的让位并代之以知识的历史和社会解释有关。至少，把这些各种各样的运动连接在一起的途径之一可以用“社会建构”（*social construction*）这个术语来表达。虽然这个概念出自知识社会学，但现在却被用于诸多跨学科的讨论之中。最为重要的是，从知识的发生可以追溯到共同体生活的意义上来说，科学就不再是现实的仲裁者了。科学家们再也不能用仅仅回答了那是什么的知识宣称来在人类事业中逃避自己的责任。伴随着知识的去自然化和再文化化，大量被认为理所当然的知识库——至少从启蒙时期便开始积累——使新的重估成为可能。其暗含之意似乎很深。

约翰和我都期望能够促进建构论学者们之间不同倾向的相互对话和

进一步发展，我们向伦敦的塞奇（Sage）出版社表达了这些期望。塞奇出版社主任编辑吉亚德·玛拉（Ziyad Marar）的答复充满热情而又有审慎的忠告，这对随后的塞奇系列丛书“社会建构中的探询”（*Inquiries in Social Construction*）的诞生极为重要。从那以后的多年里，约翰和我——后来又有休·韦德卡姆（Sue Widdicombe）的加入——协助许多横跨人文科学领域的十分富有天赋的学者们，在建构主义脉络中写下了21卷著作：

《女同性恋的社会建构》（Celia Kitzinger，*The Social Construction of Lesbianism*，1987）

《认同的文本》［John Shotter & Kenneth Gergen（eds.），*Texts of Identity*，1988］

《人文科学中的修辞》［Herbert Simons（ed.），*Rhetoric in the Human Sciences*，1988］

《集体记忆》［David Middleton & Derek Edwards（eds.），*Collective Remembering*，1990］

X 《日常理解》［Gun Semin & Kenneth Gergen（eds.），*Everyday Understanding*，1990］

《研究与反思》［Fred Steier F（ed.），*Research and Reflexivity*，1991］

《建构知识》［Lorraine Nencel & Peter Pels（eds.），*Constructing Knowledge*，1991］

《作为社会建构的治疗》［Sheila McNamee & Kenneth Gergen（eds.），*Therapy as Social Construction*，1992］

《话语心理学》和《心理学与后现代主义》［Derek Edwards & Jonathan Potter，*Discursive Psychology*，1992；Steiner Kvale（ed.），*Psychology & Postmodernism*，1992］

《建构社会》和《对话实在》［Theodore Sarbin & John Kitsuse（eds.），*Constructing the Social*，1993；John Shotter，*Conversational Realities*，1993］

《权力与性别》[Lorraine Radtke & Hendrikus Stam H (eds.), *Power and Gender*, 1994]

《后现代主义之后》和《社会自我》[Herbert Simons H & Michael Billig (eds.), *After Postmodernism*, 1994; David Bakhurst & Christine Sypnowich C (eds.), *The Social Self*, 1995]

《重构心理学的被试》[Betty Bayer & John Shotter (eds.), *Reconstructing the Psychological Subject*, 1997]

《重新想象疗法》和《建构居中自我》[Eero Riikonen & Gregory Smith, *Re-imagining Therapy*, 1997; Deborah Grodin & Thomas Lindlof (eds.), *Constructing the Mediated Self*, 1996]

《病理学与后现代》[Dwight Fee (eds.), *Pathology and the Postmodern*, 1999]

《社会建构论、话语与实在论》[Ian Parker (ed.), *Social Constructionism*, *Discourse & Realism*, 1998]

《神经性厌食症的社会建构》(Julia Hepworth, *The Social Construction of Anorexia Nervosa*, 1999)

我们带着欣喜回顾这些书目——它们有着惊人的丰富内容，由作者们的才智支撑而且往往极具胆识。同时，当前的工作将成为一个里程碑：它代表了这一丛书的终结性的贡献。这绝非因为人们对这一论题的兴趣行将结束，而是因为基于社会建构的对话已经变得如此广泛而多种多样，以至于一个可以画出界线的丛书的观念将不再可行。提出存在一个特定丛书表述了当前探询的本质，那纯属误导。如今一种建构论者的鉴别力是如此深刻地扎根于学术世界的某些角落，以至于它甚至不再需要明确的表示。这一丛书在促成一种共同意识方面可以说是成功的，但在此对于这种意识做这样一种尝试尚不足够。

我希望这本书将成为这一丛书的一个名副其实的总结。在很重要的程度上，这些章节的内容已经由其他书促成或激发出来。在这种意义上，本书可以被看做是向与我们一起工作的作者和编辑们的献礼——既作为一种补充，也作为一种致意。与此同时，在这里我的感激之情却是无限延伸的。或近或远、当前或过去的太多声音都在这些纸张中回响，以至于几乎不可能找到一种适当的表述。在此，我谨用这一刻来表达我无尽的感激之情，并以此结束此篇。另外，还有我的助手辛西亚·霍尔特（Cynthia Holt），她的积极参与对于使这项事业达到成功的每一阶段来说都是非常必要的，感谢她加入到这项事业中来！

导　言

科学与人文学科的各个领域已经激发起人们对于真和善的社会建构的思考；同时，它们也引发了人们对于包括真理、客观、知识、理性、权威以及进步等已被广泛认同的概念的争论和那些所谓的“文化之战”、“科学之战”。正如多数人所认为的那样，我们再也无法回到传统学术和科学工作以及包括心理健康、教育、司法体制、组织生活与政治等一系列相关研究制度的安逸假设中去了。动乱和变革随处可见。在差不多二十年中，我一直深深地沉浸在这些思考之中，以一种批评的眼光来看待诸多我曾经珍视的理念，探寻发展中的话语整合以及有前景的替代性视角。本书的大部分内容包含在先前的两部书中：《现实与关系》（*Realities and Relationships*）和《社会建构引论》（*An Invitation to Social Construction*）。

我频频被邀请参加一系列新领域的讨论，这在很大程度上是由于我在努力撰写这本书，支持者与反对者都建议我跨越学科的界限来拓展思考，把握社会实践的复杂性并大胆探讨各种文化议题。我一直面临一系列来自概念、批评和实践的挑战，并且在建构主义思想延伸至新领域时还要探讨它的潜力和局限性。从某种意义上说，这是一个痛苦的过程。

相比之下，停留在主流观点的单一轨道上就要惬意得多，任其按照各种自我维系的方式持续重新整合。同时，继续反对陈腐的实证主义，维护已经建立起来的知识和道德的高标准，也会令人倍感愉悦。但所谓的愉悦与陈腐关系密切，因为它们都属于永恒的轮回。如果我沉溺于那些批评，之后又接受挑战和引荐，我便会一直摇摆不定。然而，我倾向于认为在这些令人眩晕的时刻中存在着无价的潜能。因此，在接下来的这部分中，我希望能和大家一起分享种种挑战所带来的成果，尤其是那些在学术界、社会实践和文化生活领域的成果。

一个繁盛的范式的代价

2 诚然，在细节上本书的这些文章关注的内容各有不同，但它们却同时潜藏着一致性，正是这种一致性促成了这部著作的标题：语境中的社会建构。为了正确评价那些遭到批判的事物，我们往往需要一些背景知识。起初，社会建构方面的话语的产生是基于从自然科学到人文学科中的大量资源，具体包括社会学、文学、历史学、人类学、女性研究、心理学、传播学和文化研究等。在我看来，这些话语主要在以三种重要方式发挥作用，即分别作为元理论、社会理论以及社会实践。首先，作为一种元理论（或者说是有关理论的理论），社会建构论不仅对经验论知识形成挑战，同时还对所有的第一知识哲学构成阻碍。对于建构论者而言，所有对于知识、真理、客观性或洞察力的诉求都是基于意义共同体的，甚至包括建构论者自己的主张。在这种意义上，建构论并不是关注共同体背后的真理，而是关注那些先在的可理解性（intelligibilities）。在元理论的维度上，一直以来大多数建构论学问都是批评性的。它们挑战着各种关于世界本质的权威性主张，对“……的社会建构”的论证到处在强调那些被视为理所当然的事物的文化和历史嵌入性。然而，建立一种积极的社会建构论的科学与学问的可能性却才开始慢慢出现。

在元理论层面上，探求实质的方式并不需要什么确切的条件。元理论对理论、方法或实践都没有确切的要求。然而，建构论提出的一组新问题，即关于一个人在这些领域中如何做出选择，这往往是可估价的、与政治有关的和务实的。它也引起可以算作合法的探询和表达的事物的数量急剧膨胀。与此同时，许多社会科学家已经转而将社会建构论扩张为一种经验上切实可行的社会生活理论。如果一个似是而非的事件可以在元理论层面上被当做关于科学知识的社会建构，那么这种思路同样也适用于包括政府、司法系统、商界、医药、宗教、社区、家庭和治疗等在内的各个领域。此外，这些假设可以被扩展，广泛地应用于解释文化进程、“理性”的特征、记忆的起源、意义的循环、社会权力的本质等。这些描述性和说明性的文献也因此不断地得到丰富和扩展。

最后，许多学者和实践者们都借鉴建构论理念来造就新的实践形式。例如，在社会科学中，研究的焦点和方法论工具都受到影响。对于话语实践、修辞效果、大众文化、意识形态的微妙、殖民主义者影响和媒体再现的研究都有演绎建构论假设的倾向。此外，关于建构论的对话也推动了方法论方面的巨大发展，现在所谓的“定性研究中的革命”可以直接追溯到建构论者的一系列思想。叙事方法、协作法、自传式民族志以及测验法都是例证。这些学术界内部的发展与学术界外部实践之中的实质性变化在同时进行。值得注意的是，在诸如组织发展、家庭治疗、社会工作、咨询、教育和仲裁领域等共同体中，新发展引人注目。随着实践不断对对话、共同建构、合作、社区建设、叙事以及积极视角扩张等的强调，它们也典型地支撑着建构论的假设。

我发现，元理论、理论和实践等方面都取得了令人振奋的进步，这些进步也值得我们进一步关注。但与此同时，这些进步是用某种代价——越来越多的孤立——换来的。这一系列对话和实践已经使建构论成为一种生成性的自我意识，但同时也倾向于使这一领域成为一种建给自己的建构论。一个人一旦登上他认为是颇具吸引力和创造性的领域，就会与外界孤立。这种孤立的倾向性还与一种沾沾自喜并存——似乎这些努力在概念、意识形态以及实践中都会优越于它所有的前身。渐渐地，一道围栏被建立起来，它可能对建构论的发展很重要，但最终会导致冗余、僵化和活力的丧失。

本书这些文章因而作为一个整体试图维持建构论与语境的联系——与那些建构论显现出来的文化文本的联系，但最终却提供了一种基于差异的基础，建构论从中获得自身的真正认同与意义。如今这种共同/文本（con/text）在很大程度上由理论和实践领域共同组成，这些领域或者独立于建构论存在（有很大的领域是“非建构论的”），或者旗帜鲜明地与建构论者的努力相抵触。在前一种意义上，世界人口中的大多数继续着无建构意识的状态，建构论者也全然不对那些“对话之外的”事物怀有好奇之心。事实上很多对话之外的科学家和学者已将建构论理念视为威胁。很多人发现建构论削弱了真理的权威，似乎将科学等同于神话，于是出现了所谓的“科学之战”。其他人认为，建构论在道德上和政治上的相对主义即使不该受到谴责也应被视为苍白无力的。同时，也有一些人认为建构论已经充斥了太多的批评，而且其对社会理解的贡献也过于狭隘。正是跨越这些和其他桥梁并最终与语境相连接的挑战构成当前这部作品中大部分内容的背景。

与共同/文本衔接

4 正如我在这部作品中所意识到的，我对跨语境挑战的答复主要是以三种基本的而又有所重合的形式来呈现的。其一是尝试阐明建构论理念对各种语境领域的适当性。我已明确选择历史心理学和组织科学作为学术探讨的领域，并把治疗、教育和组织伦理作为实践领域。这些详尽的阐述并非独白式的，这一举动也不是要模糊地拓展建构论思想的边界，而是希望以一种新方式扩展对话。然而，我也担心那些时常反对建构论的群体，包括实在论者、伦理根基论者以及社会激进主义者等。这些声音能够通过某种方式使敌意转变成富有成效的对话吗？这一担忧开启了跨越语境的第二种方式。

基于此，我开始进行某种批判性的自我反思。我感到关于建构论的争论（甚至包括我自己的）就好像一把利剑，似乎以消除经验性研究、伦理根基论和实在论等为目标。在我看来，过于虚无主义的建构论是一无是处的。这些争论被过度频繁地夸大，对于那些相互重叠的倾向并没有给予充分的关注，而那些或将“破产”的传统研究的优势也遭到忽略。因此，在一些章节，特别是那些探讨实在论、纯粹批评的局限和组织科学的章节中，我将尝试批评性地反思建构论的进步。也许这种反思可以鼓励那些反对者们自由地阐发出同样也是传承下来的质疑的声音。无疑，如果我们用多重论调来说话，我们将会发现特定的汇合点——在这里有益的对话将会出现，普遍的敌意也将得到缓解。

最后，我尝试进行实质性的概念化和实践，用相互借鉴的潜力来代替露骨的隔离。这种尝试并非要通过详细阐述和自我反思而发起对话，而是发掘一种非建构论者可能也认为颇有用处的资源，就好像不是教徒也可欣赏中世纪教堂之美，不在日本长大也可享用寿司一样。同样，如果建构论者们的对话可以促成激动人心的理念和有意义的实践，这些成果就很容易被他人使用，界线就会再次变得模糊。关于医疗和教育实践的章节对这种可能性尤其敏锐，而本书的结论性章节——关于认同政治、科技和道德本身——积极地提供了一些有效途径，以理解和实践一种广泛的适当性。

本书的组织

正如我选择把本书的内容分为三个部分一样，三位一体的原型可能 5
也在不断发展的过程中。开始的五章将把建构论理念放置在这样一种语境中，基于对社会科学知识的深思熟虑之后，在“社会建构与人文科学”这一标题下，我探讨了一系列建构论理念面临的关键议题，它们与这一理智领域密切相连。此处的焦点首先定位在当建构论理念进入一个研究领域中时所面临的主要张力之上。在本书的第 1 章，我将尝试调解建构论者和实在论者之间的矛盾。我在此的着眼点不仅包括建构论和经验论传统之间的关系，我还尤其关注那些属于传统经验论者但在政治实践中协助建构相对主义并加入建构论学派的“左派实在论者”。主要问题是这些反对主义是否必须维持，或者是否存在更富有成效的可能。类似问题将在第 2 章中提出，在这一章中，我试图超越心理学中的解构的学术成果。成卷的学术著作现已阐明心理学概念的社会建构特征——同时在科学和日常生活层面。这种学术成果意味着心理科学的终结吗？还是存在着更有前景的其他方案？在第 3 章，我将从这些更为尖锐的探讨过渡到对批判功能的一种更为普遍的关注上。在此我探讨被广泛实践的建构论批评的局限性，并把讨论引向更具合作性的研究方式。

这种关于批评的反思为该部分的最后两章作了铺垫，这两章都试图更加详细地阐述先前分析中所涉及的一系列概念和观点。第 4 章我将挖掘被应用于人文科学著作中的话语形式——传统的和实验的。因此，这一分析等同于科学中的浪漫主义、现代主义和后现代主义的修辞学，使我们得以提出关涉它们的情境性效用的问题。最后，在第 5 章我将考察历史学和心理学学问的关系，一方面根据它们传统的对立，另一方面也依据新近建构论者的学术成果。我借用后者试图开展学科间合作的积极项目。

在第二部分“社会建构与社会实践”中，着眼点将从学术议题移至社会实践。在第 6 章丽莎·瓦赫斯（Lisa Warhus）与我共同运用建构论理念来反思治疗世界的范围广泛的倡议，从而把治疗理解为意义中的运动。在此，建构论不仅作为一种有序完整的策略，也成为一种迫切寻求新实践发展的方式。在第 7 章，教育专家斯坦顿·沃瑟姆（Stanton Wortham）也付出了同样的努力，这次指向教育学的发展。这一章用相关理论与实践再次强调了本书一直关注的主要问题。在第 8 章，我探讨
6 来自组织伦理的挑战以及对全球组织的伦理不敏感性的广泛关注。尽管全球主义被典型地看做对人类福祉的威胁，但我尝试理清一种探讨组织生活的关系取向如何在事实上可以把全球性组织引向一种道德领袖的地位。最后，在第 9 章，托久·塞钦可瑞（Tojo Thatchenkery）和我一

起思考组织科学的实践如何能够被由建构论所表达的后现代的思想所推动。正如在治疗和教育学的例子中一样，我们使用新兴的实践来激发一些潜在的可能性。

在第三部分“社会建构与文化语境”中，我转而探讨具有广泛文化意义的议题。这种尝试使建构论理念服务于社会理解——给批评性分析施加压力，体会任何可能之处，并朝向可选择的未来进行生成性工作。认同政治和通信科技成为两大兴趣热点。在美国，认同政治运动可以被认为代表着过去 30 年的政治形态中最为重要的变化。避开传统的两党制度不谈，政治从属关系与一个人的社会认同密切相连——例如非裔美国人、妇女、同性恋者和西班牙裔美国人等。第 10 章将探讨这场运动和社会建构之间的亲和力与张力，其目的在于跳出认同政治并转移到更为可行的政治参与形式中。在最后一章，我的着眼点在于 20 世纪通信科技对维护道德秩序的暗含之义。在我看来，这种科技威胁着任何存在于个人思想或社会群体中的道德行动。和前一章一样，我试图寻求一种朝向关系行动的超越之举。

在一种广泛的意义上，最后的章节试图将之前章节中发展出的论述引入实践——尤其是第一部分中的那些章节。其关键点既非“讲述”关于社会生活的“真相”，也非构建理性或价值的新基础。而是希望引发关于当下状况的对话，产生话语资源，凭此我们便能够进行批评性的以及鉴赏性的反思，使新形式的合作行为成为可能。

目　　录

第一部分　社会建构与人文科学

第二部分 社会建构与社会实践

第三部分　社会建构与文化语境

第一部分

社会建构与人文科学

第1章　建构论与实在论：一种必然的冲突？

为了制定一项变革性的政策，制定者必须正确地鉴别出问题的来源，但从一种相对主义视角来看，根本不可能有这种完全正确的分析存在。

——克劳德（Dana L. Cloud），

《后现代主义之后》（*After Postmodernism*）

圣徒们正在真实之地聚集，对敏锐良知的追求使他们的躯壳饱受磨砺……你可以听到他们的呐喊。

——阿门斯（A. R. Ammons），

《坚信者》（*The Confirmers*）

在许多重要方面，社会建构论这一令人激动的理论是从对抗中产生的。建构论作品的主要能量源于它们对为时甚久的实证主义/经验主义科学传统的多维度的批判。这种看法长期占支配地位：对知识的科学论断事实上并未受到文化、历史和意识形态的沾染。由此，经验科学实际上是人类理解自然和自我的尝试中所获取的最高成就。建构主义批评——源自科学史和知识社会学，通过批判理论、女权主义、文学理论和修辞学等的贡献获得其广度和深度，然后跨越了这些学科——公然违抗那些受欢迎的观点。科学可以产生超越历史和文化的超验真理，或可以凭借严密的方法论“找到接合处把自然切分开”，这些能力已遭到质疑。由此建构论这一令人激动的理论——经常被称为“科学之战”——
8 便在学术和科学世界不断渗透。对于建构论者而言，所有对“真”的主张都被追溯到关系过程，并且除了在特定文化中进行比较，没有其他任何的途径最终使一种实在建构高于另一种。实在论正忙个不停，而其回应也一直带着挑衅和尖刻。

对于那些声音一直被科学所边缘化的很多群体，或者对于那些对社会平等和公正的追求受到现存真理权威阻挠的所有人而言，建构主义批评具有巨大的吸引力。建构主义争论不仅被用来创造平等的竞争环境，而且为大范围的政治和道德批评敞开大门。正如后面章节将会详述的，建构论和文化批评携手同行。然而，慢慢地那些参与到社会变革中的人开始发现，建构主义的大刀阔斧倒转回来砍伤了使用者的手脚。任何对权力结构、压迫或不公正的批评都无法主张自身是超越建构的真理——自身不是多种理解方式中的“一种理解方式”，而是“正确的方式”。一种新的分歧出现了，在其中文化批评者发觉建构论理念对其目的是有害的。虽然他们的批评对象存在于建构起来的世界里，但文化批评者并没打算放弃真理宣称的特权。建构论理念从而开始受到来自“左派”和“右派”两方的攻击，而这两个反对者都是忠实的实在论信奉者。[1]

这场冲突的复杂性被进一步强化：很多着迷于社会建构论理念的学者希望用文献证明其含义。例如，对交谈进程、媒体和认同建构的研究已经展开。而这种研究往往伴随着一种对“经由方法的真理”（truth through method）主张的信奉，但这些主张恰恰是建构论一直努力推翻的。如果交谈是我们获得真理感觉的一种主要方法，那么建构论者会问，一个人如何能够“彻底弄清楚”话语或交谈的本质呢？此外，人文主义者、现象学者和认知建构论者——他们欣然接受建构论者对意义制造及其对实证主义霸权的批评性挑战的强调——很快发现他们自己的很多符号——意向性、能动性、经验和认知构念（cognitive construals）——也陷入被怀疑之列。他们虽然在很大程度上愿意将物质世界看做一种建构，但希望坚持心智在某种程度上是现实的，而不是建构的。其与建构论的关系由此变得冷淡。[2]实际上，学术氛围是夹杂着冲突的——实在论和结构论到处存在着冲突。那么，我们将如何继续呢？

文化语境中的冲突 9

将这种学术冲突形式放置在更广阔的社会语境中是有助益的。概念上的冲突事实上是学术生活所特有的，但却与更广泛的社会中的争论在一些重要方面上具有相似之处，例如在政治党派、宗教派系、联盟和管理部门等之间。在几乎所有情况下，我们都面临着关于真实、合理和美好的不同概念，还有对某些行为方式和特定事物安排的不同信奉。正如许多评论家也注意到的，社会冲突已经成为当代文化图景的一种越来越占支配地位的特征。我们不仅面临着在种族、经济和性别差异方面越来越盛行的分裂，而且面临着在性别偏好、环境、堕胎、色情作品、宗教、社会公正等议题上的分裂。在其他作品（Gergen，1991）中，我曾尝试将这种草根行动主义的爆发与新兴的通信技术联系起来。随着这种技术的发展使得具有类似倾向的人们找到相似的他者，宣称群体意识并形成改革的日程，我们也发觉一种基于价值的亚文化的日益丰富。我将在最后一章中继续探讨在这一不断扩大的领域中亚文化的差异。

以下我希望把实在论和建构论的矛盾放在更广泛的社会冲突语境下来处理——将我们现在的论战看做是发布给社会的，并反过来可能对其未来产生影响。我们如果在学术领域中制造了大量对抗，那么该如何继续下去呢？假若在这种情况下，我们的行为模式中有没有什么会对更广泛的社会潜力产生影响？我们的互动蕴含着获得更广泛意义的希望，从我们的互动中能否获得一些洞察？我处理这些问题的特殊方式具有社会建构论对话的特征。我确切的希望是走出将实在论者和建构论者区分开来的竞赛性和吞并性的争论模式，并探究我们的集体行动本身。从一种更广泛的历史和文化立场来看，我们为何会不和？对我们而言，什么是处于危险之中的？又存在什么样的替代，或可以创造出何种替代？

当前分析由四部分组成：首先我将陈述建构论者对实在论的反对，探讨如果避免对真实的终极宣称，那么处于危险之中的是什么。其次，我将转向思考通过据理争论解决实在论和建构论争执的可能性。在这里我的结论并不乐观。于是在向前推进的一种尝试中，我提出了关于我们作为学者和实践者在实在论和建构论截然不同的话语中如何定位自己的问题。我们在各种各样的关系中应用这些话语的原因是什么呢？在陈述这些问题时，我们开始找到一种调和的余地，即我的爱尔兰同事们所称的一种“第四领域”——处于冲突边界之外的一种中立范围。最后，考虑到缓解差异的这种潜力，我将转向对更广泛含义和应用的探讨。

10 对实在论的反对：基于缺失的身体

有很多同行常常运用建构主义论点加入到对传统科学的批评中，但他们又希望保有一种非建构世界的残余。作为对冲突的更一般分析的概括，向这些同行作出一些说明是有助益的。建构论者因其“把婴儿连同洗澡水一起泼掉”而遭到各种批评，并被要求在某些问题上能保持坚定的立场。我对这些回应相当赞同，但同时也持强烈的保留态度。正是这种反对值得我们预先关注。也许被我的同行们最为坚定地接受的两个真实领域便是权力（*power*）和身体（*body*）——前者对文化批评者尤其重要，而后者对那些辅助专业特别重要。我将在第 7 章中更充分地论述有关权力的议题。在此让我们更详细地考虑“具身性问题”（problem of embodiment）。约翰·蓝纳曼（Lannamann，1998）的一篇文章提供了一个合适的文本讨论平台。这篇文章主要是给一群治疗学家看的，蓝纳曼以一个发生在自己身上的故事作为开场白：他的父母是基督教科学派信徒，他们并不信任现代医学实践，结果蓝纳曼的兄弟不幸死去了，这本来是可以避免的。基督教科学派信徒对身体的现实的否认，以及由此导致的痛苦，对蓝纳曼而言，似乎与由社会建构论造成的状况有相似之处。建构论者似乎也否认外在于话语的一种身体的现实。蓝纳曼提出，正是在物质性身体上我们遭遇到建构的“局限”，这一现实(reality)绝对有必要贯穿和纠正社会建构论的所有过于儿戏的长篇大论。忽略物质性身体将重蹈基督教科学派缺乏远见的覆辙——在这里精神的神话遮蔽了疾病和死亡的现实。

这确实是一项重要的指控、一个我强烈赞同的指责。的确，我与蓝纳曼生活在几乎相同的世界里，我们都非常严肃地对待身体、疾病和死亡。当我的孩子生病时，我会寻求医药治疗，而不是找精神咨询师。我会乐意谈论自己的痛苦和快乐、每年体检一次、为赈济饥民捐款和向紫心组织（the Purple Heart）捐赠衣物。然而，恰恰正是在“可靠知识”这一点上——在这里身体就是身体，在这里我们很了解自己经历了什么，并且我们能够清楚区分健康和疾病——建构论成为一笔最有价值的财富。一种建构论的可理解性为反思、再思考和可能的重构敞开非常宝贵的空间。在此存在一种巨大的解放潜力，给予我们一种能力，使我们走出理所当然的误区，并从有时具有扼杀性的对陈词滥调的掌握中挣脱出来。在这里包含着未来的新的可能性，因为我们被引向考虑重构的潜力。我们被鼓励探索对“是什么情况”（what is the case）的替代性理解，找到能使我们以更适当的方式继续下去的意义。对于那些生活在复杂的社会环境中的人，创造性重构的潜力是一笔连绵不断的财富；对于 11
那些消沉的、备受痛苦折磨的生命来说，这种资源是必要的。

正是在这种脉络下，分析家们对“身体记述”，或身体在当代社会中得到的各式各样建构的方式，具有一种深刻且带有批评性的兴趣(Featherstone，Hepworth，&Turner，1991)。这里的尝试典型地是批判性的，试图质疑理所当然的假设，以期得到解放。例如，批评者们质疑了关于性别差异的假设（Butler，1990；Kessler & Mckenna，1978)、对于美和女性身体的一般建构（Suleiman，1986)、患病身体的概念（Hepworth，1999；Martin，1994）等。也出现了一些试图模糊人类身体和机器之间的传统区分的积极尝试。自堂娜·哈拉维（Haraway，1985）对受控机体的经典分析开始，理论家们一直热衷于探寻打破人类/科技这种隐喻的政治潜在性（Driscoll & Brahn，1995；Gray，1995）。

一种建构主义的敏感性也开启了一个关于健康与疾病对话的新领域。对于建构论者而言，“健康”和“疾病”是在特定关系传统中获得其意义的术语。我们可能会赞同在我们所称的自己身体中“发生了什么”，但这种承认并没有对我们在描述或解释中使用的音素构造（configuration of phonemes）提出必然的要求，或对我们如何治疗它提出必然的要求。用尼尔森·古德曼（Nelson Goodman）的话说：“如果我询问关于世界的事情，你能提出并告诉我它在一种或更多参照框架下是怎样的吗？如果我坚持要你告诉我，离开所有框架它是怎样的，你能说什么呢？”在这方面，克莱曼（Kleinman，1988）和杨（Young，1997）挑战了当代医学中对身体的现存概念。在治疗可能性方面，阿瑟·弗兰克的著作《受伤的说书人》（*The Wounded Storyteller*）（Frank，1995）作出了重要的开拓。如果疾病仅仅是疾病，那么我们可以把我们的身体委托给医疗行业进行治疗护理，就万事大吉了。然而，正如弗兰克所表明的，在这种情况下还有隐情。尤其是，他表明了一种“探索叙事”（quest narrative）的优势，在这种叙事中，个体利用生病的契机开始一种探索——一种最终导致对自我和社会的更深刻理解的活动。一个人可以看到通过遭受痛苦实现角色转换的可能性，一个代表那些遭受痛苦者说话、做证人并从而为共同体的更大智慧作出贡献的机会。同样，如果肉体死亡仅仅是肉体死亡，并且这就是它的结束，那么我们居住在一个多么枯竭的意义世界中啊！如果死亡也可以是一种与去世亲人的再团聚、一个处于神右边的地方、一种生死的无尽轮回运动或者一种最终的安宁，那么我们的世界就变得更加丰富多彩了：文化生活世界是更适合人类居住的。

此外我们还有其他理由来反对非建构的身体：如果世界上仅仅存在着肉身——没别的可言，那么对于不容置疑事物的本体论我们还有什么可以补充的呢？我的社会学同行们让我了解了关于社会结构的现实；经济学家告诉我经济的严峻现实；政治学者谈论到现实政治；对于很多人类学家而言文化当然是不可否认的；而对于我的大多数心理学同行来 12
说，也没人否认认知过程的存在。我们有什么理由承认肉体属于确定无疑的真实领域，而阻止它们进入这个领域？如果我们不能拒绝这些其他现实，还可以提出什么作为超越文化和历史的真实呢？当我们将所有世界中的明显现实（realities）加入到毋庸置疑事物的手册中时，难道我们不是最终被迫进入一种对共同习俗的再生产之中吗？然而，这样的话，却没有考虑到我们生活中不断出现的新情况也构成意义世界的一部分。那么建构论者对解放和重构的希望的重要性又如何呢？在我们扩大那种明显真实事物的领域时，我们也导致了社会停顿不前。

把这一点彻底讲明白：什么会阻止我们关注身体疾病中的精神疾病现实？对于我的大多数临床同行而言，精神疾病只是单纯地存在于那里，而不管这样说所参照的话语框架和说话者所属于的话语共同体。当然，他们说，我们面临着抑郁症、注意力缺乏症、精神分裂症等的残酷现实。或者，我们是否面临着呢？我们可能都会承认一个个体的行为有些不正常，但是，为什么我们该认定临床医师和精神病医师共同体将它称为“精神疾病”是正确的，并且《精神疾病诊断与统计手册》（*DSM*）的分类就是这个世界的映射呢？[3] 我们为何要同意“抑郁症”——直到 20 世纪才被“发现”——现在是我们文化中十分之一的人都患有的疾病？而我们为何要默许诸如百忧解、哌甲酯、锂盐等逐批性处方药品的存在呢？如果我们放弃对此类行业——毫不遮掩的亚文化或社团的现实——的质疑能力，那么我们就会成为受害者。

建构论者的反抗这样继续着：诸如“真实的”、“真正的”、“理性的”和“客观的”这类术语具有致命的可能性。诚然，它们在特定共同体中对确认传统、促进相互信任、保证合作形式和生成集体热情等十分有用。然而，当这些共同体的参与者将局部性事物扩展到普遍水平时——对于所有人都真实、先验意义上真的、根本上理性的、毋庸置疑客观的，它们是充满危险的。当在局部范围内显而易见的现实被延伸时，也便为其他传统——那些“并未以事物本来面目来看待它们”、停留于“虚假意识”中、“推理有缺陷”或是“主观得无可救药”——的消除打下了基础。这些文化的居住者也不大可能获得发言权，因为他们的声音显然是无知的，只是民俗的、虚构的、神秘的，甚至更糟（also see Edwards，Ashmore，& Potter，1995）。正是这种地方性事物的自大为西方殖民主义之火——以及随后发生的对世界各地传统的毁灭性破坏——添加了燃料。我能很容易体会到蓝纳曼对由于基督教科学派信仰而导致的不必要的生命丧失的反应。我确信我也会有几乎相同的感受。
13 危险并不在于悲痛和愤怒，而是在于因基督教科学派没有认清肉体的真理而导致的对身体的损毁。而如果我们模糊地扩展这一朴素的真理，那么我们就应当消除这种传统以及可能的认为精神维度的真实性比物质实在更为根本的所有其他传统。

激发敌意：根除的乐趣

虽然这些争论是足够清楚的，但它们并非处处令人信服。来自保守倾向和激进倾向的攻击都在继续。从主要方面来看，这些争论中的发展路线是颇为人所熟悉的。它们在很大程度上概述了作为学术生活支柱的学术冲突方式。在拥护一种理想或一种价值而抵制一种无此信仰的反对派中，可以看到戏剧性的情景。在为科学客观性辩护以免受到江湖骗术、神秘主义、意识形态主义或宗教激进主义的破坏的例子中，与在谴责压迫、种族主义、不公正或支持一种人道主义视野中，都是如此。如果学者未能参与到这种以正压邪的戏剧中，将会错过学术生活中最为重要的乐趣。我们也并非只有在参与学术事业中才能经历到这种文化仪式。它长期以来一直存在于平常的地方，当我们保卫我们的沙堡以避免入侵者，保护一位密友免受流言飞语影响或者针对不公正政策为被围困的少数群体辩护的时候。在某种意义上，我们都是“基督教战士……自由之军，在斗争领域，向比勒陀利亚行进……”，并且，无疑，“我们将会取得胜利”。鉴于在面对邪恶时支持正义的荣耀，那么在当前，什么才是由我们的传统积淀下来的核心选择呢?[4]

基本上最为适宜的选择是（并且一直是）孤立和地下战争。把我们自己划分为支离破碎、充满敌意和自鸣得意的有限领地是很简单的。我们进入自己的志趣相投者的极小群体中，宣称理智和道德优势，在由我们同类人保护的期刊和会议中传播我们的真理，并找到削弱圈外同行和机构的方法。这样一种情形在很大程度上描绘了现存于经验论者和建构论者之间关系的特征。这是一种正显现于那些反对经验论的群体中的状态——它们之中包括持女权主义立场的理论家、马克思主义者、文化批判家和人道主义者。很多群体都在寻求用其他选择取代所谓的“主流话语”，而这种相互孤立和战争的状态现在似乎将要分裂所有这些群体。

我们如何能把这种地下战争状态看做其他而不是不幸呢?不仅我们因此引来了一种所有人反对所有人的状况，而且这种状况最终也会削减那些处于有限领域中的好辩人们的力量。由于这种选择以分离的过程——以唯我论的自我满足过程——而不断发展，因此几乎没有方法可以解决冲突，任何催化性对抗都无法推进这些问题的解决进程或提出 14
新的洞察和可能性。此外，表意过程在各自圈子中继续满足于自身，不断以某些方式对世界进行再阐述，这些方式越来越使批评的反身性成为不可能。这样一来，意义基本上在知识制造者共同体中被冻结，并伴随着与周围文化的疏远。不仅该共同体的知识框架似乎愈加遥远、令人费解和不相关，而且从共同体之内来看整体文化也似乎愈加愚昧。[5]

另外，我们必须问，这一自我满足和自我肯定的选择蕴含着怎样的社会含义呢?学术专业往往把关于差异性的言论传播到社会中，如果我们涉及这些言论，我们最好还是拒而不纳。举例来说，学者们关于政治正确性（political correctness）的探讨带来了社会中的痛苦，这表明学者们并不比相互争吵的背后诽谤者强多少，反过来我们也向社会表明，当涉及文化战争时我们是无能为力的。

由现存敌意推动的还有第二种选择：辩论式面对。我们作为学者，又一次为这一仪式做好了充分准备，而在某些方面我们的行为模式也影响了整体社会。我们表明了用言语交流代替武力斗争的潜力，扩展了和平解决冲突的资源。因此，我们可以进行理性争辩，把战线划分得更为清楚和明晰，希望随着时间的推移，优越的范式将会得胜。我们避免凝固化的呆滞而迈向一种更有优势的理解水平——或者说应该成为这样。在这种情形下，我强烈怀疑传统辩论可以产生令人信服的解决方法的潜力。在第3章中我将继续探讨几个固有地存在于辩论之中的原则性问题，辩论只是作为一种消除差异的模式。然而，在辩论过程中存在一种主要的缺陷，这是当前情况所特有的：实在论和建构论都嵌在关于知识、理性和价值的本质的不同假设之中。这导致各种立场是固有的不可通约的。它们无法在任一种立场的体系内进行比较，因为这些立场的假设使它们各方在争论中不自觉地排斥其他可理解性。例如，实在论者不能通过举出“一种真实的物质性属性”的证据来说服建构论者，因为这种证据在建构主义本体论中并不通用。一种实在论的修辞的使用本身看上去就存在意识形态问题。此外，建构论者不能用修辞技巧来强制实在论者，因为对“纯粹修辞”的承认会使辩论失去资格。与此相似，建构论者关于意识形态偏见的指责被证明是不能令人信服的，因为实在论者假定了对世界进行客观、不受意识形态影响的解读的可能性。在一个阵营中是具有充分理由的而在另一个中则是不合理的、具有误导性的。

同时，对于建构论者来说，如果要以可能说服实在论者的理由进行争辩，那么他们就会违背建构论的假设，从而陷入自相矛盾中。这同样
15 适用于实在论者，如果实在论者依据其语言巧妙或在文本修辞上更吸引人来坚决主张他们立场的优势，他们也会违背自己的假设和陷入自相矛盾中。在这一点上，一个人可能会动摇而听从于第三个、更为中立的观点，裁决可能由此产生。然而，这也将插入一个与这两种倡导者意见不一致的第三种本体论。例如，建构论者或实在论者会希望争论结果由一位宗教激进主义者或禅师来决定吗？

在更广泛的社会层面上，辩论可以说是在孤立的相互抵触之上的一个重大进步。然而，辩论降低对抗强度的希望十分渺茫。从当前立场来看，我们只能期待相反的情形，争论本质上会激起对抗和增强敌意。这

当然是学术中的典型情况。除非在对差异的理由和什么算作理性和证据上有相当程度的一致意见，争论很少能够通过辩论得到解决。正如托马斯·库恩（Kuhn，1970）所谈论的，这种斗争往往只能通过其反对派的终结而得到解决。

作为文化资源的实在论和建构论

考虑到对抗的消极模式和积极模式中都固有的问题，还剩下什么选择呢？一种有希望的可能性是探求共同基础，找到至少一种与实在论和建构论二者的解释都一致的重要假设。例如，尽管实在论者和建构论者在根本假定上互不相同，但它们二者——以及事实上几乎任何参与到西方意义达成（sense making）传统中的人——都会认为语言被人们用来调整日常活动的这种说法是不值得注意的。对请求、命令、称赞、校正、问候等的运用在文化生活中都具有实际性后果。如果这种观点是适当的，那么我们也可以认为，无论它们还可以是什么，实在论与建构论二者都是话语形式。不管它们还可能以什么方式起作用，二者都被用来（主要由学者）展开文化生活方式。我们与其将实在论和建构论的可理解性视为个体心智的表达、超验逻辑或真理假定，不如把它们看做言说或写作的形式——人们在各种场合使用的附带着某种后果的词语和词组的混合物。就这些话语对各种群体都有用而言，我们也准备将它们视为文化资源、在某些文化传统中发展起来的并且现在加入到当代文化剧目中的可理解性模式。在这一框架下，我们可以更为尖锐地探索这两种话语的情景性效用。这种分析，反过来，可能会产生一系列新的二者可以共同继续下去的选择。

让我们假定所有实在论和建构论辩论的倡导者都持有这两种话语。对这些参与者来说两种可理解性都是可获得的。我们可以简单地凭借参 16
与辩论的意愿来认定这种双重能力，一个人几乎不会愿意在不熟悉与其截然不同的一帮人的情况下便选择站在与之争论的一方。鉴于这些话语资源对于辩论党派的广泛可获得性，让我们进一步假定有时候各种倡导者都可能郑重其事地使用这些惯用语中的每一种。每位使用者都希望其他人能严肃对待这些言语——按照实践的一般习惯被对待。因此，举例来说，最为忠实的建构论者也会依赖实在论传统来教他们的孩子“这是一条狗”和“那是一只猫”；而如果建构论者看到他的房子着火，并高呼“快跑，着火了”时，他/她不会希望家人用怀疑的眼光看待并回答：“哦，那只是你的建构”。建构论者会期望这种警示可以在实在论习惯中被对待。同样，那些信奉实在论信条的人也经常从建构论的箭筒中借箭。最为坚定的实在论者是否会希望从其话语清单中消除这些交谈对策呢？诸如“那只是你虚构的故事”、“这是一个文化神话”、“他们在编造”、“这则报道有支持政府的倾向”以及“你表述那些的方式是压制性的”。即便那些无视于建构主义理论的顽固守旧的经验论者，也希望说：“鉴于他们信奉的理论，我可以明白他们为什么会得出那样的结论”，或者“物理学、生物学和心理学是构成概念化世界的不同方式”。

具有这些双重能力的词汇组，是否会造成所牵涉个体的一种困境，这尚在争论中；然而，根据毕利格及其同事的著作（1988），我们完全可以相信，对于大多数人而言，这些潜在对立的话语与大量其他替代物（例如精神的、传奇性的、神话的）可以毫无疑问地并列存在。具有多种话语的潜力近似于具有玩多种游戏的能力。一个人在国际象棋方面表现出良好的能力，这种能力并不意味着他在桥牌等扑克上就不能同样表现出良好的能力。[6]

鉴于争论中所有参与者能够使用实在论和建构论两种话语的能力，我们也可以认为存在这样的情形，在这种情形中，事实上所有人都赞成这些话语中的某种词语是适用和适当的。也就是说，在某些情形下，那些参与到实在论和建构论辩论中的大多数人，都会一起加入到一种相似的行话的协调使用中。因为我们中的大多数人都拥有一种相同的文化历史，也因为我们一直接触着相似的教育系统，并占据着相似的特权地位，我们将倾向于在偏好和习惯方面相汇合——从饮食口味到学术优秀的标准。在这些情况下，我相信几乎我们所有人都会坚定地反对新纳粹、黑手党、宗教激进主义、海洛因的走私、酷刑和谋杀。运用一种令人信服的实在论话语，我们将指向多元的过失和无道德。此外，在敏锐的建构论话语中，建构论者和实在论者都会乐于证明纳粹如何——通过德国文化话语的理性化、美化和传播流通——制造了导致大屠杀（Holocaust）的条件。出于同样的原因，今天我们中的大多数都会与这些话 17
语的散播作猛烈的斗争。

因为参与者之间在话语运用上意见充分一致，让我们将这一案例推论到其具有讽刺意味的结论上：那些典型地拥护建构论的学者可能充分运用一种实在论话语来压制实在论者，而实在论者则可能愿意采纳建构论论点来颠覆建构论。虽然这似乎不大可能，但更严密的考察表明这种策略并非罕见。一方面，在对科学的社会研究中，已经得到长期认可的是，试图证明科学知识的建构性特征的学者们会运用经验证据（案例材料、照片、文献）来巩固其观点。如果建构论者不确切地谈及这种真实世界，那么像实验室现实的建构和对科学的社会研究等建构论话语就不能进入学术对话。另一方面，建构论者经常被实在论者们抗议性地指出，建构主义论点自身就是被建构的。在此，实在论者在试图击败对方时，实质上支持了建构论观点。在美国，对“政治正确性”的指责往往被保守的实在论者用来为其传统辩护，以免受到建构论式的攻击。正如他们所宣称的那样，这种批评仅仅是冒充原因的意识形态偏见，对其传统是压抑性的。然而，这种论证形式在本质上借鉴了将它们置于危险之中的建构论批评者们。阐明理所当然事物中的意识形态饱和性，本质上是建构论批判统治秩序（dominant order）时使用的一种修辞学支柱。

这些具有讽刺意味的倒置情况中还有一种重要的变化形式，即实在论者往往批评建构论者使用了实在论观点，反之亦然。正如实在论者所指出的，建构论者在将知识体系（body of knowledge）描述为被建构时使用了实在论假设。对于建构论者，“话语”被当做真的，当做叙事、隐喻和关系。然而，如果建构论者实际上就是一位实在论者，正如一则批评所指出的，那么实在论者为什么还需要反对建构论者呢？当然，多数建构论者否认他们在描述事物的现实，争辩说他们是由于写作习惯被迫进入一种实在论语言。这种语言并无法使分割屏幕成为可能，在这种分割屏幕中一个人能同时一边说话一边收回所说的话。然而，无疑这种解构主义辨惑学也使用了一种实在论的基调。同样，建构论者也指责实在论者因其建构了他们的世界。但为什么这必然是一种指责呢？如果不使用建构的习惯方法，一个人还能怎样使世界变得可理解呢？

正如我们所发现的，那些代表他们自己的建构论者和那些在学术领域中给出实在论观点的人，都从相反立场——常常在这些辩论之中，当然也在辩论之外——的话语中汲取了养分。从这个意义上来说，我们可
18 以将这些话语视为文化资源，源于特定传统及对所有人来说都可获得的以用于完成日常生活实践——专业领域和其他方面——的言谈和写作方式。如果这一结论是合理的，那么我们的注意力就被引到由这些话语发挥的特定功能或作用上。它们是如何得到运用的，以及其社会后果是什么？

至关重要的是，这些话语是如何在各种文化习惯语境下物尽其用的。在这里很清楚的是，实在论话语对实现人类协调的复杂形式是必要的。试图降落一架飞机的飞行员必须与飞航管理员共享一种语言，以及表明这种语言的一套共同习惯，否则将会引发灾难。对于所有意图和目的，“飞机”、“海拔”、“跑道”、“空速”等都是非常真实的。在此可以说，实在论话语是一种相互信任的语言：它以一种方式将参与者统一起来以维持秩序和促进可预见性。同时，这种话语也发挥着一种控制工具的作用。它排除了其他的可能性，并从而支持了保守主义力量和制度性现状。它还引发了对所有那些没有共享该常规的人的不信任。建构论话语常常起着与实在论相反的作用：它是一种解放性的动因，挑战理所应当的观点，并开启理解和行动的新领域。然而，在这么做的同时，它也削弱了珍贵的传统的合法性，连同复杂协调的习惯和互相信任的倾向。用巴赫金的话，我们可以说，实在论以向心形式起作用——支持统一和稳定，而建构论以离心方式起作用——扰乱性和创造性。就此而论，我

们可以看出，这两种话语对我们的未来福祉都至关重要。

超越争论：面对实践的冲突

正如我们所发现的，被视为文化资源的建构论话语——就像我们的民主和法律制度、教育系统、科学、艺术和精神实践一样——容许我们敞开新的并且不那么好斗的会话空间。而且重要的是，在这一点上我们并没有终止关于不同话语差异的讨论。我们现在到达了一个新问题的门槛。至少实在论和建构论话语发挥作用的一种重要方式是支持特定行为模式的。因此，即便我们放弃探求先验优越的话语，我们依然面临着由这些话语合理化的不同系列的行动。另外，也有很多由这些话语所支持的活动被其他人用怀疑甚至轻蔑的眼光看待。举例来说，社会科学中的传统实在论者常常赞同假设检验、实验操作、中立观察、统计分析、一 19
般化解释和避免意识形态讨论。批判实在论者则回避所有这些活动，而选择猛烈批评社会支配和压制秩序。对许多建构论者而言，在这两种活动形式中都固有地存在着很大的问题。例如，在经验主义情况下的非人道、支配和帝国主义问题，以及在批判实在论情况下的不受约束的对抗问题。同时，在建构论者赞同的定性研究、历史和文化分析以及理论创新中的探索，被经验实在论者和批判实在论者视为过于自由和松散。再问一次，我们将如何共同继续下去？战争——或者地下战争或者公开战争——是答案吗？我们是否又一次陷入了相互消灭的状态中？

这些都是重要的问题，表现了它们所由发生的更广泛文化语境中的所有更为深刻的问题。这些种类的对抗普遍存在于文化中和世界各处。我们能否找到在学术中共存的方法，与象牙塔之外的生活有关。如果我们无法发现取代内部相互毁灭的方式，那么我们必须问，是否我们的活动并没有提供解决社会冲突的模式。相反，如果我们能够找到相互依存的形式，那么这些就可能充当文化的重要资源。在某些方面，也许是我们具体的关系形式——而不是我们的知识和价值哲学——对更普遍的文化具有最大的潜力。[7]

我们需要找到相互依存的形式，打破普遍存在的相互对抗，这种挑战的重要性无论怎样高估都不过分，而在此时此刻，我能做的几乎只有展开讨论从一种建构论意识中产生的选择。这种讨论从本章开始，一直渗透到本书后面的很多章节。在后面对关系政治的探讨（第 10 章）中，我试图将这些讨论得出的一些核心结论汇集起来。不过，对于现在，返回到先前的分析将是有助益的。尤其是，我们能否在这种解决实在论和建构论的矛盾的方法中，找到可以提供朝向未来的有希望的出发点的概念工具或自我举证？迄今为止这种分析能为冲突实践问题作出什么贡献（如果有贡献的话）？依我看来，存在四个方面的重要议题。

转变话语语域

尽管我在过去十年中的写作一直批评实在论，同时伴随着对建构论潜力的积极态度，但本章的进行方向不同。我曾试图放弃对抗性或倡导性的态度，而是探求一种仔细思考矛盾本身的方法。更广泛地说，我们可以将此视为一种在话语语域（discursive register）上的转变，从一种冲突立场转向一种问题化冲突本身的立场。读者将不得不来判断这一举动在降低毁灭冲动上的功效。然而，因为语言的述行性，似乎这种转变将会有相当大优势。我不再将辩护者推入罪恶他者的位置，而是邀请
20 他/她同我一起思考我们共同的状况。如果这一邀请被接受，那么我们就开始了一种新的关系形式，一种具有与破坏性不同的生产性目的的关系形式。[8]有人可能会质疑这种转变话语语域的尝试，由于所提出的思考理由可能与建构论论点本身过于一致。将实在论和建构论说成话语资源似乎已经接受了许多建构论作品的信条。对我而言，这样一种结论是毫无根据的。正如我所指出的，将语言视为一种实用资源的观点既是建构论的又是实在论的，这是将建构论作为实在论来提的。在语言的语用学和社会建构的假设之间并不存在内在或外在的关系。

这种在话语语域上的转变与在家庭医疗中发展的实践有相通之处。当一对夫妇或一个家庭朝破坏性方向恶化时（如虐待、暴力、生命危

险），家庭临床医学专家提出的一个重要选择是转变到一种元层面（meta-level）的讨论。例如，一位丈夫不是用一种愤怒的反击来回应严厉的指责，相反，他可以问："我们为什么这样做?""这真的是我们想要的吗?"或者"有没有处理这件事的另一种方式?"在每种情况下，元讨论之中的变动都基本终止了参与者所身处的相互抨击格局。在一些情况下，回答这种元问题是次要的，相比之下，这种元问题引发的新思考构成一种替代模式或关系（relating）——典型地比其他的破坏性少得多——这一事实才是重要的。这种语域转变也暗示着我们可以最终拓宽我们的问题，以囊括可以帮助我们回避相互指责格局的其他因素。[9]可能还存在许多其他的方法可以悬置现存的对抗习惯，打破和重新定位以维持而不是终止关系。

区分个人本质和表达

遵照这一议题，即所有参与在实在论和建构论的辩论的人们，在各种环境中——要么一致要么对抗——都使用实在论和建构论的话语，对讲话者、言论、身份（identity）和话语的区分对我们可能是有益的。在这种意义上，我们可以说本质上并没有实在论者或建构论者——没有人的本质被不可磨灭地打上一种或另一种表达方式的标记。我们都是在各种会话场合采纳这些和其他话语的文化参与者。在这种意义上，作为学者，我们关于这些议题的著作可能与我们在其他场所的话语习惯——与孩子或我们的父母、公交司机或神职人员说话——关系甚微。而且，实在论和建构论彼此相争执的话语，在很大程度上是一种学术领域中的活动。我们作为多音（polyvocal）参与者进入其中，但在这时却同意单 21
音地（monovocally）代表我们自己站在相互对立的立场上。

将言语与人分离的一个重要结果是，我们会减少朝向罪恶的心理本质化归因的倾向。当我们面对被我们视为不人道、不公正或压制性的行动时，不应当倾向于假定这些行为反映了一种不人道、不公正或压制性的欲望或心智状态。行动并不能清楚地显示出人的本质，它们仅仅是他/她在一个特定场合中的所作所为。同样，一个人可能将自己的行动——无论它们是关于实在论还是建构论，关于文化批评还是定性研究——解释为："我这样做了"（what I do）并不意味着"我是这样的人"（what I am）。伴随着这种分离，在同行或同类市民之间进行良性交流的一条道路就被清扫出来了。人们被鼓励这样看问题：他者的活动对于他/她是情景性的，以及这些活动如何在其特定语境中起作用——一个正常个体（而不是道德败坏者）如何可以参与到这些行动中。再次申明，这并不是说相互间的临界点将会消失；而是改变对待另一方的方式。因此，一些全新的选择就破壳而出了。

探索多音潜力

所有参与实在论和建构论辩论的倡导者都具有相互表达对方立场的潜力，实际上他们也经常这样做。事实上，在本章我除了表达这两种立场，还有第三种立场，包含于我在认识论上更为模糊的提议中。因此我便真的是一位建构论者？在这种情况下"真的"会是什么意思？然而，如果这么说，处于危险中的就不仅仅是我们对话语潜力的认知了。生活是由一系列丰富而瞬息万变的活动构成的。因一种特定行为方式而谴责一个人，会忽略了他/她的一系列更为广泛的行动。当将受谴责行为脱离于一个人更广泛的生活追求来看待时，这个人便失去了维度；他/她就被还原为一个令人憎恶的单面人（singularity）——单独一种声音。反之，探索世界上他人完整系列的行动将使判断复杂化。他人有多重声音，而不是单独一种声音，且这些声音中的许多也是我们的。例如，建构论者可能会谴责实验室循环测试和政治上的冒犯性臆断是一种资源的巨大浪费。然而，当指责者得知"犯错者"是一位慈父或慈母，他/她把时间奉献给一个当地餐馆，为环境保护主义运动捐钱，并为一个下身麻痹的兄弟的安康尽职尽责时，令人恼火的差异特征便会转变。我们不仅很可能在他人中发现我们自己，而且会意识到他们的不同意见对于解决许多重要问题是有价值的。某些女权主义者与宗教激进主义者联合反对色情作品就是一个典型例子。不管冲突最终用什么方法解决，在理想情况下都应该考虑到这些相互关系。这一点与接下来的议题密切相关。

认识关系 22

前面的分析中还有一种最后的、更为微妙的意味，随着本书的逐渐展开，这一点将得到详细叙述。让我们再次考虑建构论和实在论话语的相互依赖特征。正如我们所发现的，这些话语不仅需要彼此以使某种话语自身具有可理解性，而且，每一方在试图击败另一方时都运用了对方的元素。事实上，可理解性不能孤立存在，它们的逻辑紧密地交织在一起。这种话语相互联结的情形在更广泛的冲突实践领域中有类似情况吗？这是一个具有广泛理论和实践意涵的重要问题。如果我们可以将话语看做一种行动方式，那么我们也许可以预期话语意义的二元基础特征也能加强更普遍行动的意义。因此，像话语一样，我们承认任何事件都是一种在文化上可理解的行动，它凭借自身的差异获得意义。在这种意义上，行动本身既不是可理解的，也不是有价值的；它们通过差异的存在而获得意义。例如，展开定性研究凭借其与定量研究差别的悬殊而获得其重要性，一般化的假设在其与历史化的对照中获得它的可理解性等。这些活动彼此具有密不可分的关系。当然还有许多例子是一种既定行动需要其他与其大不相同的行动来获得其可理解性的。例如，至少传统上，定性和定量研究二者都假定了一个它们尝试揭示的独立世界；二者都采用差异性来描绘这个世界的轮廓；二者都包含一种多/少的连续统。[10]它们在某些研究概念中得到统一。

更广泛地说，我们被引向探究存在于相互矛盾的实践中更为普遍的相互关系状况。被我们谴责的实践是如何与我们信奉的那些实践之间相关联的呢？我们对某种生活方式的承诺是否会自动地为一个他者阶层的被疏离埋下伏笔？举例来说，选择一种禁烟的环境，就把吸烟者构造为一个不受欢迎者的阶层；要是没有这种偏好的话，这一群体就不值得注意。与自己的活动相冲突的活动在何种程度上借鉴了与自己相同的传统，并因此为彼此提供隐含的支持？当由美国“民兵运动”引发的爆炸案毁坏了俄克拉何马市的建筑物，并夺走一百多人的生命时，义愤便充斥在城市各处。对于我们中大多数人而言，当制造此惨案的人蒂莫西·麦克维（Timothy McVeigh）被判处死刑时，正义似乎得到了伸张。然而，我们如果考察美国“民兵运动”所信奉的意识形态，会发现它们深深地根植于自由和公正的光荣的美国传统之中。如果美国联邦政府被认为损害了个人权利和压榨普通公民，进行武装防卫就是情有可原的。而参照同一传统，我们也有正当理由将麦克维处死。这一宏大的传统在两个例子中都得到了维持。

23

结 论

建构论和实在论话语可以彼此相对立。然而，就其差异而言，好战的辩论对于我们只是可获得的一种选择。正如我在此尝试证明的，还存在其他的、不那么“自然的”选择，它们将我们引向更为有前途的领域。这些选择也不需要综合——某种包含这二者元素的新立场的出现。通过把这些话语视为文化资源，我们就能处在领会它们的积极力量及其可能的局限性的立场上。就当前情形而言，我也试图说明这种倾向如何为处理学术和社会二者中的冲突传统敞开了可能性。转变话语语域、区分表达者和表达、强调多音表达和探索关系都是降低毁灭冲动的方式，同时也是使它们自身适用于更丰富和更可持续的共同生活的方式。

注释

[1] 对于建构论的文化批评，可参见克劳德（1994）和帕克（1998）。

[2] 例子参见弗里曼（Freeman，1999）以及马丁和休格曼（Martin & Sugarman，1999）。

[3] 对于研究精神疾病的建构论者的批评现在已经成为一种实质性的类型。相关文献参见 http：//www. swarthmore. edu/SocSci/kgergen1/。

[4]“善良”论题同认识论上的冲突结合的程度在奈特、舍茨基和琼斯（Natter，Schatzki，& Jones，1995）所编的著作《客观性及其他者》（*Objectivity and its Other*）中得到了充分的阐述。

［5］正如许多人现在所认为的那样，经济科学已经在很大程度上进入到孤岛状态。经济学理论和研究在很大程度上是自我认知的，其假设很少受到其所属领域内部的挑战，该领域的学者不同经济学外的学者对话，同时其作品也很少为其他学者所理解或赏识。

［6］波汉与拉塞尔（Bohan & Russell，1999）在《关于心理学与性取向的对话》(*Conversations about Psychology and Sexual Orientation*）一书中为建构论和实在论话语中运用自我意识提供了一个极好的例证。在这个例子中，每种话语都承担着某种修辞性的重任，因此其结合体比单独任何一种话语都更强势。

［7］由于理论本身表达了一种实践形式，并且所有的调查形式都由指标化的理论模式所建构，理论与实践之间的严格界线就无法被保证。然而，为了扩展相关认知的范围，在此有必要维持传统的区分。

［8］关于建构论者和实证论者在处理性别取向方式上的相似性，参见波汉与拉塞尔（Bohan & Russell，1999）的著作。

［9］参见默顿思（Merttens，1998）关于在实在论和建构论辩论中的话语转变的一个变体的相关内容。她以第一人称的叙述方式阐明论点，而非前沿的叙述方式——战争式的叙述；通过这种叙事方式，“原则性问题”作为交换的中心特征而被移除。我们应该考虑到她的生活状况以及理论产生的背景和语境。

［10］近几年来，定性研究已经发生了一个明显的“后现代转向”(postmodern *24*
turn)。如今，许多研究者以及一些传统研究的趋势都避开了实在论者关于过去的假设，请重点参见邑金与林肯（Denzin & Lincoln，2000）的著作。

第2章 心理在一个被建构的世界中的地位

如今，关于社会建构的对话跨越了科学、人文以及专业学派等的研究范围。建构主义学问一直致力于理解被我们看做客观知识的事物的产生、转变和压制；探索那些文学和修辞手法，通过它们意义得以达成并令人信服；阐明那些被认为不值得注意或理所当然的事物所负载的意识形态和评价；证明世界建构对权力分配的隐含之意；获得一种对关系过程的领会，真和善的意识即在关系过程中达成；理解各种理解方式的历史根源和变迁；探寻跨越文化的人类可理解性的范围和易变性等。[1] 不过，虽然心理学家们发挥着广泛的生成性功能（generative function），但他们一直都格外抗拒与建构论者对话。在关于心理功能与功能障碍的一般讨论中，社会建构论是一个罕见的话题。

从这一理智分水岭来看，心理学的总体孤立有很多原因。当然，其中最重要的原因之一便是，很多人认为，心理学和建构论事业之间有一种根本对立。在传统心理学中，心理过程不仅是探究的主题，而且充当着解释人类行动的关键支撑点。与此相反，对于建构主义理论家来说，试图理解的主要位置不在“心理”之中，而在关系过程中。所有被心理学追溯到心理起源的东西，建构论者可能都希望通过微观社会过程来予以解释。如果心理学事业被证明完全正确，那么将不会存在解释的剩余部分，不存在社会建构论会是其必要解释助手的大量人类行动。反过来似乎也同样貌似有理：建构论的证实将预示着心理学的终结。

然而，这一令人悲哀的结局并非不可避免。它主要受到一种实在论纯粹哲学和一种语言符合论的支持，这二者维持了一种科学观，在这种科学观中存在着一种单一的可认知的现实，并且各种理论为解释和预测的优势而相互竞争。正是这种科学观，在心理学中促生了一种两败俱伤 26
的敌对的循环状态，行为主义消灭着唯心主义（mentalism），而认知主义又压制着行为主义的声音。不过，正如前面章节中所阐明的，建构论学者既不会对实在论纯粹哲学感兴趣，也不会对语言符合论感兴趣。对于建构论者而言，几乎没有正当理由作出对真实（the real）的基础性宣称；我们当做本质性的东西都是社会交流的结果。理论不能凭借它们与称为“真实”事物的相符而被证明成立，而只能在特定意义领域的常规中得到证明。因此，建构论者并没有形成排除任一理论构想的超验理由。从这一立场来看，根除一种理论视角将不仅相当于根除一种人类可理解性的方式（与相关社会实践一起），而且压制了一种意义制造共同体的声音。在一种建构主义纯粹哲学中，事实上不可能找到这种压制的理由，而目前的确有很多人会认为，在建构论中暗含着一种强烈的多元论伦理（see，for example，Sampson，1993a）。

考虑到一种建构主义元理论，那么我们该如何看待心理学研究中的专业承诺，还有心理健康实践、公共政策咨询和基于心理过程本体论的其他实践？如果不是根除，心智的本体论将在一种人类行动的建构主义取向中扮演什么角色？抑或反之，在心理学中社会建构论具有怎样的地位？正是在这里，建构论者对语用学的关注变得至关重要。对建构论者来说，语言对情况是什么样子的描述充当着既非一种图像也非一种地图的角色（following Wittgenstein，1953），语言从其在人类交流时的使用中获得意义（这些使用也可以包括一种“描述现实的游戏”）。从这一观点来看，任何对于世界的科学或学术解释的分析都将首先（尽管不是排他地）关注这些语言被使用的目的。它们在何种关系类型中发挥着重要作用，对于那些使用特定语言形式的直接或间接参与这些关系的人的后果是什么？我们无法给出任何评价这些估计的权威性标准的清单，因为各种共同体将分享不同的关注点，而且这些关注点本身也可能会随时间和环境而改变。此外，这些问题的提出和回答的方式本身必须看做一种共同体的副产品，既非嵌入在“真实”之中，其回答也与“真实”不相关，而只是反映了当时共同体的承诺和习惯。这决不是对这些探究的怀疑，一个人只能在特定传统之中提出关于真和善的问题，而决不能超出该传统。相反，应该将学术和科学话语向全部相关共同体开放（also see Feyerabend，1978），而不赋予任一共同体一种终极的“评价依据”，如果有这种依据，那么其他声音则可能会被压制。

27 在这种语境下，在这一章中我希望考虑贯穿了建构主义元理论的心理学探究的三种主要取向。这些取向中的第一种强调**去自然化与民主化**（*denaturalization and democratization*），这种取向既在建构主义领域中得到最充分发展，同时对现存心理学成就也批评得最为彻底。然而，它对于心理学的积极潜力还没有得到充分探讨。第二种取向是**复兴与充实**（*revitalization and enrichment*），这对心理学探究的方向更具有建设性。尽管复兴与充实取向是发展最不成熟的，但对其进行详细阐述似乎对这一学科的未来非常关键。最后，我想探索建构论者的努力，以从心理论断的纲要中消除某些有疑问的方面，并以更为有前途的方式重构这种话语。尤其是，我们将尝试把心理重新描绘为社会文化的。这种**社会重构的**（*social reconstructive*）努力在最近几年得到引人注目的增长，但其内在张力和更广泛的分歧迄今为止尚未有人提出。通过这里的分析，我们可以收获以下三方面：（1）对心理学和建构主义之间关系的更为多样化的理解；（2）对研究心理学的传统和建构主义方法之间的密切关系和相互依赖的领会；（3）对意义制造中所有冒险活动的更强烈的谦卑感。

去自然化与民主化

大多数心理学家没有参与到关于社会知识建构的更广泛对话之中，除了霸权的威胁之外还有很多其他原因。迄今为止很多建构主义学术成果的批评性立场——一种似乎以消解心理学的权威性为目标的倾向——就是这些原因之一。此外，由于在心理学经验主义流派之内的论证形式有限，除了极其个别的情况外（cf. Held，1996），其追随者一直不知如何回应这些抨击。对方法论和统计学的洞察和对“已确立的事实”的依赖——在辩论中受传统经验主义者偏爱的举动——都不能算作对建构论者各式批评的合理反驳。但是，批判建构论并不是“完全一致”的，不同争论的好坏无法预料。为了体会这些批评性努力的力量，以及它们的潜力和不足，对它们进行区分非常重要。尽管它们常交汇在一起，但却建立在三条截然不同的推理线索之上：揭露意识形态面具、修辞学解构和社会分析。

首先，就揭露意识形态面具而言，建构主义批评者指向描述和解释人类行动的心理学方式所导致的社会后果。因为专业解释在文化中广为传播，并带有科学权威的色彩，它们也会贯穿于人们的行动并指导社会政策。用福柯（Foucault，1980）的话说，知识宣称和文化权力之间有着密切的关系。考虑到专业可以产生多元和差异的对人的解释，描述和 28
解释的选择也因此成为关乎道德和政治后果的问题。在这种语境下，专业心理学变成批评的首要对象，而这种专业对价值中立的虚伪宣称则进一步加剧了这些批评。因而，建构主义学者便以多种方式着手论证现存心理学解释（及其支撑的实践）有助于扩大政府控制（Rose，1990），摧毁民主根基（1984），引起自我陶醉（Wallach & Wallach，1983），支持个体主义意识形态（Fowers & Richardson，1996；Sampson，1977），侵蚀共同体（Ballah et al.，1985；Sampson，1977），维持父权制秩序（M. Gergen，1988；Hare-Mustin & Marecek，1988；Morawski，

1994)，促成西方殖民主义（Gergen，Culerce，Lock & Misra，1996）等。

其次，文学和修辞学解构与这种批评方式形成鲜明对照。作为大陆符号学、后结构主义文学理论和修辞学研究进展中的一种聚合点，文学和修辞学解构将所有关于人的合理主张都嵌入更广阔的意义系统之中。在很大程度上，任何主张的可理解性都来源于其在系统中的位置，而不是其对非语言事件的指涉性关系（例如，我建构关于“爱”的性质的可理解语句的能力，主要依赖于一种文本历史，而不是对“现象本身”的观察)。修辞学家们证明，人们为了达到某种社会结果会相应地对话语进行构造。他们发现，专业研究是以文本形式来进行的，并且受到这种文本形式的塑造作用的很强影响。修辞学家对心理学可理解性的这种文本驱动特征的发现，在很大程度上增进了人们关于主张的可理解性来源的关注。我们在此主张，对精神生活的描述和解释依赖于修辞学者与特定受众达成的可理解性（“说服”）的能力（对一个儿童解释或表达“爱”与对浪漫的伴侣、一位牧师或一个新几内亚的部落成员解释或表达“爱”，需要完全不同的词语选择）。对于修辞学家来说，可理解性常常可以追溯到各种各样的修辞学比喻，例如叙事和隐喻。不管“真实情况”是怎样的，关于人类发展的解释总是需要“适当地讲故事”。

在这种语境下，专业心理学的问题并不在于其话语承诺本身，而在于其对这些承诺的客观性基础的宣称。据推断，真理宣称的一个作用是压制与之相抵触的声音，客观性话语与政治极权主义紧密相连。因此，建构主义批评者的作用便是揭露那些文学和修辞学策略，关于精神世界的主张的感受力（sensibility）（客观性、可理解性和得当）正是这些策略应用的结果。这种揭露的一个早期例子是由斯梅斯隆德（Smedslund，1978）提供的，他试图证明心理学中大多数实验假设是无法证伪的，因为证伪将会在语言上不合逻辑。与此相似，我曾认为，所有把心理论断与外部世界（无论刺激还是反应）联系起来的命题都是循环论证，它们
29 的可理解性取决于内含的同义反复（Gergen，1987；also see Wallach & Wallach，1994)。更广泛地说，学者们都以各种方式证明，关于心

智的理论并非源自观察（归纳），而是源于占优势的隐喻（see，for example，Gigerenzer，1996；Soyland，1994）和叙事或讲故事的习惯（Gergen & Gergen，1986；Sarbin，1986）。建构论者以不同方式探索了以下方面：认知功能障碍（“无理性”）的“事实”是如何通过修辞学比喻创造出来的；《美国心理学会出版手册》（*APA Publication Manual*）如何维持关于人类行动的含蓄假定（Bazerman，1988）；以及这些手册如何限制了沟通和关系的形式——包括在专业范围之内和处于专业与整个文化之间的沟通和关系的形式（Budge & Katz，1995）。

最后，建构论批评的社会分析，受到知识社会学和科学史中重大发展的推动。在这里建构论学者一直特别关注社会过程塑造专业的假定——关于专业的研究对象、方法论以及最终关于世界本质的结论的假定——的方式（see，for example，Kuhn，1962；Latour & Woolgar，1979）。针对心理学，社会分析批评者重要的论点便是，正是通过社会协商，研究者才得以确定研究发生的基础性假定（存在论、认识论）。一旦人们对这些基础性假设（范式）达成一致意见，那么所有证据的诠释将必然充当对这些基础性假设的支撑；因此范式并非依照事实得到“检验”，而是它们决定了什么将被算作事实。在这些思想的影响下，社会分析批评者指出，科学心理学宣称心智是精确和客观的，这种宣称是无根据和极权主义的。对真理生产中固有的社会过程的揭露，也有助于挑战为时甚久的这一学科的边界。由于通过专业化方法获得真理的传统承诺，这一学科非常倾向于变得孤立和自私，因而不参与更广泛的对话交流——包括在学术范围之内和更普遍的社会中的对话。因此社会分析批评充当着一种促进更广泛社会交流的催化剂。

对心理学的社会分析批评从民族方法学对真实性——例如，自杀（Garfinkel，1967）和性别（Kessler & Mckenna，1977）的真实性——社会协商的探讨和越轨行为的标签理论（Spector & Kitsuse，1977）中获得早期的支持。自此研究者继续探索了心智的社会建构，包括认知过程（Coulter，1979）、愤怒（Averill，1982）、情感（Harré，1986）、精神分裂症（Sarbin & Mancuso，1980）、儿童发展（Bradley，1989）、性欲（Tiefer，1992）、神经性厌食症和贪食症（Hepworth，1999），以及抑郁症（Wiener & Marcus，1994）等。

这条探索脉络也一直得到另外一些研究的支持，这些研究认为，关
30 于心理过程的信条是具有特定历史和文化语境的。就历史工作而言，学者们一直以不同方式关注人们建构臭和香的气味（Corbin，1986）、心理发展（Kirschner，1996）、多重人格紊乱（Hacking，1995）、厌烦（Spacks，1995）和心理学研究中“人类被试”（the human subject）（Danziger，1997）等的社会起源。[2]文化人类学者们也探索了各种心智概念的文化嵌入性（see，for example，Bruner，1990；Heelas & Lock，1981；Lutz，1988）。事实上，通过把关于心智的理所当然的看法追溯到局部环境，对于一种“普遍的研究对象”的传统假定就受到威胁。

从一开始，这三条脉络的批评性学术研究（常常一起使用）就对传统经验主义心理学造成难以克服的威胁。随着专业真理宣称的经验基础的被削弱，传统研究的理论基础也被削弱，专业对更普遍的文化所作的权威宣称也一起被削弱。此外，这些批评者自身也往往促成了一种心理学研究即将被消除的感觉。用由伊安·帕克及其同事们编辑的作品的书名来说明就很贴切，例如“解构社会心理学”（Parker & Shotter，1990）和“解构精神病理学”（Parker et. al.，1995）。然而，如此令人悲哀的结论是没有根据的。正如前面提出的，建构主义的前提是绝不存在必须排除任一话语形式的主张。虽然建构主义批评可能时常看起来是虚无主义的，但绝不存在任何为其自身寻找根据或合法化自身的意图。它们也沦为它们自己批评方式的受害者；它们的解释不可避免地充满着伦理和意识形态意涵、在书写惯例中被构造、为修辞优势目的而谋划，并且，它们的“批评目标”是在一个特定共同体内，并为该共同体而建构的。它们的批评目标与研究的传统目标一样都是建构的，它们的道德宣称也没有建立在先验基础上。

不止于此。即使通过建构主义标准，也可以产生一种经验主义研究的基本原理。建构主义元理论的中心论点之一就是语言不具有模拟特

性：语言不是作为一个独立世界的一幅图像或地图发挥作用的，而是发挥着述行（performatively）和构成（constitutively）作用。它被不同共同体中的对话者用于达成他们的关系——包括对真和善的地方性建构。正如我已经在别处表明的（Gergen，1994a），这样一种观点不会消除经验主义科学，它只是去除经验主义科学宣称的超越共同体的真理的特权。例如，建构主义绝不会要求终止医学研究。建构论者只会指出，医学研究的本体论范畴与对“患病”和“痊愈”的确认一样，绝不应被视为先验正确的，而应被视为因历史和文化而不同的、具有意识形态承诺的目标的副产品。同样，心理学者可以适当地在经验主义研究中应用心理过程概念，而事实上这种研究可以被用来增进该文化其他部分中的预测过程（例如，投票模式、陪审员个人偏好，或自杀率等的预测）。建构论者宣称的主要是，在这些努力中的语言使用上追加“是真的”这种附加物是完全没有根据的。 31

正如我们发现的，建构论者的批评声音不应被视为是消灭性的。相反，这些脉络的批评起着去自然化和民主化的有益作用。在它们使“研究目标”（objects of research）去自然化中，与方法论、研究报告、统计数据和导致实践的去自然化一起，批评性探究首先引发了一种适当的谦卑态度。有些专横的断言对普遍性、超越文化和历史的真理和不带有诠释的事实并不加以限制，这些断言在更普遍文化中所引起的广泛怀疑态度，受到来自更为全球的那些没有使用这些前提者的轻蔑，批评性探究即起着控制这种专横断言的作用。与此同时，这些批评不断地引导心理学家，使其避免成为单一解释的盲从者，并拓宽了适用于其专业和文化诠释的可能性范围。所有那些“事实很显然”的情况，也可能正好相反。我们稍后将再回到这个议题上来。

除了这些批评方式的去自然化优势，这些批评也赞成一种多元主义政治（pluralist politics），包括在专业范围之内的和有关专业与其所涉公众关系的政治。在专业内，这些批评悬置了不同学派间的致命冲突，并在此领域中引入一种扩展的对话基础。建构论者将反对一种学科“主流”，因为这样一种状态将意味着理智的压缩和僵化。例如，人道主义者、现象学家、女权主义者和精神导向者，将与行为主义者和认知主义者共同分享原因和结论。其他文化将不再被首先当做人们狭隘心智模式占主导的地方，而应被当做替代性的可理解性的丰富知识库。建构论批评也使专业向更普遍文化中的多样化声音开放。心理学一直在很大程度上对关于其实践的伦理和意识形态的疑虑充耳不闻，而批评性学术研究欢迎这种探询进入专业的讨论场所。这种声音的多元化特别重要，因为经验主义心理学的假设没有提供任何自我检查的方法，只有通过其自身的前提来检查。最后，去自然化和民主化的努力引发了一种专业和其所涉公众间的对话关系，这些交流形式不仅应用于使专业研究更加具有可理解性，而且还应用于增强专业研究对公共利益的促进作用。事实上，当建构论批评的威胁性修辞被移除之后，我们发现它能极大地加强我们理性商议和社会参与的能力。

32

复兴与充实

建构主义元理论中绝不存在必然对心理学经验主义研究产生不利影响的成分。由于同样的原因，建构论本身也并不禁止任何术语进入关于精神生活的词典当中。在这种意义上，具有抱怨其贬低和毁灭自身（Harré & Krausz，1996；Osbeck，1993）或能动性和独特性（Fisher，1995），使社会高于物质（Michael，1996）的倾向的建构主义批评家，误解了一种基础本体论的元理论取向。建构主义元理论既不否认也不肯定任何心理“实体”或“过程”的存在。建构论的问题不在于心智是否“真实地”存在——它回避了基础本体论问题，而在于是否支持不同共同体中有不同解释的语用学的问题。同样，心理学传统的认知、情感、动机和精神失范等话语对建构主义元理论也不是对抗性的。对于建构论者来说，这些话语只是在一个逐渐形成的专业共同体中建构人的方式，这些方式可能与文化中言说和行动的一般模式存在着一种紧密又相互依存的关系（see，for example，Cushman，1995）。

对于专业心理学家，心理话语具有很高的沟通效用。事实上，如果没有这种共享话语，将不存在任何可被理解地称作“一种专业”的东西。然而，考虑到这种话语和实践传统的重要性，建构主义元理论的确引发一系列挑衅性的思考。例如，什么形式的心理学话语会受到偏爱，以及出于何种目的？这些语言对谁是有用的，以及对何种计划有用？当前投入是否首先使专业共同体成员受益，它们以什么方式帮助或伤害这些被指定的接受者？专业话语是特定文化所特有的，在这种意义上，何种政策、制度或个体行动是受到支持的？什么形式的文化生活成为不可见或被消除的？而鉴于这些话语对社会转型的有益潜力，又会引发什么样新的或复兴的话语形式？

正是在这个对话领域中，我们确认了受到建构主义立场支持的心理学探究的第二种主要取向。虽然仔细考虑当前研究的效用是必要的，但建构论也允许研究者悬置理所当然的专业本体论。朝向共识（“统一的心理学”）的动力得到调整，学者被引向探索正在出现的可理解性的暧昧部分，即可能的但还没被意识到的结合形式。在这里我说的不是一种“心理呓语”般的缺乏远见的堆积，而是对于特定文化（道德的/政治的）目标很关键的心理学话语的谨慎而负责任的发展。如果心理学语言被人们用来进行文化生活，那么新的语言形式将引致不同的未来。替代 33
性的心理功能概念可能会支持对很多人来说更有希望的生活方式，而不是当前这种显而易见和毋庸置疑的方式。既然这样，学者就放弃了描述“是什么情况”的有问题的角色，而开始构建一些语言，这些语言更倾向于考虑可能成为什么（what may become）。不带感情的观察让位于一种**诗学行动主义**（*poetic activism*）。

然而，尽管建构论消除了现存的本体论，但关于意义的运动几乎不能在任何共同体传统之外进行。在任何文化的文本历史之外创造的一种话语，不仅将不能沟通，也将缺乏与之相关的实践。任何文化工作都将无法实现。正是由于这一点，很多在孤立的学术领域中产生的话语，在其他地方被怀疑为“纯粹胡言乱语”。事实上，建构新的意义必须从现存传统中汲取养分，而又不能复制它们。在这里，这样看待话语充实的潜力是有益的，即首先要利用母文化中的传统（历史考古学），其次要使用口语书写（alterior）传统（文化释义）。

就历史学表征而言，话语充实的挑战鼓励我们维持被主流话语压抑的心理学传统。例如，人道主义传统在很大程度上一直在专业的主要文本中被忽视。然而，尽管关于个体意图的人道主义话语在某些方面存在问题，但其终结却威胁到备受珍视的文化制度（例如民主、伦理）。与此相似，随着行为主义早期的兴起，现象学理论几乎被排除在外，但放弃主观经验语言就从文化中去除了珍惜人类生活的重要理由。这些语言在当代理论和文化对话——一方面是人道主义者（see，for example，Rychlak，1988），另一方面是现象学者（see，for example，Polkinghorne，1988）——方面的复兴似乎是一项具有重大意义的事业。类似地，尝试复兴诠释学传统代表着一种极其重要的资源补充（cf. Addison & Pacher，1989；Martin ，& Sugarman，1999；Messer，Sass & Woolfolk，1988），诠释学传统对于“**精神科学**”（*Geisteswissenschaft*）这个心理学概念曾经是本质性的。去人格化模式在经验研究传统中非常普遍，诠释学研究在反对去人格化模式中发挥着极其有价值的作用。

同样，我发现，在根据我们的传统以一种扩展“评价性话语”范围的方式进行的研究中，还有许多值得称赞之处。心理学专业一直都着迷于工具主义思潮和对问题解决的强调，其一直提供给文化的主要是一种有缺陷的话语（Gergen，1994a，Chapter 6）。例如，那些大量且不断扩展的精神疾病术语，都在把社会认同置于危险之中。当话语被付诸实施时，它会损害、分割和疏远他者。于是，极其需要的是这样的话语，
34 它们把人们引向更为有价值的存在模式、建构自我和他人的方式，以提升幸福感和人类福祉。在这类重要贡献中，我认为，重建女性心理学的早期尝试是一种更有赋权效果的工作（Belenky et al.，1986；Gilligan，1982），利夫顿（Lifton，1993）的易变自我的概念是一种适应力之源，克西曾米哈里（Csikszentmihalyi，1990）对“流动的”经验和新兴旨趣的建构是富有智慧的（Sternberg，1990）。一些新近的尝试应该受到大大的欢迎，它们试图建立一种积极心理学以弥补至今主宰此领域的有

缺陷的倾向（See especially the January，2000 issue of *The American Psychologist*）。尽管有的理论家们具有实在论偏好，但在所有情况下他们都在维持和丰富着赋予人们特殊天赋、潜力和力量的语言。

在积极取向清单中的其他研究更具有建构主义元理论的特征。在这里，学者似乎不太倾向于“描述现存状况”，而是选择扩展建构自我的可能性。例如，艾夫里尔和农雷（Averill & Nunley，1992）赞同过一种“在情感上具有创造性的”生活，即一种超越常规情感表达和理解的方式。古布里姆、郝斯登和巴克霍特（Gubrium，Holstein，& Buckholdt，1994）在作品《建构生命的历程》（*Constructing the Life Course*）中，抛弃了发展后生说的传统观点，探索协同建构个体未来的可能性。这种朝向创造性使用建构的相同倾向现在已经遍及治疗学理论和实践的大部分领域（see，for example，Anderson，1997；McNamee & Gergen，1992；Weingarten，1991；White & Epston，1990）。

这些只是以下研究方式的一些实例，即学者能够从现存文化对话中澄清关于人的本体论，澄清比学术的形式主义往往更具“可行动”性的可理解性，以及那些明确带有文化转型含义的研究。这种诗学行动主义的可能性几乎一直没有得到探索。例如，灵性传统（spiritual traditions）在文化中极其重要，但总体上却一直从心理学家词汇表中被排除在外。我们不仅要对历史进行再使用，而且必须使心理学领域向替代性文化概念开放。我们慢慢会开始意识到关于心智的印度作品（see，for example，Paranjpe，1998）、亚洲社会心理学（Sugiman et al.，1999）、儒家的自我概念（Tu Wei-ming，1985）、混血民族的人身和心理健康概念（Ramirez，1983）的潜力。这种相互借鉴过程只是处于刚开始的状态，还有更多的东西仍待鼓励。

正如我所提出的，建构论强调心理学可理解性的复兴、创造和挪用；鉴于此，心理学补充了文化的话语资源。既然如此，那么这一尝试将以支持积极社会转型的方式充实心理学。然而，在当前情形下也需要反思片刻。我们需要特别关注三个问题。

首先，这个提议可能带点不真诚的意味。如果建构论废除了关于人的命题的所有基础或终极理由，那么批评者可能会向前再走一步，随后不再尝试“描述和解释”——正如在上文所谈的——而立足于虚无（“只有词语”），或更糟糕，只起到宣传鼓吹的作用。既然如此，那么为什么心理学家应该致力于此？还有，心理学家对于“流”、“易变的可能性”、“智慧”等的看法和牧师对上帝或灵性生活的描述之间会存在什么区别？作为答复，建构论学者将几乎没理由主张这些以任何基本根据为基础的可理解性。对人的解释将不会因为它们“是真实的”而受到称赞，而是因为它们为行动提供了重要的选择。在谈到心理学过程时，理论家不需要丧失信心，或因不诚实而内疚，正如在棒球比赛中被判“界外球”，或在儿童共同体中宣布他/她是调皮鬼一样。信心和本真感产生于公共参与，而不是建立在“真正的”、“真实的”或“普遍伦理的”基础之上。在这种意义上，心理学理论与唯心论或物理学的真实性差不多。文化的可理解性在很多种土壤中萌芽。而精神解释的传统是其中丰富且重要的一种，在许多方面对西方主要制度很关键。对其进一步详细阐述的深思熟虑的、创造性的和共同的关注的重要性无论怎样高度估计都不会过分。

其次是关于当前讨论所隐含的实用主义形式，尤其指对实用主义的工具主义解释。正如我已经表明的，建构论鼓励学者思考心理学理论的社会效用，并形成支持某些文化或世界未来的概念。同时，这一观点似乎将把理论家推入伟大战略家的角色，用他/她的术语拙劣地修补着世界。这样的结论是令人遗憾的。从这个意义上讲，在与实用主义传统结盟的同时，实用的工具主义概念与建构论的志趣并不相投。工具主义观点在很大程度上是个体主义的，尤其是这样一种假设的自然结果，即认为个体是理性和自主的决策者，以实现个人目标为目的。然而，建构论不仅没有作为一个自主行动者把人客观化（objectify），而且当其概念含义被延伸时，建构论赞同一种人类行动观点，与传统观点相去甚远。尽管我们将简洁地讨论这一观点，但在这一语境下重点是体会建构论和实用主义的工具主义概念之间的差异。建构论特别强调嵌入在交流的扩展形式中的有意义的行动。因此，有意义的行动承载着一种之前事物和之后事物之间的相依关系，就此而言，有意义的行动总是相应而生的。凭借惯例，一个人的行动以此方式维持和/或抑制着过去之事，同时创造着一种现在，而这种现在又带有未来的结果。这些“结果”究竟是什 36
么？这些“结果”是对不断的协商开放的，这种协商本身在这种关系的意义上发挥着实用的功能（also see Botschner，1995）。

最后，批评者在这些提议中找到一种“转型主义偏见”（transformationist bias），即反对公认的、传统的和确定无疑的观点，不断维护新的、扩展性的和革命性的见解。这无疑是上文中最重要的潜文本。然而，这种偏见必须依据当前语境的背景从理智和文化上来看。西方心理学在很大程度上是文化现代主义的产物（Gergen，1991），文化现代主义已经获得广泛优势（现在其前提成为大多数文化中主要制度的合理依据），那么，这种心理学仅仅对于现状有贡献，对文化却毫无建树。其作用就像一场宏大合唱中的一个小精灵的声音。建构论本身并不与传统相对立；事实上，传统对所有意义上的建构都必不可少。然而，如果人们希望参与到一种对扩展文化资源发挥着重要作用的专业中来，那么建构论的论断可以为此提供强有力的支持。事实上，在当前，相比对为时甚久的可理解性的复制，通过催化性的概念化所得到的东西似乎要多得多。

心智的社会重构

“心理”研究的第三种取向是由建构论学者提出的，前面的论述给这种取向作了重要铺垫。正如我们所看到的，传统心理学一直遭到批评，因其隐含地支持个体主义的意识形态和制度。正如以各种方式得到推论那样，将人类行动追溯至心理起源维持了一种对于人的看法，即把人看做根本上是孤立、自我满足和自立的。从传统立场来看，人类关系是独立自主的功能个体的人为副产品；社会对个人是次生的，并且是由个人派生的。当这些概念在文化生活中形成时，批评者们认为，它们会使疏远（我们每个人都单独地处于我们自己的经验中）、自私自利或自恋以及一种所有人反对所有人的冲突（每个个体为其自己反对他人）变得自然而然。然而，伴随着这一批评的是上文提出的第二种取向，即从建构论立场来看，学术的一个主要目标应当是充实文化资源，尤其是，通过在文化中发展新的本体论，可能敞开替代性的和更有前途的行动途径。当这些论点结合在一起时，它们会促使人们投入到用个体主义术语之外的语言对个体的再概念化之中。

这种再概念化可以采用很多种形式——其中有生态学、社会结构和
37 社会进化等方式。然而，由建构主义元理论专门引入的是个体的社会重构。也就是说，在构成建构主义运动的许多对话中，社会被赋予高于个体的地位。例如，受到重点关注的有语言、对话、协商、社会语用学、会话定位（conversational positioning）、仪式、文化实践和权力分配等。正如前面提到的，建构主义理论家在对世界或人的科学/学术解释中，很少被迫再例证一种建构主义元理论。在这方面元理论没有发号施令。然而，由于建构主义元理论意味着一种对人类行动的个人化概念的替代，因此我们有充分理由探索其在发掘关于人的更具社会性或关系性的解释上的潜力。事实上，对心理学世界的第三种建构主义取向是将其重构为一个社会领域。

当然，把个体概念化为社会行动者的尝试一直是理智图景上的固定组成部分（see Burkitt's 1991 review ）。当前的建构主义尝试必须被视为对这一传统的拓展。同时，当前理论家之间存在着重大的分歧，这些分歧主要在于他们与核心建构主义原则的关系上。对于分析目标来说，考虑一种概念化的连续统是很有助益的，在连续统上各种概念化形式依照其与传统个体主义的协调性（及其与经验主义的紧密结合）的程度而排列，这种传统个人主义与隐含在建构主义作品中关系的首要性相对照。让我们先考虑更为保守的一端。处于保守一端的对社会自我的概念化是以一种对现存传统的由衷尊重为特征的，我们发现此端对社会自我的概念化有：（1）特别强调特定的心理状态或过程；（2）假设其研究对象的现实（超越文化建构）；（3）依赖或试图建立进一步研究的基础；

（4）把分析语言当做是与自然相符的，并把科学家/学者的相应角色当做文化的信息提供者；（5）把科学/学术事业视作在政治/意识形态上中立的。为了对比和评价，让我们先考虑强调这种传统倾向的社会再概念化。

作为文化载体的个体

在心理学中围绕先天论—环境论二元对立的大多数主要争论在上个世纪循环往复，这种二元对立为在自我的社会重构上最重要的尝试之一提供了萌芽语境。人们会受其文化环境的影响，这实际上是心理学理论中的一个不言而喻的观点。在行为主义的霸权期间这种情况最为明显，但即使先天论倾向的认知主义者也未能——以免他们在唯我论的浅滩上搁浅——抛弃这种概念的停泊地。然而，对个体的社会重构现在扩展了这一传统的方式，与行为主义和认知主义构想具有引人注目的不同。对 38
于行为主义者和认知主义者来说，盛行着一种牢固的假设，认为个体天生具有某种心理结构或过程。对于行为主义者而言，环境可以激活或影响内在状态；对于认知主义者而言，环境条件为认知使用提供了原始资源。在这两种情况下心理基本原理本身都并没有得到生产、消减或转化。而最近在社会重构上的一系列尝试的特征则恰恰是这一心理基本原理的变动。正如以各种方式得到推论的，并非自足的个体先于文化，而是文化建构了心理功能的基本特征。

这类尝试不仅得益于环境保护论的传统，而且在大多数情况下也与心理学过去的理论构成重要联结。例如，布鲁纳（Bruner）影响深远的作品（1990）从维果茨基（Vygotsky）、巴特莱特（Bartlett）、米德（Mead）等许多重要心理学家的理论中都汲取了养料，由此提出“正是文化，而非生物学，塑造了人类生活和人类心智，并通过将其潜在意图状态放置在一个解释系统中而赋予行动以意义”（p. 34）。相反，詹姆斯·吉（Gee，1992）从无数语言学和认知贡献中勉强得到支持，从而主张“个体通过形成‘民间理论’来解释经验，这种理论与心智的非语言学单元一起，导致人们以某种方式谈话和行动……”（p. 104）。相关

"社会化"自我的尝试从乔治·凯利（Neimeyer & Neimeyer，1985）的研究、弗洛伊德（Freeman，1993）的理论以及客体关系理论（Mitchell，1993）中汲取了重要的养分。

为了举例说明，让我们思考哈里和吉勒特（Harré & Gillett，1994）把个体作为文化载体的全面解释。尽管这本书明确地否定二元论、假设—演绎程序和实验室试验，然而它却迅速地转向对心理状态和状况的本质的讨论中。我们了解到，"概念"是"思考的基础，并且由词语表达出来"（p. 21）。此外，"我们必须学会把心智看做一系列宽泛的结构化影响的交汇点……"（p. 22）。然后作者继续描述思维过程，"认知系统可以处理错综复杂、变化莫测的真实世界经验……"（p. 79），个体是他/她的行动、经验和感知的一个行动者。这些过程从未遭到质疑，它们在处理"世界真正所是那样……而不止是人们可能希望它成为的那样"（p. 49）的世界中的作用也从未被怀疑。此外，该书有整整一章（"话语与大脑"）都致力于把这些心理过程和神经网络联系起来。关于大脑功能的讨论发挥了将分析嵌入"已确立知识"中的附加作用，也就是说，为它提供了基础。这本书公然宣称其努力是为了建立一种"第二次认知革命"的基础。这些分析试图阐明人类功能的真理，这是一个从未接受反思检查的猜想。自始至终，作者都把他们自己的话语定位为承载着真理，而读者则作为无知受众被质问。这本书也未被视为在意识
39 形态上是有所承诺的。它的首要目标在于告知读者人类行动的本质，并"使话语心理学的主要原则和一些研究成果更易于获得"（p. Ⅷ）。

这些不同的把心理过程概念化为社会过程衍生物的尝试，代表着朝向重新描绘关于人的心理学概念的重要一步。并且，虽然许多建构论者认为这一解释取向依然过于保守，但其与先前传统的那些共通之处可以充当其最重要的修辞学财富。这些把心理过程概念化为社会过程衍生物的观点是革新性的，但又没有激进的破坏性；它们将现存的可理解性和技巧引入对话中，而不是削弱这些可理解性和技巧；它们是合作性的而非责难性的。那么，我们有理由找寻另一种隐喻来代替把个体作为文化载体的隐喻吗？许多人会给出肯定的答案。由于这些给出肯定答案的各

取向之间相互熟悉，它们就冒有被完全吸收进现存传统的风险。它们也轻易地遭受到经验主义的评价，这种评估隐含地强化着一种二元论纯粹哲学，这种纯粹哲学最终必然是回避这些二元概念本身的讨论的。经验评估的纯粹哲学假设存在这样的科学家，他能够宣称超越文化的真理、超越“民间心理学”的理解和并非史实性的普遍性。如果这些把心智作为文化载体的理论成为真理的备选者，那么最终这些理论必然被证明是不成立的。

这并不是扩大可理解性的界限使之超越把人视为文化载体的观点的唯一理由。在概念层面上，这些观点并未回答一些疑难问题。我认为，个体如何能够获得文化理解，这个最重要的问题在理论上仍然难以处理。正如我已经表明的（Gergen，1994a，Chapter 5），这个问题在原则上是无法解决的。如果心理过程反映社会过程，那么社会过程的获得必然在不受益于心理过程的情况下进行。如果需要心理过程来理解社会过程，那么心理过程必然先于社会过程。对个体的社会观点就崩溃了。此外，许多建构论者都发现这些解释并没有充分的反身性，不仅由于他们的权威宣称中产生的等级划分，而且由于他们对于自己工作中伦理和政治意涵的不敏感。于是对人的解释的替代性修正就应运而生了。

文化渗透的个体

第二个规模小些的理论组群与这一领域传统假设的联系不那么明显。在这种情况下，关注焦点从被文化贯穿的心理过程解释，转移到个体功能无法从中脱离的社会过程。在这种解释中，自我—他者（个体—文化）二元区分事实上被摧毁了。对于这种类型的理论家而言，传统心理学提供的概念资源非常之少（selected offerings of Harry Stack Sullivan and Vygotsky），必须找到其他的传统。例如，爱德华·桑普森（1993a）明显地借鉴了维特根斯坦（Wittgenstein，1953）和巴赫金（Bakhtin，1981，1986）的观点，认为“所有意义，包括一个人自我的 40
意义，都植根于社会过程之中，并必须看做一种该过程的持续完成。意义和个体心智都不是社会互动的一个先决条件；而是从人们之间发生的谈话中出现的，并且通过这些谈话得到维持”（p. 99）。在肖特尔提出的关于人类行动的“修辞学反应的”（rhetorically responsive）观点中，他（1993a）扩展了相关研究的范围以囊括维科（Vico）、瓦拉斯诺夫（Valosinov）和加芬克尔（Garfinkel）等的贡献。肖特尔关注的是为何“反应性意义总是在一场会话中首先被‘了解’或‘感知’……并且经得起进一步的反应性（可识别的）发展的检验”（1993a，p. 180）。

在这种语境下，赫曼斯和科彭（Hermans & Kempen，1993）的著作《对话自我：作为运动的意义》（*The Dialogical Self：Meaning as Movement*），提供了一个与哈里和吉勒特的分析的有益对照。后者作品中关于心理过程的广义解释可以与赫曼斯和科彭对于心智的悄然（*sotto voce*）分析相比。例如，对于赫曼斯和科彭来说，情感是“修辞行动”，而能动性则是参与一种对话关系的副产品。这种对心理过程更为保守的解释与弱化的实在论意气相投。赫曼斯和科彭还意识到隐喻在指引其理论解释中的作用（pp. 8－10），他们承认其关于心理过程的讨论是基于叙事隐喻之上的。他们避开提供基础的尝试，提出“这项工作的主要目标是把对话和自我这两个常见概念结合到一起，把它们以这样一种方式合并，以使一种关于心智可能性的广义观点显现出来”（p. XX）。而他们虽然偶尔会把数据插入他们的分析中，但使用证据并不是用来确定结论的。“我们想要呈现一些经验探索，它们充当着我们对更广泛理论和概念的讨论的例证”（p. XX）。

赫曼斯和科彭几乎没有明确表达其解释的社会/政治结果；他们把更多的精力投入在为学术共同体作贡献的研究上，而在对更普遍的政治思想的贡献上的投入则少得多。桑普森的分析特别致力于一种“他者的庆典”，以及这样一种为了削弱权力和还原压制的构想的潜力。肖特尔（1993a）高度关注日常互动的政治维度，以及如何利用心理学赋予边缘声音一种更广阔的表达空间。

自我的关系构成

还有第三种更为激进的对心理的再概念化，这种也是与建构主义元理论最趣味相投的。正如所指出的，这种元理论把本体论假定追溯到语言，又把语言追溯到关系过程。言外之意即是所有与心理过程有关的可能说辞都源于关系过程。如果这一观点被推到极端，则人们被引向探索 41
一个领域的理论可理解性，在这种可理解性中，心理论断从未发挥指涉作用，而社会过程充当着解释的基本支点。也就是说，我们可以预想人们不再将心理状态和状况作为行动的解释，社会过程领域中的心理论断将得到重构。

通向一种社会化心理学的一个重要入口已经在当代话语分析中出现。这种分析典型地聚焦于话语的语用学，并以指涉（语义学）问题作为支撑。那么，就心理话语而言，分析者较少关注这种话语是否指涉的心理现象，而更多关注这种话语在关系中发挥作用的方式。例如，在波特和威泽罗（Potter & Wetherell，1987）富有开拓性的研究中，“态度”概念被除去心理指示对象，并且被用来指示社会交往中的地位宣称。那么，一种态度本质上是一种社会诉求（“我感觉……”“我的观点是……”“我更喜欢……”），而不是一种内在冲动的外在表达。毕利格（1990）关于记忆的文章则着眼于人们如何通过协商达成对过去的描述，因此记忆不是被界定为心理事件而是一种关系的完成。或者正如肖特尔（1990）提出的，记忆是一种“社会制度”（social institution）。爱德华兹和波特（Edwards & Potter，1992）的《话语心理学》（*Discursive Psychology*）代表了一种重要的尝试，试图在解释人类交流中用话语过程取代认知过程。斯登纳和艾瑟斯敦（Stenner & Eccleston，1994）对“存在的文本化”（textualization of being）的解释也与这一论证脉络有共通之处。

我自己在这一领域做的很多研究都是从话语心理学的土壤中生长出来的。在集中关注话语的同时，所做的尝试包括：（1）更为丰富的行为模式（patterns of performance）；（2）参与者间的关系模式（patterns of relationship）。就前者而言，尽管话语时常是分析的中心，但口头和书面语言并不是所有关注的范围。在理想状态下，一个人会希望囊括参与者的身体活动，还有各种实物、装饰和物理环境等，这些对使这些行为变得可理解都非常必要。关于关系模式，关注中心在于不断再现的互动模式。为了阐明这一点，试看情感的例子。情感术语（例如，愤怒、爱、抑郁）可能不仅充当交谈的关键元素，而且充当对自我和他人在社会交流中具有根本意义的情感属性。然而，我发现，考虑更为充分具身化的情感表演将更有助益（Gergen，1994a，pp. 210－235）。这意味着把语言表达视为行动的可能的而非必要的组成成分，行动可能需要手势、眼神、身体倾向（可能还需要物质加工品或一个现场）等方式来达成其可理解性。在这里，我最初在很大程度上借鉴了艾夫里尔（1982）关于情感行为的研究。这种尝试将展现超越个体行为来考量行为嵌入其中的交换模式，而处于交换之外的行为在文化中将是无意义的。

42 在此，我使用“关系场景”（relational scenario）这一术语来指示反复的交换模式［生活的叙事（*lived narratives*）］，在这种交换模式中“心理行为”扮演着构成整体的不可或缺的角色。因此，例如，愤怒行为（带有话语、面部表情、姿势形态）典型地嵌入一种场景中，在此场景中可能需要在先的公然冒犯以使其表达获得意义。愤怒行为也为随后道歉或辩护的发生做好准备。如果道歉被提出来，在西方场景中一个受到赞同的回应便是原谅。到那时场景可能便终止了。所有这些行动构成一种序列，从冒犯到原谅，需要彼此以获得合理性。这种分析方式也适用于其他形式的心理表演（see，for example，Gergen，1994b，对记忆的一种关系解释）。

这种解释不像很多话语分析（以及大多数会话分析），并没有特别强调证据理由。真理的目标被可理解性代替。这并没有消除我把读者作为“不知”者的定位，却的确使我的解释作为“知晓”者而变得易受攻击。事实上，这种解释的可理解性若没有读者的同意是无法达成的。而且，我越来越试图超越书本知识以找出或发展相关文化实践，这与建构主义元理论及其对于语言使用价值的强调相一致。例如，如果某种情感场景是与参与者的福祉相抵触的，他们如何才能可理解地改变熟知的行动过程？于是，就要尝试把理论话语的使用价值扩展到日常生活模式中（see，for example，McNamee & Gergen，1999）。尽管许多（但不是全部）话语研究在政治上是中立的，但当前的解释明确反对个体主义意识形态和相关实践。

虽然这些尝试把自我重构为关系性的，这比以前的替代形式更为激进，但最终我们也必须认识到它的局限。一方面，许多学者认为它极具有扰乱性，反对把它应用到更为公认的（并在专业上受欢迎的）研究中。另一方面，更具社会学倾向的学者认为这些解释过于微观社会（micro-social）化。一个人可能会把“心智”重新刻画为更具集体性，认为理性、记忆等都是广泛散布于组织或文化中的（see，for example，Douglas，1986）。但其他人仍会发现这些倾向过于精英化。这种分析只对于学术特权者是可理解的。此外，还有人认为，对关系的高度强调对个体主义传统中固有的重要价值观不利（例如，民主、人道主义、平等）。虽然传统被置于危险之中，但对传统的积极特征关注不够。

结　论 43

正如我们发现的，社会建构论完全不是要消除心理学探究，而是发挥着扩展和充实其潜力的生成性作用。一开始，建构论者推动学者朝向去自然化和民主化，引导他们不仅看到他/她自己的作品如何对文化的道德和政治结构作贡献，而且使该领域向更广泛范围的对话开放。尤其受到赞同的对话形式是能够将该学科与其文化环境联系起来的对话形式，这种相互转换的可理解性可以使该学科在社会中发挥更为重要的作用。建构论理念也激发学者考虑复兴和充实心理话语的优势。鉴于一种对道德和政治语境的热切关注，学者加入到各种形式的理论诗学中，这种理论诗学使文化向新的、被遗忘的或被抑制的可理解性以及从而出现的行动的新选择开放。最后，我们已经看到建构论观点如何能够刺激替代传统自足个体概念的关系的发展。在一些重要方面，人们打算使这些对人的修正成为社会变迁的资源。建构论和心理学探究之间并不存在必然的对立。了解了建构主义元理论，我们有理由相信心理学在社会中发挥的作用将远比迄今为止的更为重要。

注释

[1] 对这些成果的总结，参见格根（1994a，1999）。

[2] 对相应历史文献的最新综述，参见格劳曼和格根（Graumann & Gergen，1996）。

第3章　纯粹批评的局限 44

犬儒主义……是一种现代主义者的悲观意识，在此基础上艰难前行的启蒙既是成功的又是徒劳的……既是幸运的同时也是不幸的……

——彼得·斯劳特戴克（Peter Sloterdijk），

《犬儒理性批判》（*Critique of Cynical Reason*）

在过去二十年间的大部分时间里，我一直艰难地从事着社会科学中的批评和重构工作。最初的攻击是针对已建立的行为研究实践发起的，连同与这些实践相关的理论形式及其在经验主义基础论中的正当性辩护的基础。连珠炮似的攻击以各种方式指向累积性知识、与价值无涉的理论构想、无偏见观察、通过假设检验的知识、心理过程的测定等传统假设。我开始渐渐意识到，在某种程度上先于这一工作或与之相伴随的是哲学和跨社会科学中的一些稳步扩张的努力，这些努力共同构成现在被我们视为一种**后经验主义批评**（*post-empiricist critique*）的流派。波普尔（Popper）、奎因（Quine）以及一批日常语言哲学家在文章中严厉地抨击了经验主义基础论的假设，之后库恩、费耶阿本德（Feyerabend）和其他知识历史学家，连同一大批知识社会学家，开始提出替代传统上对科学行动的理解的方案。随着时间的推移，社会科学中越来越多的人参与其中，他们有人道主义者、批判理论家、诠释学家、建构论者、女权主义者、现象学家、行为生成学家（ethogenecists）以及很多其他流派的人等。经验主义基础论及其相关实践可能将继续占主导地位，但对于为数不少的学者而言，它们实质上已经行将就木。

批评学术成就中的另外两种主要形式与后经验主义批评扩张同时发生并与之具有互文性。正如在前面章节中概述的，随着经验主义解释的式微，理智空间日益向**意识形态批判**或者**揭露意识形态面具**开放（参见第 2 章）。如果理论解释不能凭借经验数据获得权威，如果理论解释作
45 为催化剂或者镇静剂进入社会生活，那么科学就会向一种自 19 世纪以来很少得到表达的评价方式开放。确切地说，科学理论可以依据这几方面来进行评价：其对文化的作用、其所激发或消除的社会生活方式，或者简而言之，其意识形态影响。这些批判长期以来受到马克思主义者和批判理论家的拥护，但经验主义的式微，就为意识形态批判的重要扩展敞开了道路。目前，这些批判的范围一直在扩大。女权主义批评的尖锐程度已经如利剑般；研究黑人、印第安人、亚裔、西班牙裔、阿拉伯裔美国人和同性恋者的学者为现存关注点增添了重要的新维度。甚至这种批评的昔日受害者——主要有右翼、男性主宰的当权派——现在也用其自身的意识形态批判方式作出回应：反对政治正确性专制的争论。

后经验主义和意识形态批判领域中的抨击武器已经由**后结构主义批评**（*post-structuralist critique*）进一步加强（参见第 2 章）。读者反应论（reader-response theory）削弱了文本固有的承载着智慧或深度的假设；文本所包含的权威，仅有对之进行诠释的共同体愿意赋予它的那么多。解构理论进一步论证了文本的内在张力、已说对未说的依赖以及必然事物所包含的无穷困惑。对于解构理论，不仅作为一个严肃问题的文本对象消失了，而且作为原初来源的作者心智也消失了。并且，修辞学分析与读者反应论和解构理论一起，进一步揭示了对于任何文本的可理解性和令人信服的感染力十分必要的各种花招、诡计和恶搞。在这些情况下，所有权威人士建立知识、传播智慧或树立价值观的尝试都遭到

质疑。

因此，我们目前就有了一个巨大武库的批评武器可任意使用。这种技术的力量是长期以来学术传统中任何事物都无法匹敌的。实际上任何假设、大量证据、意识形态立场、文学经典、价值承诺或逻辑体系，都可以用手边的武器分解、推翻或嘲弄。只有等级偏见（rank prejudice）、习惯行为（force of habit），能够鼓起一种对我们支配的理智炸药的抗辩。在现在学术世界中的每个地方，每种类型的资本主义剥削者、大男子主义者、文化帝国主义者、新殖民主义者、主战论者、白人新教徒中的顽固者（WASP bigots）、懦弱的自由主义者、科学教条主义者、宗教激进主义者和本质主义者都在这种抨击中逃窜。这些削弱和大量毁灭的能力也并不限于学术机构。后经验主义批评在社会各处寻找合适的批判对象。基础性或本质主义假设可以在所有高层次的决策领域——政府、商业、军队、教育等——中找到。与此相似，意识形态批判也很少限于学术领域。女权主义者、批判理论家和少数群体到处可以找到压制和偏见——在电影、艺术、建筑物、服装偏好，甚至在公共厕所设计 46
中。而作为后结构主义批评的结果，所有被看做可信赖的观点——在政治领域、新闻媒体、法院、政府部门中——现在都被推到了蠢话的边缘。革命还在继续，带血的头颅遍地滚动，潜在的毁灭没有任何限制。

然而，正是在这个时刻，我开始了当前的研究。我对当前状况及其将引发的未来一点都不感到乐观。并不简单地因为我们这些共享批判武库的人并不总是共享地盘，这些武器的持有者可能会互相残杀（各种各样的后经验主义领地、女权主义者阵营、男同性恋者和女同性恋者群体以及后结构主义者帮派之间已经出现对抗），而是因为我主要关注的是批评——尤其是新兴的批评——作为一种学术流派的局限性。我们发现自己现在所处的位置无异于法国大革命的位置：到处充满着“自由、平等和团结”（对“博爱”的取代，这种取代在政治上是正确的）的回声。但结果是不是一场席卷性的大屠杀？是否将不存在值得信赖或得到承认的观点，而只有一个废除性的观点，它最终将转向毁灭自身？正如塞拉·本哈比（Benhabib，1992）的评论：“后现代主义对规范性要求、制度性公正和政治斗争的无限怀疑和颠覆性的态度，无疑是令人耳目一新的。但是，它也是带削弱性质的。”（p. 15）恰恰是后者这种可能性在这里与我们有关。对我们的质问形式——其可理解性、贯通性（coherence）和社会后果——进行冷静反思似乎是必要的。

接下来我将探讨五个实质性问题，依我看来，它们固有地存在于批评研究中。[1]前面三个问题似乎与所有现存批评形式有关，后两个则与最近出现的一些批判脉络有密切关系。最后我们将关注可能的替代方案。

会话的关闭

批评从在先的主张中获得其推动力和可理解性。一种断言（或断言网）必须被提出来以激发反驳的冲动，或使这种冲动被理解。在这种意义上，批判是一项共生的事业，需要在先的断言作为其起源。然而，鉴于其起源，批评就获得了某些特征即其先驱所具有的那些特征。也就是说，批评并不是用自己的声音自由地言说，批评的术语是由其原有理论的本体论（实际的或者归属于它的）所建立的。如果该断言是“武装干涉是必要的”，那么批评就局限于一种语言领域中，在其中“战—不战”的二元对立充当着关键的界定原动力。为了回应对于武装干涉的鼓吹，用“我要喝杯茶”或“我支持格林一家”来回应就不能参与到批评之中（事实上，一个人可能将这些答复看做交流中无意义的插入语）。然而，
47 这些答复作为批评的地位是能够被证实的，只要可以表明喝茶或支持格林一家意味着反对武装干涉（例如，就喝茶而言是作为鄙夷的表露，或就第二种情形而言与格林一家的反战立场相关）。

起初，这一共生情况意味着批评者的声音将被用来使这些二元对立的术语具体化。实际上，这种批评为隐含在起初断言网络中的本体论提供了支持，如果没有这些批评冲动该本体论也许会消亡或毁灭。女权主义理论家对这个问题最为敏感。正如许多人所指出的，针对男性统治的

争论同时会使男性和女性之间的区别具体化，它们起到将性别本质化为一种事实差异的作用。同样，当各种批评用种族冲突的语言来表达时，就维持了种族之间有本质差异的观念；发言反对上层阶级统治将会形成阶级差异的现实。因此，一旦现实被依照二元对立的形式达成，那么所看到的世界轮廓也将趋于静止。

这一问题又与第二个问题紧密相连，即消除边缘的问题。因为当争论在二元的说话方式中进行时，便从视野中消除了其他现实、价值观和关注点。正是这种二元术语为对话者提供了他们的关系基础，事实上也提供了关系中他们的认同基础。例如，在反对破坏环境时，种族平等问题就从视野中退出。对种族不平等的批评，也难以顾及到性别的不平等，如此等等。当然，很难同时讨论所有问题。可是，当交流围绕的一种单一连续统被两极分化时，就会出现世界的极度扁平化和对其他声音的压制。面对另一端的每位对话者都失去维度；与该二元论无关的所有人类特征、关系和观点都被抑制。而对话者自身也变得对所有那些声音——家人、朋友、贫民等没有分享到他们创造和维持的现实的人——充耳不闻。正如大卫·哈维（Harvey，1993）给出的例子：

> 我们看到，仅仅关注阶级将是对所有种类“他者”的隐藏、边缘化、权力剥夺、压制，甚至是压迫。这是因为它无法也不会明确承认基于各种因素的异质性和差异性的存在，例如基于民族、性别、性征、年龄、能力、文化、地区、种族、宗教、社区、消费偏好、群体归属等。(p. 102)

这种情况进一步还会出现衍生物。一旦具体化的舞台被建立，相互对立的双方就变得依赖于对方的形象以获得他们的养料。对于每一方，只有对手在话语中得到维持，他自己才能保持可理解性和重要意义。如果对手从视野中被消除，那么其所支持的立场也就陷入无意义之中。例如，只要宗教皈依者能够忍受“异端”这个范畴，那么他们就保留了一种独特属性和一个信奉的原因。对于信奉者来说，来自外界的批评甚至是受到欢迎的，因为它维持或加强了他们信奉的起因。在这里批评者并没有削弱其攻击目标，反而增强了其憎恨对象的力量。再如，那些处于 48

政治权力中的人，可能会为一定数量批评的产生提供便利（比如说，来自大学学生），因为它们能够激发对“起因”持续的承诺（考虑下大学中对左翼、同性恋者、自由主义者和其他“非美国人”的常见辱骂）。

我自己早期在实验社会心理学会的经历可以提供例证。起初，该学会是为了支持一种讲究实际、系统化的方法以理解社会互动而发展起来的。采用“实验”这个术语与其说是出于实验室实验本身的承诺，不如说是因为实验被认为是证明关于因果关系之陈述的最为精密的方法。实际上，学会的很多参与者还使用访谈方法、问卷、田野观察和其他研究技术。从符号学来看，“实验”这个术语仅仅发挥着“系统性科学”的一个同义词的作用。但是，当学会迅速发展壮大并更加精英化时，我们中的一些人便开始忧虑名字选择的不适当了。因为，“实验”这个术语看起来似乎只认可实验室实验是唯一值得接受的方法论。其他研究方式被阻止，而有系统的理论和概念研究也被全部抛弃了。在这一点上，我与几位同事一起尝试对组织名称进行挑战，试图去除或者取代“实验”这一术语。后继的辩论引起了一种对实验方法论的强烈拥护（实验方法论本身并没有同时受到攻击）、对作为次等的所有其他方法的攻击以及对现存组织名称承诺的重建。有关的手册和课本现在重复着这种辩护，犹如念诵连祷文一般。尽管本领域中二流期刊会周期性地突出一种相反的观点，但这些批评在这些期刊上的出现只能被用来增强“实验优越性”在主流权威中的可理解性。事实上，批评攻击根本上被用来描绘一种二元对立、激发对方的答辩，并确保进一步的批评限定在学科意识的范围之内。

作为谴责的批评

我经常使用战争作为辩论的隐喻。选择它并非纯属偶然，因为在表述这一普遍规则时（see Lakoff & Johnson，1980），我们能够更好地体
49 会批评的战略意义。考虑辩论理论家凡·埃默伦和格罗顿道斯特

(Eemeren & Grootendorst，1983) 的态度："一位提出一种与已表达观点相近看法的语言使用者，必然要准备好去捍卫这个观点，而……一位怀疑该立场站不住脚的语言使用者则必定会准备好去攻击它。" (p. 1) 鉴于这种对一种被更广泛接受的辩论概念的形式化，成为批评目标的人们的态度是几乎不会不辩护的。而这种辩护是极深入的。在西方传统中，人们认为，一个人的言语实际上是个人本质的表达。人们假设它们反映了个体内在最深处的能力——理性 (the logos)，即将人类置于动物之上的原初过程 (并且，传统上，将与上帝的亲缘关系赋予人类)。既然如此，那么批评另一个人的观点就不仅仅是一种语言运用的行为，在西方传统中，它将导致自我原初本质 (originary essence) 的失效。或者，如果突出象征层次上的意义，可以说批评抹杀了批评对象在自我表达上的努力，认为那只是愚蠢、狡诈或白痴行为。这是对一个人言语权威性的非法剥夺，威胁到一个人与上帝、国王、英雄和父亲的相似性，并且把个人恢复到迷途儿童的地位——现在由通晓的父母纠正。

鉴于这种极富挑衅的语境，批评的对象该如何回应？他们的回应几乎不带有对开放和均衡探索的热情，也不带有期待问题得到公正和公平解决的渴望。当一个人遭受到毁灭的力量时——对一个人的自我意识和尊严的毁灭——几乎只能寻求所有战胜威胁性力量的方法而没有其他选择。因此，批评引来反批评，而且这种反批评一旦开始，我们便进入一种没有终止办法的场景。

即使主要参与者被迫进入文明的交流之中，批评和辩驳也依然不能达成一致。在开放的对话中，一个人能够无限期地继续在其信念上保持安全——不受反驳性论证的影响，因为正是这种对话结构确保了这种可能性。这种本质不可判定性的原则性理由源于一种理解的关系观。[2] 正如上文所提出的，一个人的言语是否被赋予意义，以及它们被允许具有哪些特定意义，主要取决于他的受众。一个人的言论是可以进行多种诠释的文本，会被无数观点所挪用。如果是这样，那么在一场争论中的任一提倡者都无法控制他/她的论点的意义；言语向各种不同的诠释或选择性挪用敞开，而这些选择很可能反映了争论对手的承诺。同样，争论双方的言语也容易受到一种相互重构的影响。实际上，每位对话者都面临这样一种处境，即“我无法控制你对我所说的话的解释，但我可以赋予（或否定）你的回复以可理解性，或者使你的言语服从于我的解释目的”。

破坏他人可理解性的方法是那样繁多而各式各样。句子可以被断章取义，概念可以通过再语境化而改变，论点可以被推向荒谬的极端，事
50 例可以通过讽刺性模仿被改变，也可以被归咎于一些阴险意图等。以上描述的那些批判性运动——反经验主义的、意识形态的和后结构主义的——逐步增加了削弱对手和恢复自身优势的方法。于是，就有了为一个人自己的利益而歧义化、复杂化、拙劣改写或改变任何言论的无数方法。因此，并不存在辩论的原则性终点——除非参与者受到外在的要求（就像在法院），或者被程序规则严格限制（就像在数学中的情况）。每位争斗者都保有对对手主张的有效控制权。

通过费耶阿本德（1978）的《自由社会中的科学》里的一个简短实例可以加以说明。在费耶阿本德的早期著作中，他针对科学的基要主义观点进行了一系列强有力的攻击，认为按照传统标准被用来“推进知识”的所有程序规则事实上会扼杀在此方向上的尝试。很快反批评就到来了——其中很多都是高度诡辩的。在理想的情况下，一个人可以把这设想为一种广泛对话的语境，这种对话以加强理解的期望为引导。相反，让我们来考虑费耶阿本德对其批评者的反应：

> ……我原以为我面临的是个体的不称职：那些有学问的男士（和一起跳舞的有学问的女士）并不太机灵，而且颇为缺乏教养，所以他们使自己成为笑柄。从那以后，我开始意识到这是看待事物的一种相当肤浅的方法。因为我注意到错误并不仅仅出现在这种或那种评论之中，而是相当普遍存在。它们的频繁出现并不仅仅是一种历史的意外事件、理智的暂时丧失，而是显示了一种模式。以悖论性的方式来说，不称职已经被标准化了，现在已经成为专业优秀的一个基本组成部分。我们不再拥有不称职的专业了，而有的是专业化的不称职。（p. 183）

毋庸赘言，费耶阿本德与其同事之间的对话便陷入一种实质性的停顿。

共同体的原子化

对批评之修辞效果的关注几乎不仅限于对立者之间的关系。语言被用来维持共有的行为模式。当共同体达成本体论和评价性的共识时，关系模式也便稳定下来。例如，对事物的概念取得一致意见——其指示对象和其价值——也就为一种彼此可以接受的生活方式打下了基础。因此，一个人在面对批评时放弃其主张，并不简单地是在逻辑和证据的较量中让步。它将威胁到一个人的关系形式和生活方式。使和平主义者相信战斗事实上是道德的，将不仅仅是和平主义者在争辩 51
上的失败，而且更重要的是，由那种抗议语言维系的那些关系和传统将会被终止。

就此而论，试想一下这样一群人，他们之间的沟通是开放的、不固定和不成问题的。群体的每个成员都得到其他成员的认可和接受，并在共同理解上作出努力。事实上，大量可利用的能指与相关事实一起传播，使发展新的组合和随着时间推移逐步形成理解性语言成为可能。现在考虑批评性实践向共同体中的嵌入。批评首先在那些被质疑的意识之中促进共同意识的形成。一个范畴或者被创造（例如宗教激进主义者）或者被突出（同性恋者），而这在其他地方可能被忽视。批评对象于是被给予警示，认为所有共享它们的特定假设（以及相关联的实践）的人都是不足信的。不仅他们的认同陷入危险之中，而且他们嵌入于其中的关系也陷入了困境。在这样的情况下，除了集体防御，文化几乎没有提供其他任何的机会。那些遭受攻击者重申他们的关系，明确表达其传统的价值，并找出无数种方式以证明攻击者是不公平的和提供了错误的信息。因此，辩护的旗帜，连同其存在理由（*raison d'etre*）一起，都是由那些提出重要问题的人们提供的。

随着重申和辩解过程的发生，批评者的努力遭到挫败。不仅他们的批评遭到忽视，而且其批评对象似乎也只是用一些“低级骗术”来为自己辩护（进一步掩盖他们的缺陷），并且进行了不正当的反攻击。这些对批评的无礼回应，会产生从文化角度讲合情合理的效果，双方将增加攻击对方的强度，在各自队伍中重申团结，并劝说他人改变立场以壮大自身的力量。如果这些努力获得成功，那么他们也将遭到目标群体类似的反击。实际上，结果将会是作为一个整体的共同体的一种两极分化式的分裂。相互认可和对理解的共同追求丧失了，或者更确切地说，这种认可和理解只保留给了每个群体有限边界之内的各种关系。对产生共同意义必要的协调行动逐渐衰退，当各自阵营里的语言得到发展时，跨越边界的沟通却变得越来越困难。诠释共同体（interpretive communities）逐渐开始在其内部共享一些行话，而这些行话在相对立的共同体中却是无人理会、不被认可或被认为是荒谬的。互斥的实在（不可通约的范式）变得凝固化，几乎没有调和的方法。

举例说明是有助益的。我最早的一些批评研究是在 20 世纪 70 年代中期，在被称为“社会心理学中的危机”的语境下进行的。在那时我尝试（Gergen，1973）削弱这样的假设，即认为社会心理学是一门累积性的科学，稳步地走向建立与历史无关的真理，并尝试用历史嵌入的和在意识形态上敏感的探究形式代替上述取向。在紧随这一批评的几年里，在本领域中出现了大量的争论。主要期刊刊载了这种对话。然而，当我
52 的兴趣变得越来越与其他持有不同意见者的兴趣相似时，那些权威期刊却慢慢不再理会这一公开辩论了。自那以后时间和关系继续前行，到现在我发现自己深深地陷入在一个巨大的、由不同种类人们组成的反基础主义者共同体之中。我们现在拥有自己的期刊、学会、学术路线和议程。传统社会心理学者几乎不理解我们在谈论什么——对于他们来说很多是胡言乱语、故弄玄虚和与真实世界不相关。而如果他们确实去理解，那么他们会被我们文献中描绘的关于他们的图景所震惊和冒犯。同时，他们像往常一样继续做自己的事情，于是危机得到解决。（具有讽刺意味的是，在一本 1991 年有关社会心理学经典阅读的书中选录了对

我最初批评的一篇批评文章；而原先的论文本身并没有被收录其中。）同样，如果我们中的任何人出席他们的会议或者阅读他们的文章，我们会觉得他们的努力成果很陈旧、幼稚，同时在政治上肤浅。共同体的原子化事实上已经完成。

这三个问题——会话的关闭、修辞学的僵局和共同体的原子化——都可以在批评过程本身中经常看到，至少在西方文化传统中是这样的。然而，我现在将提及与后经验主义或后基础主义批评特别相关的两个问题。因为批评是从这些地方发起的，一些非常重要的张力正在出现。

批评与总体化冲动

许多当代的批评是为了削弱任何形式的总体化话语（totalizing discourse）而设计的，在理想情况下，可以有一系列不同的声音被允许谈论任何议题或事态，总体化话语就是缩减这一系列声音的任一组描述、解释、原理、可接受性的标准、指令或元理论。这种关注在以下各项中得到反映，例如对经验主义元理论的社会建构主义批评、对以男性为中心的语言的女权主义批评、对资本主义经济理论的马克思主义批判、对边缘化实践的解构主义批评和对现代主义基础论的后现代批评等。事实上，所有这些努力都试图削弱主流话语，扩大决定我们文化未来的声音。

但是，这种批评冲动在何种程度上真正起着民主化的作用？正如我们已经看到的，这些问题始于这种批评形式的共生本质。一旦一个主张后面出现了一个批评性反驳，那么在相关的声音中就会出现一种彻底的截断。当论战的范围逐渐凝固化时，在这种二元体之外表达的任何声音都变得毫无意义。如果我们正在为堕胎权争论，那么就没有提倡外来务工者权益的余地了；实验与其他更人文主义的方法孰优孰劣，心理学家们在为此而争论时，并没有准备让心理学中精神（spiritual）取向的拥护者进入。一旦这种二元对立得以达成，那么将不是任何声音都能被听到，而只能听到那些仍然停留在构造起来的被具体化的论战世界中的声音。

53 另外，因为传统上对立者在目的上是非虚无主义的——试图彻底根除另一方立场的害处或执迷不悟，所以在批评交流中存在极权主义的初期倾向。当表示异议的声音试图推翻那些看起来不公正、不人道、剥削性的等话语时，它也便把自身作为了接替者。不过，这种接替的话语并没有为它开始要毁灭的那些话语留下任何空间。如果批评者被证明是成功的，那么其成就并不是对话语领域的开拓，而是一种对其对手的总体化形式的取代，是一种对二元对立结构的倒置，其结果依然令人窒息。

举例说明，有段时间我曾参与到对心理健康专业所产生的不足术语的攻击中。[3]我曾主张，当精神疾病的语言在公众中广为传播时，它们就被人们用来理解他们自身。通过以疾病的观点建构他们自身，进一步就产生了对创造这种语言的那些专业的需要。而当这种专业被咨询并给予酬劳时，它也便发展和繁荣起来了。伴随着它的繁荣，不足术语也会进一步发展。事实上，我们都在见证把人们衰弱化的术语的螺旋式增长，而批评的主要中心便是心理健康诊断系统。就当前来看，这种二元对立建立在心理不足术语的生产（*production of mental deficit terms*）和非生产（*non-production*）之间（或者，更确切地说，替代物的生产以及更有希望的建构）。当然，受到支持的立场将是增加有效视角的数量，事实上就是扩大有效声音的范围。然而，辩论的批评形式是以这样一种方式发挥作用，以至于新替代立场的可理解性的建立是以对立者的终结为条件的，而并没有为心理健康专家继续散播关于不足的“不好的旧语言”开拓任何空间，因为正是这种语言会对那些替代语言不利。实际上，批评的共生特性发挥着压抑批评目标声音的作用；对方的总体化话语被消除以使它的对立者（我所支持的）可以取而代之。

原则中的问题

在近年来的相互关联的批评中，我们发现一种对现存知识、信仰体系和意识形态结构的深度怀疑。所有那些可靠的、基本的和权威的事物都陷入质疑之中。对于后经验主义建构论者来说，这种怀疑基于这样的观点，即我们理所当然的理解并不被“事物的本质”（the way things are）所需要，而是源于社会交流。现存的知识、逻辑、道德等信条并没有什么先验基础，而是处于不同文化和历史中。从这个视角来看，所有被认为是这样的事物也可能被认为是其他，所有既存的建构也可能被无数其他替代形式所取代。对于那些从事意识形态批判的人来说，这种 54
普遍存在的怀疑主要源于一种对动机基础的关注。他们赞同建构论者所认为的我们理所当然的理解不是事物本质所需要的，与此同时他们探索了在主流话语中起作用的意识形态或自私自利的影响。现存理解服务于谁的利益？而谁又被剥夺权利或被边缘化？后结构主义者在其对表征的内在逻辑本身的关注中又增加了一个额外的怀疑层次。语言表征并不起模仿作用，它是由关于词义本身的协议所决定的。一旦这些符号学和/或修辞学策略被确定和剖析，表征将无法再让我们了解世界；它本质上只显示其自身运转时的规则。

如前所述，这些各种各样的争论路线也构成一个充满毁灭潜力的批评性武库。每种批评形式都本质上剥夺了对手主张的任何有效性形式或修辞力量。至多，对手的言语被还原为道听途说或个人偏见；在最坏情况下，其言语的意义被整体剥夺。[4]然而，在这一点上，批评的问题随之产生。因为当这种批评在削弱对立者上变得极其有效的同时，它也对自身的生产造成伤害。其争论的基础也容易遭受同种形式的解构性分析。言外之意，证明科学事实的社会基础，也就是将这种论证还原为对话；抨击隐含在一种既定政策下的阶级偏见，也就是将这种抨击本身转化为阶级偏见；而解构战争的修辞学，也就是把和平的证据转变为修辞学的繁荣。

为了证明，可以思考我所作的批评尝试之一。我曾经试图反对关于心理过程与周围世界之间关系的主张。在这个例子中我提出（Gergen，1987），经验性证据并不能告诉我们刺激（环境）与心理状况（认知、感情等）之间的关系，或这些状况与其引发的行动之间的关系。我主张，之所以这样，是因为所有将心智与世界联系起来的可理解命题，都源于一种已经在文化中可得到的理解前结构。任何与这种前结构对立或落于其领域之外的命题，都将或者是荒谬或者是不可理解的。例如，不可能证明所有大象都被视为兔子，不仅因为这不是真的，而且因为西方传统中的二元论假定物质世界中的大象会在心智中激发类似大象的反映，而非兔子。相反的证据再多也无法剥离这一假设。不过，虽然批评的尝试是足够有趣和可理解的，但最终它还是不能证实其本身。一旦我把“心智”和“世界”解构为提供证据的场所——作为替代把它们当做语言能指，那么就将我的批评也抛入了危险之中。我们到哪里去寻找这种“前结构”、“文化”、“命题”等所有我的论证中的基本元素？如果它
55 们不是世界或心智——现在是一种被抛弃的本体论的碎片——中的一部分，那么它们又属于哪个世界？为什么在我的论证中使用这些术语被认为不利于被我攻击的立场？假如“真实世界”的存在物与受到攻击的命题网并不相关，那么我批评的基本原理也将被置于可被我们标示为“与真实世界相关”的范围之外。

作为一种修辞形式的批评

正如我提出的，话语对抗的一般形式——主张和批评是其中关键的一对——存在很大的问题。批评从原主张的本体论中吸收养分，从而维持其可理解性、具体化不一致的观点、从总记录单中移除其他项目和激起对立者。此外，批评作为一种修辞学行动具有贬抑对立者、产生敌意、把文化分裂成原子和阻塞解决途径的效果。当代批评受到后经验主

义、批判和后结构主义思想的影响，负载着支持这些总体化话语的额外困难，它们依靠这些总体化话语获得自身的合理性基础，但这种依靠也使其摧毁着自身的合理性基础。现在，并不是要否认批评所达到的很多积极性目标，我一点都不想试图支持放弃它（另一种总体化行动）。然而，似乎很清楚，我们必须提出关于学术（和文化）领域中批评中心的重要问题。在什么情况下批评最有效，对谁和对何种目的？存在其他更有希望达到更为积极的一些目标——这些目标在传统上一直遭到批评——的方法吗？这些都是重要的问题，必须为有关它们的继续讨论敞开一个空间。

在这个空间里，需要对批评研究的基本原理进行一种彻底的探索。我们尤其需要考虑批评性辩论为了获得其可理解性所采用的方法。当前，批评冲动在很大程度上从一组相互关联的假定中获得其正当性理由，包括但并不局限于以下几个方面：（1）适当的或适应性行为是由个体心智中的理性过程引导的；（2）在理性事件中某些心智状态（例如，有逻辑的、客观的）比其他的更令人满意（或更具有适应性）；（3）批评过程对达到一种最佳理性状态是必要的；（4）批评思想使个体能够抵制骗局、专制和社会群体的压迫；（5）个体层次上的批评思想是一个民主社会的必要组成部分。然而，正如在前面章节中所提到的，这些假定中没有一个能够经得起周密检查，没有一个可以切实可行地支持批评冲动。在当代理智气氛中，人们假设个体理性有能力自主地思考世界，但这个假设被发现是缺少概念和意识形态根据的。如果这就是批评性研究仅有的理由，那么我们可能希望得到值得注意的控制。 56

与此同时，如果我们重新考虑批评性冒险的目标，抛弃对个人启迪的寻求，另外的选择可能会敞开。正如我在第2章中提出的，我们有充分理由对理性资源进行重新定位。与其把理性过程视为发生在个体心智之中，这种过程可以富有成效地放置在话语中，不如从更根本上说，放在人们之间正在发生的关系中。从这一立场来看，并不存在普遍优越的理性状态，也就是说，在人类话语构成中不存在先验的最佳话语。此外，采用这一关系立场，可以引导我们重新考虑批评性研究的效用和改进该过程的可能的方法。因为如果批评不是一种达到某种最佳理性形式的途径，那么它会达到怎样的社会目的？如果这些从某种观点来看是值得向往的目标，那么在其现行形式中的批评性研究是达到这些目标的最好途径吗？或者，简言之，我们希望在社会世界中通过批评话语获得什么，以及是否存在比当代实践更有优势的选择？

达到批评目的的关系路径

语言的关系观自身并不倾向于任何特别的研究过程或目标。然而，它确实引导对话者更自觉地考虑他们想要通过其交换达到什么。争论的目的是为了廓清和详尽阐述相反立场，向一方或另一方的胜利屈服，确定折中领域，考虑对方观点、发展公众支持还是其他？我几乎毫不怀疑现行的批评形式确实达到了这些目标中的一部分，并且正如在前面指出的，我丝毫没有选择放弃批评事业。不过，通过明确表达关系目标，对话者们也许能够为传统上无休止争辩的实践敞开新的选择。

为了展开关于这种可能性的讨论，让我们仅考虑一个单一的目标，即在文化决策中尝试使参与度增至最大限度。许多人会同意，一般来说，一个更民主的社会允许所有参与者都进入决策领域——无论是总体的还是局部的——而不是只由一个少数群体来确定制度、政策和计划等。这样一种期望是我们民主传统的一部分，而且人们还可以说，广泛的对话对于和谐的生活方式也必不可少。现在，正如通常人们所理解的，批评活动是扩大有效声音范围的一种手段。如果主张从未遭到反主张的对抗，那么将导致该主张范围之外的所有声音都处于沉默状态，从而就为专制、压制和冲突创造了条件。因此，批评实践对于扩大参与者的队伍是不可或缺的。批评使其他旨趣被人知晓，从而成为实现民主的一种文化资源。

57 然而，鉴于使参与度增至最大限度的迫切需要，批评传统是有重大缺陷的。正如前面提出的，批评建立在一种基本的对立轴之上：主张与反主张，附带着两种互相削弱的结果。首先，随着二元对立的建立，进入对话的范围就受到抑制。对话范围只包括战争对反战争、政治左翼对右翼、反对堕胎对主张堕胎合法化等。围绕任何决定的庞大复杂性和大量可能的构建，于是被窄化至最小限度。现在可能听到的不是任何他者的声音，而只是那些与讨论中的维度相关的声音。而且，随着争论的继续，二元体中的术语变得越来越客观化，并且其公认指示对象也愈加可触知。替代性声音——那些谈及该情况但没有“切中要害”的——的可能性被日益减弱。实际上，由当代批评性研究形式实现的两极化，在拓展民主范围上收效甚微。鉴于此，可以说批评活动颠覆了民主进程，对我们构成威胁。

按照这一讨论思路，进一步来说，批评行动往往起着完全停止民主进程的作用。批评典型地使批评者疏远于反对者。自给自立和自我满足的对抗者领域产生于主张和批评的过程之中。在这种意义上，批评发挥着将群体与另一方的“充分理由”相隔离的作用。批评的声音要么被忽视，要么因其批评性而被打击。在这两种情况中结果都一样：决策不是产生于共同审议——通过所有人的参与——而是通过运用手段谋取权力、内部位置或私人控制结果来达成。文化的原子化并不意味着可被听到声音的增多，而更多的是一种压缩。那些具有支配权的现实只理解它们自己。

那么需要的便是探索朝向民主对话的替代途径。然而，恰恰就在这一点上，读者将会意识到我们现在面对着与第1章中几乎相同的问题。在那种语境下，我们发现实在论和建构论处于一种相互毁灭的轨道之中。我们想知道，能够找到什么来代替席卷性的冲突？现在我们来问一句，这些替代形式在批评情况下能否适用？这里有两种可能性看起来尤其有希望。

从话语中分离自身

正如已讨论的，批评常常是无效的，因为它发生在这样一种传统中，一方面强调相互毁灭，另一方面把论点视为一个人核心自我的表达。那么，问题就是，修辞学形式的关键元素是否可以被改变，而不损害探索争辩、对立者和情境的可能性。例如，我们能以何种方式从此领域中移除对自我的强调、对争论的作者所有权意识和被毁灭身份的威
58 胁？这些似乎对于批评性反思都不是本质性的，而且通过把自我从话语中分离出来，一种不那么两极化的探索便可能接踵而来（see also pp. 20 -21）。

让我们更具体地探讨这个问题，我和学生们用一个我们称为“突现的辩论”（argumentation from nowhere）的程序做了实验。这里尝试尽可能将自我、意图或能动性的意识从研究中心移除，并强调依赖于已经在更普遍的文化中可获得的话语。我们试图消除这样做的依据：宣称某些主张是“一个人自己的”，或者把反主张看做对一个人的正直的挑战。在这一程序里，作出断言仅仅是从充满有意义言论的文化知识宝库中拿出一张可能的牌。这一尝试要求参与者探索文化中可获得论点的范围，此范围内的论点都可能伴随任一既定主张。例如，如果一个人提倡在第三世界国家中加强生育控制措施，按照当代的惯例，会有大量辩论可能被用来加强这样一种立场（例如，应对健康、经济、教育和现代化等问题）。同时，对于每一个主张及其相伴随的辩论结构来说，都可获得庞大数量的反论点（例如，关于文化剥削、历史因素、精神问题和现代性诸弊病等）。而每一种相伴生的主张也将包含一种可以明确表达的辩护基础，在一个向外扩张的网络中导致一系列更多的主张和反主张的产生。此外，此网络中的每个元素也都易受批评分析、意识形态偏见和修辞学构建等的影响。事实上，围绕第三世界生育控制问题，我们可以潜在地吐露巨大数量的可理解而又相互关联的言论。

在这种“突现的辩论”程序中，我们要求大量不同的人们通过计算机向一个更广泛（并且原则上无限）的辩论网络中增添新的条目。参与者被引入一个单独的冲突，例如反堕胎对主张堕胎合法化的冲突，或者关于死刑的辩论。在读完一段关于对立性立场的简短描述后，要求参与者在一个计算机文档中输入新的条目，该文档展示了关于问题两面的一些论点和批评。参与者被要求撇开他们“自己”对此问题的立场，而尽

可能多地提出支持任意一方的论据。形成这些论据之后，参与者被要求再次回到他们的提议，形成对其已提出论点的可能的批评。在积累论点、反论点等的少量素材后，任何新参与者都被给予机会阅读所有已经输入这一争论网络的条目。然后他/她可以增添新的可能的说法，或自由写下对任何已经存在立场的抗辩。结果便是围绕这一议题的一系列成分多样的话语——或者本质上是一幅包含关于问题两面的可能的论点、辩解、证据引证等的地图。

从这些条目和参与者对该程序的反应来判断，我们发现：参与者一 59
般都有能力提出一系列多样的论点和批评。首先，他们虽然进入程序后在提出关于他们认为是“自己的”立场上更善于表达，但一般也能够从相反角度形成可理解的论点。其次，他们能够指出最初赞同的立场中的弱点。他们尽管可能会为一种既定立场辩护，但一般也知道其主张中的缺点。最后虽然对于讨论中的议题可以发表什么意见并没有原则性终结，但是在六个参与者对该程序进行了条目输入之后就出现了一种发生重复的趋势。实际上，关于这种问题人们（至少在被限定的亚文化内）能够合情理地说些什么是存在一定限度的。

在对这个程序的反应中，参与者普遍认为他们学到了很多；他们通过该活动发现自己可以以远远更为复杂的方式来看待这个问题。尤为重要的是，他们指出，很难通过简单地宣称一方胜利来解决该问题。事实上，这些参与者似乎更加倾向于寻求折中的解决办法，或暂时的或情境性的策略。既然如此，我们可以说，感受性、诡辩和关系范围都得到扩展。的确，该过程使情况变得更为混乱复杂，但是清晰简单的解决方案的失败也变得更为明显。这样，这一过程可能会降低做出坚定承诺的倾向，但是正如我们所见的，追求理想中的陶醉也伴随着重大的代价。“突现的辩论”是否能够得到更广泛的应用，我们将拭目以待。

多音的潜力

在对“突现的辩论”的分析中，我注意到参与者有可能找出他们所选择观点的弱点。这一倾向在毕利格及其同事（1988）关于意识形态困境话语的作品中也有所反映。正如其分析所认为的，大部分人们在关于各种问题的立场上几乎不是意义明确的，经常怀有支持他们的对立者的见解。更广义地来说，我们可以将人们描述成多音主体（参见第1章）。同时，这种多音状态对于批评的未来寓意深远。首先，如果人们有能力明确表达一个问题的多个方面，那么很可能将“真正的信仰”（true belief）再概念化为一种社会定位形式。也就是说，我们与其按照一个统一核心来界定——拥有唯一的一致立场，不如将人视为根本上是多重性的。[5]一个个体是将一种特定观点宣称为“我的信念”、“我的价值”，还是宣称为“本质的”和“真正的”，并不是内省洞察的结果（例如，“我知道这是我的意见，因为我可以感觉或看到它是这样的”）。宣称持有某种意见是社会定位的结果，在这里个体被置于既定时间里正在进行的面
60 对面（*vis-à-vis*）交流之中。例如，作者可能宣称其写下的见解是“他们的”，或者作为“我曾经的看法，但已不再是”而放弃它们。一个人也许会在一场争论中激昂地为一种立场辩护，之后却会承认，“那太极端了，我失去自制了”。或者母亲可能会对孩子说：“我那样说只是为了你好。”于是，持有一种观点是源于一种特定形式的社会过程，而不是有内心起源的。

沿着这些脉络，理查德·哈维·布朗（Brown，1987）延续了一条从苏格拉底到克尔恺郭尔（Kierkegaard）的哲学研究路线，提出支持他所称为“辩证反讽”（dialectical irony）的理由。辩证反讽包括接受一种立场及其对立面，不是为了否定自身，而是为了将自身从单独任一立场的要求中解放出来。辩证反讽者“同时声明两种或者更多逻辑上对立的意义，在这两种之间的无声中，使二者更深的意义显露出来”。布朗（1987）提出，这种“更深的意义”，“是辩证的。它本质上既不属于最初主张的原意，也不属于它的对立面；正是它们之间激发的紧张，构成了辩证反讽的意识”（p. 173）。或者，用当前的话来说，由此一个人可以开始理解从主张和反主张结构中出现的更广泛的对话过程。

此外，表明一个人的多音性也是证明一个人与其公认的对抗者的相似程度。不是通过阐明某种一致性以批驳所有与此意见不一致者，从而

在自己与他人之间建立一道不可逾越的鸿沟；而是一个人具有方向不同的多种理解力（counter-capacities），使他成为“另一方的一部分”。一个没有防御的空间（a space of vulnerability）被创造出来，另一方作为一个合作者，而不是一个对抗者被邀请加入。在某些方面，本章即试图达到这个目的。毕竟，本章是对批评本身的批评性评价。然而，为了说明我的论点，我有时将自己作为研究中心——把我自己的弱点和缺陷展示出来。我也含蓄地暗示，当前的提议可能是有缺陷的。通过批评反思我自己的研究，读者可能会意识到这些不是试图“让一艘完美的炮艇起航”，即一个可以掩盖其缺点和抵抗对立者的运载工具。当然，我同时冒着可信性的风险——承认“缺点”，但是我希望这么做使读者更有可能加入到富有成效的对话中来。

一种多音立场能否在正常生活中得到维持尚不清楚。不过，我曾参与了一个具有这种非凡成效的专业化过程，在这里可以谈一下。在一个为期三天的关于教育中的建构的会议[6]的开始，组织者安排了一场激进建构主义与社会建构论之间的辩论。前者的立场由厄恩斯特·格拉泽斯菲尔德（Ernst von Glazersfeld）代表，后者立场由我代表。为了这场论战，我们每个人都带了“助手”，作为抨击相反立场的批评者。随后的批评是严厉的，辩驳也毫不让步，随着观众被引入到辩论之中，两极化便迅速发生了。声音变得更为激动，批评转变为人身攻击（*ad homi-* 61
nem），愤怒和疏远开始增加。当仲裁人命令停止时，连续三天的景象似乎应验了萨特（Sartre）的话：“他人就是地狱”。由于感觉到这样的僵局，一群由卡尔·汤姆（Karl Tomm）和苏·列文（Sue Levin）带领的家庭治疗学家，把与会者引入下一个会议。汤姆一直在治疗上研究多重自我的问题，在这里，他问到是否可以公开采访我和格拉泽斯菲尔德，但各自要扮演对方的角色。就像他劝导的，我们与对方的接触本应该让我们每个人吸收对方的成分——理智观点、态度、情感——这些成分我们现在各自带有。我们会任由这些说出来吗？汤姆很机敏地调查了我们——表演“我中之他”（the other within）——所涉及的理论议题、另一方的观点、怀疑、畏惧、私人关系、对该会议的感受等。

这一程序的成果是引人注目的。正如我们及读者所了解的，我们可以从另一方的构架体系中提出合情理和同情性的看法。每个人都可以说出对方观点的合理性。此外，这种二元体被成功打破了。不是在两种截然不同的认识论之间一决雌雄，而是让这种争论可以在以下语境中得到理解：一种长久的职业关系、重叠的友谊、个人抱负和疑虑、公开辩论的要求等。继而产生一种新层次的讨论。此后该会议便以彬彬有礼的交流为特征，出现的是非支配性的表达、仔细的倾听和同情理解的回答。不，这并不意味着是差异的解决方案。然而，在一种胜利和失败被从视野中消除的语境中，的确使富有成效的探索的出现成为可能。

结　论

当代批评是对一种历时甚久且令人肃然起敬的传统的一种显示。作为一种文化形式，它可以被视为在使用人身强制或武器达到道德秩序目标之上的一种主要进步。从老师的课堂纠错、裁判员对运动队使用类固醇的裁定，到一位学者对文化生活状态的陈词滥调，批评可以推进增进、恢复和引起反身思考的社会进程。然而，作为一种在特定历史环境中产生并形成的生活方式，我们也可以对批评产生怀疑。我们对于人类弱点和缺陷的回应是否仅仅局限于强行排除和批评？如果学术界可以作为例子，主张和批评实际上已经变成交流的仅有内容。鉴于在本章中探讨的批评的局限性，主要挑战便是寻找和发展回应的替代方式。再次强调，这不是要压制差异，也不是要颠覆解放进程。不过，要问的是：在日益全球化的语境下——在这里文化差异越来越明显——是否需要一系列新资源？当前本章展开了对两种可能性的讨论，一种强调自我的缩
62 减，另一种强调向多音性的扩展。这些仅仅只是开始，仍需要广泛的讨论来开拓其潜力。可能性的扩展是更为重要的。完全有可能的是，批评在很大程度上是一种由受过高等教育阶层共同分享的生活方式。或许在其他文化生活语境中已经发展出其他选择。在此关头，对一系列一般民

众中的替代方式进行民族志式的探究会是一项有价值的事业。倘若这样，民间实践中的启迪将使学者受益匪浅。

注释

[1] 我在本章中使用的“批评”这一术语，是作为一种被设计成展示既有立场弱点的讨论形式，带着把它从争论中移除或者用另一个选择替代它的目的。这将把批评从改正和指导的过程中分离出来，这两者都是为了增强既定立场的目的或去证明缺点或做潜在的改善。

[2] 更详细的解释，参见格根（1994a，Chapter 11）。

[3] 参见格根（1994a，Chapter 6）。

[4] 在这一研究主体中批评的公开目标常常是解放的。或者，正如布赖恩·费（Fay，1987）提出的，我们参与到植根于柏拉图哲学的一种批评传统的“人文主义变体”中。这些批评应该“能够以在认知上达到标准的方法解释社会世界，我们在此世界中生活的方式使其中的压制现象非常明显，并使听到这些批评的人能够改变他们的生活”（p. 23）。尽管这样的目标确实有益，但是本章提出的问题在于：批评是不是确保这种结局的最好方法。

[5] 对多重自我的更深入解释，参见格根（1991）。

[6] 会议记录，参见斯特菲和盖尔（Steffe & Gale，1996）。

第4章 人文科学中谁讲谁答？

一种建构论意识对一个人将自己的行动归结于关于真和善之文化假定的方式具有固有的反身性和敏感性。在学术界也是如此，我们越来越关注在具有特权的圣所中产生的现实形式和我们所致力的生活方式。正如在前面章节所表明的，存在一个巨大的自反性学术体，其致力于研究科学中理论的意识形态内涵、研究的日常工作事项和探索的方法。在此领域中，科学表述的形式，尤其是作品形式也受到大量关注。[1]我虽然在本书中的很多地方都关注于创造现实的写作，但本章的目的却有所不同。正如我们在人文科学中所写的那样，我们也在维持和再造与其他方式不同的某些生活方式。在此，我关注的是人文科学书写中的作者声音。可利用的书写传统如何界定作者？它们如何定位受众？我们科学和社会生活的概念和实践又暗示着什么？

经过对本质化自我的广泛批评，将作品中著作者所说的话视为源于个体学者的头脑和内心越来越难。将理论洞察、理性阐述、敏锐观察或意识形态冲动归结于某些特定的人确实是危险的。我们也不能轻易地谈及施于读者身上之“思想的影响”，就像纯洁的心智（virginal minds）被动地等待着知识更为渊博或经历更为丰富者的“种子植入”（seminal

inputs)。我们身不由己地去理解特定学术领域中的“声音”，这些声音是由其共同传统所决定的，至于什么可以算作洞察、理性、客观或道德话语，是对话者之间相互协商达成的理解结果。共同的表征传统在很大程度上决定了我们写作的修辞力量。在这一框架下，就权力关系而言，
提出在人文科学中“谁讲”的问题是有用的。什么是被赋予地位或重要 64
性的制度化位置?什么是与占据这些位置的那些人相关联（来自、适用于）的典型话语形式?

以这种方式设想这个议题也引导我们探究回应那些被赋予发言权者的恰当姿态。假定我们给予那些占据某些位置并以适合于这些位置的方式说话的人以重要性，那么习惯的回应是什么?读者如何经由写作这种方式被质问或者被创造?例如，我们给予政治候选人一种发言的权利，当他们以适合于候选人身份的方式言说时，听众们被置于民主传统中作为评价者或评判者的位置。如果听众们能仔细商议候选者观点的正负方面，那么将是适当的。在理想状况下，质问和对话可能适当地紧随候选人发言之后。与此相反，虽然新闻广播员在当代社会也被给予发言权，但这种差强人意的发言方式与政治家的颇为不同，而反应的典型模式不是观点评价而是信息搜寻。与新闻广播员辩论其报道的知识或意识形态基础并不合乎习惯（虽然有充分的理由）。

从历史角度来说，人文科学发源的时间距现在相对较近，作为自觉学科获得可理解性在很大程度上是在上个世纪的事。在文化中几乎没有办法建立一种完全新奇的声音，也就是说，一种带有与之相连的言说形式的权威位置，它与文化传统完全分离。一种完全新奇的隐语会像维特根斯坦式“私人语言”那样发挥作用，没人会理解其意义或体会其语旨力（illocutionary force)。在此意义上，要探问在人文科学中“谁讲”，我们必须追溯到其史前史，去领会传统权威的地位及其修辞学得到使用和转型的方式。实际上，要讲述当代人文科学中的权威声音，我们必须用耳朵倾听其带有遥远历史痕迹的回响。在以这种方式问这个问题时，我们也被引向考虑回应模式。这些传统如何安置它们的受众，对人文科学探求有怎样的影响?

紧随这种尝试之后的是，确认几种当代学者从中获得其可理解性特权的传统。接下来，我将考虑这些话语形式安置读者的方式。然后，我们将关注从西方传统中继承的权威声音形式及其对读者截然不同的引导。我们将考虑传统声音的四种模式：神秘的、预言的、神话的和民间的。为了给分析增添一种反身性优势，我将着手探讨人文科学中修辞学的新进展。这些知性运动派生出对文学和修辞方式的很大兴趣，由此文本获得了它们的权威性，也正是这些运动促生了新形式的声音及与之相
65 连的修辞，同时伴随着读者位置的改变。我们将特别关注潜在的得与失，这主要通过考察自传式和虚构式这两种替代形式来进行。

作为开场有几点需要提请注意。在试图刻画人文科学中话语形式时，我们面临着一个广阔而瞬息万变的领域。这里并不存在话语形式之上的必须遵守的约束条件，而是伴随着行动中的侵蚀、挪用和再造，很难找到纯粹的修辞形式。甚至在同一作品或同段文章中，一位作者可能会援用一系列源自迥异传统，并将引致不同反应的修辞格。那么，当前分析将通过精心构造一系列理想类型来继续下去，作为一种“倾听方式”提出它们，可以帮助我们批判性地评估我们的修辞学遗产及其当代的替代形式。

讲述传统

假定有一系列广泛的话语实践，它们会引发怎样的支配性主题、传统或图像呢？这些主导立场是从更普遍性的西方权威传统推衍而出的，它们如何安置读者，又带来怎样的影响？接下来，让我们思考以下四种基本传统。[2]

神秘主义传统：牧师与使徒

尽管人文科学与站在宗教对面的世俗世界典型地结合在一起，我们仍能够在人文科学的很多角落里找到一种传统的残余，这种传统源自早

期神秘主义并在犹太教和基督教中流传［在前者中卡巴拉（*Cabbala*）扮演了核心角色，后者中则是新柏拉图主义］。在神秘主义传统中，向公众传达超验世界之奥妙的权力一般都被分配给那些在宗教等级制中占据较高地位的人。几个世纪以来，那些占据“牧师”角色的人获得了极高的尊敬。在人文科学中，将神秘主义话语引入学术领域，人们可从中获得很多。

在我看来，人文科学中神秘主义作品的主要组成成分包括对隐喻的高度依赖（和避免写实）、对超越观察之现实的语言建构和强烈的评价性术语。使用隐喻和禁止写实使修辞者得以把文本现实从常识逻辑和假设领域中抽离，自始至终隐喻事物都不同于它们似乎所是的事物。好奇和惊讶接踵而至。随着文本把读者从平凡现实中转移出来，次级世界（second-order world）的文本创造之路也铺展开来。这是一个超越理智和理性的世界，并且最为重要的是，它是一个只有牧师知情的世界。通常，未知感是通过灰暗比喻和语言策略实现的，这二者扰乱常态、制造 66
迷惑并丰富着我们对超越通常理解领域之世界的总体感受。最后，对一种评价性语言的依赖把这个世界带入可触知的、无法一目了然且不可以理性分析的王国。相反，通过求助于情感记录，一个人可以实在地感觉（*feel*）到未知事物的存在。同时，评价性语言被用于建立这种话语的意义。它往往向那些对这种新现实无动于衷者发出带惩罚的警告，而对那些接受者给予重要的奖赏。事实上，人文科学中神秘主义修辞既会引发恐惧也会唤起快乐。

自从人文科学开始，神秘主义话语就是其中必不可少的一部分。弗洛伊德从犹太教神秘主义传统中得到的教益已得到很好的证明（Barkan，1990）。[3]卡尔·荣格（Carl Jung）的作品也因其制造神秘性而被挑选出来，一方面是由于其受到精神分析的训练，另一方面是其父亲牧师职业的缘故。思考荣格下面的话（1945）：

> 实际上……精神的原初现象占据着人们，它虽然看上去是人类意向的自愿客体，但却用一千条锁链束缚着他的自由，就像物质世界所做的那样，变成一种令人着迷的思想力（*Idée-force*）。(p. 91)

实际上，我们创造了一种新的现实、一种“精神的原初现象”，而不能识别它的威力，我们的自由被“一千条锁链”束缚。书中的这种显而易见的神秘主义常常在其他精神病学作品中再现。思考莱恩（R. D. Laing）在1967的作品：

> 真正的神志正常……神力的“内部”原型中介的出现，经过这种死亡，一种新的自我功能（ego-functioning）得以再生和最终重建，这种自我现在是神的奴仆而非其背叛者。(p. 100)

雅克·拉康（Jacques Lacan）的作品在精神分析对神秘主义依赖的拓展方面值得一提。它们对传统进行大量吸收，却面临着文化的挑战，对于这种文化来说现在大部分精神分析现实已经进入写实领域。通过新奇而高度复杂的迂回陈述，拉康对高深莫测事物的可能性灌注了新的生命。细品下文所构造的超自然感觉：

> 掌握其原初和绝对的地位……“首先是词语（Word）”……就是要超越异化的想象界中第二自我的现象学，径直探讨他者介入的问题，他者不是次要的，独立的主体是不存在的。(1953, p. 203)

67 在这里拉康写得十分含糊，但却带有一种透露出深不可测之神秘的第一手知识的自信。拉康与《圣经》传统直接相联，他让读者了解我们在情感上面临着很重要的异化和残缺议题。

在这个时刻区分与使徒话语相对照的牧师话语是有益的。牧师带有权威性（*ex cathedra*）的讲话，知悉而自信地传达着与神秘现实自身的有洞察力的连接感。相反，使徒与其说是一个神秘事物的官方持有者，不如说是个人使者——一个谦卑而怀有敬畏感、带有对“神秘者”的个人见证的人。使徒作为一个凡人会更“为他/她自己”说话，而不是作为神秘事物的直接持有者说话。除了很多这些神秘主义写作的修辞，使徒写作的重要特征是对“圣者”的频繁参照，即持有神秘主义权力和知识的个体。所参照的正是这个被使徒澄清、捍卫和赞美的人的话。肖特尔（1993b）的作品中提供了使徒写作的一个例证：

> 但我们如何才能够调查缺乏具体性的事物的性质……这便是维特

> 根斯坦提出的“全貌再现”概念发挥作用之处……维特根斯坦使用的所有隐喻……将我们的注意力引向语言、我们的语言知识等方面，这些对我们而言先前是在理性的视野下无法看到的……（pp. 58－59）

虽然肖特尔的作品显示了神秘主义的许多印记，但在这种情况下它并没有充满道德判断。新兴的文化研究文体的写作中则包含更具目的性的判定，这一文体经常使用神化［像阿尔都塞（Althusser）、本雅明（Benjamin）、雷·威廉姆斯（Ray Williams）这类人物常常在其万神殿中出现］，并利用它们的神力以服务于对当代社会各种各样习惯的谴责。试看赫布迪奇（Hebdige，1987）对（圣）热内（Saint Genet）的应用：

> 热内带着我们绕了一圈……回到一幅涂鸦图画、一群黑人、禁闭于语言之中、踢向两类监狱的刷白的墙——真实与象征……他也带我们回到亚文化风格之意义和隐藏于缺陷背后的信息……就像巴特（Barthes），他具有隐秘的洞察力，他潜心于秘密工作。（pp. 136－137）

让我们转向质询问题：凭借我们的传统，各种形式的神秘主义话语会如何安置读者？从一开始，此类话语便在作者与读者之间建立了一种等级。作者是掌握了具有深刻意义言语的人；与之相对，读者则被假定为无知或未察觉的。神秘主义修辞者从不对一位同样有知识的同事发表言说。言说的形式是一种揭示，因此读者需要是那些“尚未看到”的人。而且，这种等级制是温和的：这种揭示是有人情味的，意欲把恳请者带入感恩、解放或重生的状态。其实，这些文本在读者身上引发了一 68
种救赎态度；通过舍弃过去的现实及相伴随的承诺，读者可以得到拯救。与此同时，很多这种作品，还会激发既非读者也非作者的第三类人群。第三类人群位于等级制中最低的位置，正是因为他们拒绝聆听，他们仍处在无知或罪孽（例如，不真实的、未解放的、没深度的、虚假的意识）之中。最后要指出的是，神秘主义传统中的写作典型地是非个人和独白式的。文本背后的修辞者的确是作为一个有血有肉的个体而存在，充满了普通的小缺点，但却又是通向神圣的通道。同时，读者并不被包括在文本之中，除非作为陪衬被作者（按弗洛伊德的方式）以一个想象的对话者的形式虚构出来。

先知之言

先知传统与神秘主义密切相关，因为在早期希腊文化中，最早的先知充当着上帝的传声筒。然而，先知的特殊重要性在于预言未来神谕的表达能力——对尚未发生之事物予以警示和告知。在晚期以色列社会中，先知为一种独特的宗教阶层，在很多重要方面区别于牧师阶层。而在基督教中，虽然启示性作品（例如，《圣经·启示录》）发挥着（并将继续发挥）重要的宗教功能，但它却与使徒作品中所扮演的给予灵感的角色有所区别。由于它与神秘主义传统的密切关系，先知声音也带有很多修辞特征。对隐喻的高度强调增进了先知的能力，使之得以创造出感官无法获得的未来的形象图景。在先知写作中也存在对道德评价的高度强调。然而，神秘主义声音凭借“信仰”（“领悟”）来提供救赎，而启示声音则倾向于通过告诫而支配人的道德。除非人们改变他们的方式，否则灾难即将到来。

在人文科学实现文化权威的努力中，先知形式一直是有价值的助手。人们可能会挑出马克思受黑格尔哲学启发的作品，作为提供给人文科学中很多启示书写的试金石。服务于道德目的的先知声音在《共产党宣言》（与恩格斯合著）中最为清晰明显。

> 资产阶级再不能统治下去了，因为它甚至不能再使自己的奴隶维持奴隶般的生活的水平了，因为它不能不让自己的奴隶们落到这样的地步，以至它必须养活奴隶，而不是由奴隶来养活他了。社会再不能在它的权力下面生活下去了，也就是说，它的生活再不能同社会相容了。

69 通过灾难来临的诅咒造成具有警示性的道德压力，这也在很多批判学派作者的作品中引起回响，其中最为显著的是霍克海默（Horkheimer，1974）与马尔库塞（特别是《单向度的人》）。最近，我们发现先知脉络得到有效的挖掘，从事这种挖掘的作者虽然本身并非马克思主义者，但却分享着对当代社会的批评。克里斯托弗·拉希（Christopher Lasch）的专著《自恋文化》（*The Culture of Narcissism*）和《仅有的真正天堂》(*The True and Only Heaven*)，都对文化生活的堕落作出了警示，并用悲叹促进社会变革。与此类似，贝拉（Bellah）及其同事的作品《心灵的习性》（*Habits of the Heart*）发现亲密关系和共同体身陷危机，面对即将来临的灾难，我们需要一种回归到早期的但现在依然不甚明晰的道德传统中。

在这些修辞特征中更为有趣的是最近来自法国语境的预言性作品。对于人们来说它们是有吸引力的，因为它们大量运用了神秘主义修辞，这种修辞与先知传统紧密相连。相比于英美文化传统，这类修辞已经更为轻易地被吸收进大陆文化传统中。此外，虽然这些作品包含很强的道德信息，但却很少提供达到救赎的可能性途径。一个人感觉到即将来临的厄运却没有从中逃脱的途径。例如，思考来自德勒兹和瓜塔里充满神秘色彩的作品片断（Deleuze & Guattari，1983）：“精神分裂症患者慎重地找出资本主义的那些局限；这位精神分裂症患者就是导致资本主义实现、剩余产品生产、无产阶级和毁灭天使出现的内在倾向”（p. 35）。

让·鲍德里亚（Jean Baudrillard）呈现了关于启示主题的一个有意思的变体。鲍德里亚早期信奉新马克思主义思想，在此之后，他将注意力转向文化中能指的大众传播，这一转向本质上削弱了马克思主义理论的结构基础。然而，尽管鲍德里亚有其背叛，但却没有中断从先知传统中吸取营养。举例说明：“在这种沟通背景、大众传媒、信息压力恶化的背后，跟随着一种无法抗拒的对社会的摧毁”（1994，p. 81）。

在其对读者的安置中，先知文体与神秘主义相似。再次强调，在修辞者的宣称下，一种带有优势感的等级分层在本体论和道德上建立起来。读者再次被当做是无知的，不过，有一点例外，即提供了救赎的选择以消除未来的威胁。然而，在先知文体中，我们很少找到延伸的等级制，即认为读者优于被援引的顽固不化的人群。启示信息是向所有人发布的，一个人不会因为参与而获得额外的嘉奖。最后，先知写作同样是非个人和独白式的。

神话传统

人文科学中第三种声音因其在早期宗教实践中的扎根也可以被挑出

70 来。起源于大约公元前9世纪，关于神灵的故事开始在文化生活中占据重要位置。神话本质上叙述了一种神圣的历史，讲述原始时代的事情，以赋予当前事物的起源以可理解性。神话在新兴的宗教中扮演了重要角色，因为它典型地展示了超自然力量进入自然领域的途径，解释了可见世界的重要形态是如何由神圣行动引起的。先知声音把一种自然的当前现实与凭借神力揭示的未来相连接，神话声音也将当前的现实放置在凭借神力安排的过去的历史中。就像先知声音一样，神话叙事常常带有道德信息，谴责某些行动而宽恕另一些。几个世纪以来，神话传统已被吸收进很多形式的作品之中，包括基督教的福音书，还有世俗领域的民间故事、童话、寓言和传说等。这个传统在当代人文科学中也很兴盛。

除了神秘和先知传统的很多印记，神话写作还强烈地依赖于故事叙述或叙事的共同规则。在西方叙事传统中，强调对故事开头的设立、相互联系的行动和事件（故事）序列和一种结局感。而且，作者一般会建立道德承诺终点，事件或行动（目的）都指向于它，该故事形成戏剧（“最高点”或高潮的普遍感觉）的能力亦来源于此。就这些而言，我们可以发现人文科学中相当大范围的学术成就都从神话传统中吸取了养料。未知而可推断起源的解释在人类学、考古学、历史学、心理学和社会学中尤其（或一直以来都）流行。在这里很有启发性的是兰道（Landau，1991）就以下两方面对重要的人类进化理论进行的分析：它们对叙事常规的遵从以及截然不同的理论都依赖于叙述前结构中的可利用的选择方式。格根夫妇（1986）也对比了弗洛伊德和皮亚杰的人类发展理论，依照它们的叙事特性，这些理论引人注目的影响正是来源于叙事的常规方式。在与神话写作的近似性上，韦伯的《新教伦理与资本主义精神》、埃利亚斯的《文明的进程》、卢曼（Luhmann）的《激情之爱》（*Love as Passion*）和福柯的《性史》都有助于类似的分析。

神话修辞学在其与神秘主义传统的联系中，建立了一种与读者的等级制关系。修辞者再次提供了非个人的、独白式的言论，意欲启发和告知一群无知的读者。叙事通过对未知者的隐喻性建构赋予已知者以可理解性，在此同时，叙事常常充满道德含义。这一点被辉格史的批评者们所熟知，辉格史即是规定或合理化现存实践和常规的对过去的解释。

更为微妙的是，我们在皮亚杰（Piaget，1954）对认知发展的说明 71
中，发现了对人类发展最终成果的高度评价，即抽象理性。相反，弗洛伊德的性心理发展理论把成人描绘成必然是“神经症的”，忍受着多层压抑的负担的。在这种意义上，人类轨道是向下的螺旋形，需要精神分析干预来提供其中最重要的理由。

民间声音

虽然先前的传统对人文科学中的修辞力量贡献甚多，但它们相对于社会科学写作的主要形式却处于边缘。在“行为科学”的巨大骨架中，先前传统的道德和情感表达已所剩无几，神秘主义隐喻在很大程度上被写实语言取代，含糊被放弃，代之以“坦率谈话”。现在神灵作为“促生性”思想者以世俗形式重新显露，预言式的戏剧被去除而由实验预测和统计预测取而代之。盛行的“科学风格”不仅力争不带感情和世俗的清晰度，而且显示了对证据的无尽关注并充当着一种审慎控制的模式。

尽管关于人文科学中主流话语的修辞已有很多人讨论，但对其社会和政治起源的关注却少之又少。也许对这种问题所进行的大量探讨包含在史蒂文·夏平（Steven Shapin）的《真理的社会史》（*A Social History of Truth*）之中，这本书详尽阐述了科学风格在 17 世纪英国“现代早期”文化中的出现。正如夏平提出的，英国“绅士阶层”模式——按照财富、血统、教育区分——开始充当在新兴自然科学实践中话语交流的主要模式。精英将注意力转向自然哲学和自然史，罗伯特·波伊尔（Robert Boyle）和其他人的实验工作变得越来越突出，在此同时，民间言说方式成为科学的行话。民间话语的基本特征中包括尊重他人（阶级平等、互相尊敬）、避免敌意或直接对抗（它会破坏阶级合意）、避免过度说服（尊重他人做出好判断的能力）、注重报告的个人性（尊重他人的个人经历）和谦逊（强调所有绅士的平等地位）。最后，作者的可靠性与所有绅士都如实报告其个体经验的假设紧密相连。因此，人们高度依赖于一手观察所获得的证据。

17 世纪以来科学话语重要性和风格的转变必然还有很多尚待探讨
72 之处。然而，夏平为当前目的提供了一条更为便捷的解释途径，它不仅指涉了一种盛行的话语形式，而且使人了解了其修辞潜力的来源。民间传统的典型例子随处可见，从很多方面来说，当前所提供的可以说是一种局部的范例。可是，仍然存疑的是作者—读者的关系问题。毫无疑问，民间传统比先前文体更尊重读者。人们发现，读者不是进入无助的无知地位，而是被强迫作为一个潜在的评论者。读者被迫使用他/她自己的经验和理性资源来做出评价。此外，就道德价值而言，民间话语的使用并没有贬低读者。读者的完整性并没有遭到质疑。

然而，因此得出民间话语保证了专业领域参与者的平等的结论是错误的。在许多细微方面，民间话语确实比其他话语形式保证了更多的平等。当群体依照民法创造出科学现实时，那些不能说同种语言的人，要么被认为“执迷不悟”，要么通过压根不被承认而被象征性地消灭。正如我们在第 3 章中探讨的，民间辩论的形式本质上是战争形式，双方都下定决心要除去对方。因此，虽然人文科学中的主流话语确实欢迎人们成为其中的成员，但在这个团体中永远显而易见的却是为生存而做的斗争。

话语转向之后

这些来自远古的声音充斥在当代人文科学文本中，它们与那些顺从这些声音的言语行为暗示（illocutionary promptings）的其他声音一起，被我们定位为研究对象。然而，近几年我们也见证了一系列新修辞进入学术界，见证了不同形式的声音和备受关注的读者—作者地位问题。在很大程度上，对科学话语承载真理之假设广泛深入的批判推动了这些新写作形式的发展。正如各种推论所得出的那样，把语言看做自然状态下现实的一幅图画或地图的观点，以及相伴随的把科学话语看做被自然所需要或驱动的假设，都是没理由的。我们在科学中继承了各种各样的写作和言说传统，以及发挥着理解和沟通的必要前结构作用的话语类型。那么，对自我和社会的解释实质上是由文本传统、修辞需要以及读者和作者之间关系的常规形式所塑造的。当然，正是这种在理智立场上的转变，促生了当前的叙述。

对于当前分析最重要的是，这种人文科学中的话语转向在记述实践上有两方面的深远影响。首先，赋予作者的传统权威特权被削弱。在话语批评的语境下，承认作者的论断——来自神秘主义世界、预言未来、讲述有名气的起源故事和分享神意信息等——承载着真理变得越来越 73
难。其次，接触到这些文本的读者被鼓励去抗拒传统上这些写作迫使他/她进入的地位，即悔悟、敬畏或尊重的立场。或者更确切地说，读者以双重意识来处理这种文本：一方面照传统准备好进入与作者诚恳的联结关系，另一方面认识到信任的快乐是以巨大的压抑为代价的。

伴随这种对传统修辞及其言外力量的挑战，关于话语转向的研究也促使人类科学家进入一种朝向表征的创造性立场。有人问，可以找到走出舒适却具有压制性的传统、发展新写作形式并重塑作者和读者间关系的方法吗？确切地说，随着学者变得对解释学政治越来越敏感，越来越关注微妙地潜藏于写作中的极权主义、压抑和不公正的潜力，关于记述的实验已经开始兴盛。应当承认，这些新兴的形式不是也不可能是真正全新的。所有可理解性的达成都必然从业已存在的传统中汲取营养。因此，我们认为这些新兴声音形式的“新”是由于这样的事实，它们在不同传统的基础上又吸收了迄今为止的那些主要传统。让我们来考察其中值得注意的比较繁盛的两种。

自传作者

“自传”这一术语直到在 18 世纪晚期才出现，在此我将广义地使用它来涵盖一种写作文体，在其中作者充当着关注的主要中心——既作为一个单独个体，也可能作为一个透镜，通过它来更普遍地理解世界。由此我们在这里可以囊括不仅像此类的自传作品，还有私人日记、回忆录和游记等。这类写作通过几种方式获得其权威。首先，它使得读者有机会得知奇特的“其他地方”，进入历史中的一个时期、一种文化或一种特定人格——往往有广泛意义。再者，它常常还有教育作用。例如，圣·奥古斯丁的《忏悔录》指明了达到精神纯净的艰辛历程之一；本雅明·富兰克林（Benjamin Franklin）和威廉·卡洛斯·威廉姆斯（William Carlos Williams）的自传提供了对创新过程的洞察；唐纳德·特朗普（Donald Trump）告诉读者如何获得经济上的成功。最后，自传借鉴了神话和小说传统，也同时提供了叙事理解和消遣。

在修辞标志方面，社会科学中的自传写作一般避免神秘主义写作的诡秘世界。自传作者典型地尝试展现像经历过那样的全部生活。与神秘主义和先知相似，自传写作也充斥着价值表达。不过，这些表达并不典
74 型地服务于因读者的缺点而谴责他/她，而是用来为已采取的行为辩护。然后，就留给读者从这些说明中吸取的客观教训。自传有时被用于维持公民社会的目的，与此同时，它更经常地被那些在某种意义上不寻常的人使用——要么不规范，要么反规范。自传作者常常“揭示劣迹”，而这些劣迹民间报告者宁愿抵制。也许这种文体最重要的特征源于其尝试分享主体性、使读者代替作者。这通常意味着对有效引起反应的语言（例如，价值观、激情）的高度依赖、对日常话语（由所有人共享的现实）的严重依赖和对隐喻（使读者了解独特经验的特征）的实质性依赖。

在我看来，正是自传体声音，宣告了自从话语转向以来学术中的主要运动。这种文体已经存在，并影响着人类学和临床心理学中的早期学术研究。而且，我们现在发现自传文体在定性研究、叙事探究、民族志、个案报告、女性研究等方面已显著成熟。这种写作有双重声音。首先，存在作者主体性的在场（“我作为研究者的经验”）。在这里学者抗拒表现为个人自我之外的其他人（例如，牧师、先知、民间伙伴），而尝试使他/她自己的内在经验对读者有用。其次，作者承认他者的主体性，并试图通过他者自己的公开表达使其主体性一目了然。举例说明，在对“叙事表现中的非单一主体性”的分析中，莱斯利·布卢姆

(Bloom，1996)这样开始其民族志研究，以她自己的经验为透镜，通过它来折射整个世界："当我在1991年遇见奥利维亚时……"(p. 179)在其主体性得到确立后，她便充当了一种导线管，通过它可以听到奥利维亚的声音。

> 我刚刚摆脱了最大的性变态者之一……在组织中。他是高级行政人员。而我追求他，并使他被开除……(p. 180)

与此相似，艾米娅·利布里奇(Amia Lieblich，1993)介绍了一个关于移民和自我的讨论。

> 当我失去熟悉的方向感时，例如在高速路上找不到自己的方向(迷路了!)……我为俄裔新移民学生所面临的无限的方向迷失而颤抖。(p. 93)

不过很快，我们对利布里奇的直接的移情感觉延伸到她关注的主体娜塔莎身上。用娜塔莎的话来说：

> 你知道，自从我来到这里，你是除我家人外我有机会详细谈话的第一个成年人……(p. 105)

人们所称的"自传式民族志"(Ellis，1995；Ellis & Bochner，1996)进一步的发展，使得作者把他们自己的生活用作透镜，通过它们读者可以获得对各种各样的生活状况的更广泛理解。 75

以自传模式写作把读者引向一种与之前考察的那些颇为不同的立场。神秘主义、先知、神话和民间形式倾向于拉大作者与读者之间的距离，而自传体修辞则具有相反的效果：自传体修辞引导读者认同作者或与作者一致。因为作者依赖于共同的日常用语中的修辞，尤其是那些为更熟悉或开放的环境保留的修辞，读者能更容易与该作品产生共鸣，也就是说，可以在该作品中找到许多读者个人的经历。它引导读者把这些解释认为是"自己的"。当作者赋予另一个人的叙事说明以重要地位时，就形成一种三重混合：叙述者、作者和读者被理想地限制(并结合)在一种共同的主体性之中。

小说家

让我们考虑最后一种表达形式，这种文体主要在最近几世纪才进入常识领域。在西方文化中，一直以来神话、民间传说、寓言和史诗等都被用来传达真理、洞见和指示。可是，作为民间话语，不带偏见的客观语言变得日益普遍，而对其重要性的声称愈发直言不讳，虚构和据实写作之间的轮廓描绘越来越成为关注焦点。前者话语应当受到严肃对待，生和死的问题都依赖于这种描述；后者则更典型地被看做对文化智慧的贡献或只是可资消遣的娱乐。到上个世纪，“小说”（fiction）一词越来越被视为散文，尤其是长篇小说（novel）。不过，随着最近实验性（后现代）写作的激增，小说一词倾向于专门指称不使用系统搜集事实来论证其案例的作品。

正是在小说式写作中，希望突破记述的传统模式的人文学者找到了极为丰富的资源。小说式文体因其对文化生活的贡献而备受尊敬——提供智慧、洞察和灵感。学者可能以此方式从这些传统中汲取营养以唤起灵感、引发思考、获得娱乐、做出挑战和激起好奇。其中的可能性没有止境。此外，小说文体固有地与主流“事实”话语相对立，而与此同时又在人类科学中发挥着模糊或毁坏事实/虚构二元结构的作用。可以确定，很难按照修辞特性来描绘“小说文体”的特征。对于一边不停地与共同传统决裂，一边对小说式传统有所了解的人类科学家，事实上所有
76 写作形式都变得可资利用（包括前现代和现代传统）。此外，人们对于什么是适当的评价标准并没有普遍共识。就修辞形式而言，实际上“什么都可以”——只有一个例外：因为倾向小说式写作的科学家并不受任何特定修辞习惯的限制，这种写作冒有无法被人理解的风险。如果一个读者无法确定作品的意图是什么，以及他/她如何被这部著作定位，那么他/她可能会认为这部著作晦涩或者是应该避开的谬论。因此，学者的当务之急就是设想出一种浸在理智语境中的关系。如果不能做出这种设想，就必须进行开场白式和“坦率谈话”式的详细阐述，以使作品成为“理性的”。

虽然人类科学中实验式写作的范围不断扩大，但为了当前的目的，我想特别强调一种修辞形式。我认为，这种文体所做出的最重要贡献是其声音语域的扩展。换言之，作者以各种截然不同的方式丰富了单部作品中现实、合理性和价值观的数量。迄今为止考察的所有文体都依赖于并例证着单一作者身份的假设。它们创造了这样一种关于作者的观念：把他看做一个统一主体，具有一种心智、一种意识和道德整体的一致理性。不同于统一的是引入断裂、自相矛盾或道德混乱等修饰词。可是，小说式写作倾向为作者身份的分散提供了广泛许可。

最早和最富争议性的例子之一是迈克尔·马尔凯（Michael Mulkay）1985年的作品《词语与世界：以社会学分析形式所做的探索》（*The Word and the World*: *Explorations in the Form of Sociological Analysis*）。这本书因其一系列多音实验而显得异乎寻常。在导言章节，一位爱挑剔的对话者的声音遍布于文本中。阐释者马尔凯说道："扩展分析话语的范围以包括那些先前未被视为适当的形式……"（p. 10）对话者答道："那在原则上听起来很有吸引力，但它忽略了事实与纪实小说（*faction*）的重要区别……"（p. 10）马尔凯继续解释道，即便在科学之中，"对于一个人（科学家）来说是事实的事物，对另一个人来说只不过是虚构（fiction）"（p. 11）。对话者反驳道："难道我们不是处于混淆'小说'（*fiction*）的两种含义的危险之中吗?"之后章节中包含了马克思和斯宾塞之间的通信交流、一些个体写给马尔凯的信件、一场独幕剧、多人参与的讨论——其中有几位"虚构"的参与者是生活中的榜样和经确证的科学家，他们和诺贝尔奖仪式上一群陶醉的参与者进行讨论。

斯蒂芬·泰勒（Stephen Tyler）1987年的著作《难以言传》（*The Unspeakable*）在理智上与马尔凯的作品有所共鸣的同时，也敞开了一系列新信息。为了驱逐把语言视为负载着确切意义（并因此显然地揭示了真理）的科学观点，泰勒幽默地解构了一种来自符号学的说法［"沿着语段轴心的运动……"（movement along the syntagmatic axis...）］，他表明，当其中的每个词语的含义都得到充分追溯时，该短语实际上的 77

意思是“第二次世界大战使处于肛门期的德国人和处于口唇期的英国人相对立”。然后在一阵狂笑声中，泰勒迅速地将一种话语传统堆在另一个之上以推动讨论：“范式含义的同时完成扰乱了单一时间中迫切前流的能指。不要走岔道！不要分叉！博尔赫斯（Borges），你跟在我后边！时间正在前行！”（1987，p. 6）。

这部作品修辞的丰富性在泰勒抒情式章节结尾中得到最好的说明：“微弱的北极光，映照着极地冰的呻吟和叹息，圣坛壁炉上的火焰摇曳着，在火焰的中心，映入一片发霉的截然不同的夜晚的黑暗”（p. 59）。

最后一个关于小说式实验的多音性的例子来自斯蒂芬·福尔（Stephen Pfohl）1992 年的作品《食客餐馆中的死亡》（*Death at the Parasite Cafe*）。此书以五种不同的“前言”［（w）riting prefaces］开头：分别由编者、译者、作者、图表美术师和广告撰稿员所写，每种代表了不同的作者身份，但却都带有支配一切的主体性的印记。接下来的章节是丰富多样的写作形式的拼贴：包括神秘主义式的，如“这个故事关于……一个人（他不是唯一）经历了孤儿的恐惧。没有神的超然存在或现世英才的崇高保证。没有英雄辞令或对战争的呼唤……”（p. 264）；先知式的，如“这就是食客餐馆，一个尽管有着高度文明却很黑暗的具有后现代特征的地方，在这里很多跨国团体情报间谍以由他人的数字编码的肉为食”（p. 8）；自传式的，如“我想告诉你，我对在佛罗里达那次田野调查的回忆就是你正在阅读的文字的‘起源’”（p. 54）；民间式的，如“严肃对待所有知识的情景性特征，并非要否认社会科学真理的客观性，而是要求这样的客观性：知识相对其所研究的世界而言只占有部分地位，要达到客观性就要反身地认识到知识的这种部分地位的（通常仅仅是）暂时适当性”（p. 79）；一般小说式的，如“来到这里真是让人难以置信。我从未想过我会在监狱中带着这样的恐惧写下这些话”（p. 59）。所有文体都穿插着相片、标题和由各种“纪实小说式”的人物所做的访问，这些人物包括黑面圣母、涂尔干、瑞德·瑞德（Rada Rada）、马蒂·马丁（Marty Martin）和杰克灯（Jack O. Lantern）等。

关于读者的地位，比较小说体倾向与自传体倾向是有益的。这二者都试图打破作者和读者间的传统等级关系。二者都避免权威性的和辩护严密的独白。可是，通过引入多元而往往相互截然不同的声音，小说家也削弱了他/她自己的权威。与此密切相关的是，自传作者和小说家都把重心转移到对话上，与读者的独白式关系相对立。自传作者典型地建立了与读者相互依存的关系（作为自传作者，我对你、对你的感觉和意见是开放且可资利用的），而小说家则可能依赖于不同文本传统（多音性小说）之间的一种对话关系。在其激情和承诺的展示中，自传作者和 78
小说家都有可能与民间传统决裂。

最后，我们必须考虑虚构声音在当前这些种类中比较独特的一方面。在这里顺着作者/读者距离的连续统来排列这些各种写作类型是有所助益的。神秘、先知和神话声音清楚地把作者与读者区分开。在这些情况中作者是一种孤立的存在、一位告知/塑造（in/forms）读者的知情者。民间话语将之与读者的距离拉近了些，它的诉说对象是具有普通（尽管相互竞争）“兄弟情谊”的善意的和理性的真理寻求者。自传作者把读者与作者的距离拉得更近。他/她的经历（精神）描述得明晰而可及。不过，在小说式写作中，我们发现了一种**嘲讽性距离**（*ironic distance*）的新领域。一方面，这种文体引发了作者/读者间的高度亲密关系。作者并不使用一致的、非个人而从容的上帝眼界。相反，他/她使得读者接近存在的充分复杂性——激情、玩味、缜密和粗野等。另一方面，利用小说作为娱乐的传统，这种文体引导读者喜欢这些经历，享受文本中的乐趣。然而，正是这种娱乐语境产生了嘲讽性距离。由文本——对“作者特质”（writerliness）——制作的每一个证据，同时也是作者在场的证据，虽然作者已经从文本中移出，他并非真正在场而是一位“幕后鬼才”。小说式写作的特征暗示着一个被创造的世界终究不能被严肃对待，这个世界是由一个作者所精心制作以用来迷惑读者的。

探讨中的记述

随着历史感受性的敏锐化，我们可以发现神秘主义者、先知、神话作者、民间伙伴、自传作者和小说家的声音活跃于当代人文科学中。然而，这一分析的目的不是解构。由关于人文科学中修辞的大量文献我们可以得知，人们已经广泛意识到真理讲述的建构特征。认识到我们的修辞模式和它们所源于的传统，并不足以使我们从中得到解放。意识到传统、文学习惯和修辞规则的角色，并不等于我们可以从中逃脱。即便这种认识依赖于同样的策略，这些认识依然可以被用来质疑这些策略。在这种意义上，当前分析完全依赖于它试图阐明的同类修辞形式（特别是民间式的和神秘式的）。我看到，最有成效的反思首先源于相对价值的问题，其次源于扩展表达模式的挑战。一些评论也许对催生这些对话有所裨益。

79 关于相对价值，至少可以考虑三个主要（且相互关联的）标准：目的、受众和政治。通过以上分析可以清楚地看到人文科学在目的概念上几乎没有得到统一。在某些圈子中，预测和控制的目标是至关重要的，而其他的则致力于形成洞见、解放读者、塑造道德、提供谈话资源和建构文化未来等。在我们承认这些多元目标合理的意义上，我们也必须欢迎传统声音的广泛变化。神秘主义式写作也许在预测药物使用或自杀方面是没有价值的，而民间话语在道德上是麻木的，如此等等。实际上，我们应该珍视这些华丽陈列的可用的修辞学，在涉及可能的学术的和科学的目标时发挥它们的相对长处。

关于受众，我们发现学术领域非常倾向于围绕特定写作类型连接起来，并伴随着一种对其他类型的轻视（例如，由于它们是“神秘化的”、“平庸的”、“不切实际的”、“只是娱乐性的”等各种缘故）。总之，学者们对他们专业之外的作者—读者关系毫无准备。例如，在民间话语背景下，神秘主义写作被认为是含糊其辞而无裨益的；同时，自传作者往往发现民间话语极其平淡无味而专业化。在人文科学到达学术外受众的能力方面，这个问题就更严重了。科学文体尽管从一般文化传统中借鉴得非常多，但当它们不断在学术中传播和学者不断寻求更为老练的表达形式（更神秘化、具有启发性、精确和创新等等）时，它们在公众领域中的可理解性就会降低。我们发现，学者在仅仅选择一种现存文体时，他们大幅地减少了他/她的作品的潜在受众。我们稍后再回到这个议题上来。

关于政治含义，我特别强调了这些各种声音形式偏好或造成不同关系形式的方式。实际上，在选择一种类型时，一个人同时也选择了一种特定的生活方式；文体本身发挥着社会生产机制的作用。在这种意义上，重要的是不仅各种著作的内容，还有写作形式自身也应受到评估检查。在安置自我和他人的方式上，学者希望对何种形式的社会作出贡献？答案的分歧很多，从教育政策和教育学实践问题，到家庭和社会组织议题。可是，针对一个人偏好文化民主化、真理和道德的对话生成以及人们之间经验距离的缩短而言，我们认为传统的写作形式中存在着固有的严重缺陷。

但是，最后我们可能会问“为什么只有写作”？难道我们不能通过超越书写表达，创造一系列与文化的新关系吗？这里有很多种可能性，等待着把学术成就与表现形式结合起来——戏剧、舞蹈、音乐、艺术和多媒体等（see，for example，Blumenfeld-Jones，1995；Case，Brett & 80
Foster，1995；Gergen，1995b）。虽然视觉艺术家长期以来都在使用其媒介来谈论人类境况，但我们现在发现人文科学家开始求助于艺术作为一种沟通手段（see，for example，Gergen & Walter，1998）。与此相似，人文科学家越来越将注意力转向把影像作为专业表达形式的可能性。从弗雷德·怀斯曼（Fred Wiseman）拍摄的早期纪录片，到媒体教育基金会（Media Education Foundation）提供的丰富资源，学术探索和娱乐之间的边界日益受到威胁。最为重要的是，朝向表演、诗歌、艺术和视觉形态的转变威胁到学术/非学术的二元划分。在学术权威被削弱的同时，学术在表达能力的层次上得到极大的提升。而且，这些表达类型缩短了表现者和受众间的等级距离。尤其就影像而言，可以说修辞学的成功主要依赖于作品与受众倾向产生共鸣的程度。受众并不期望“努力达到理解”，而是在“作者”对他们的理解中找到乐趣。此外，这一系列新兴文体为人文科学学者靠近学术本身之外的受众敞开了前所未有的可能性。现存文体的成功在很大程度上依赖于久经世故的创始者小圈子，而向艺术、戏剧、诗歌、电影以及类似方式等转移的则更多的是平民主义者。特别就影像而言，大量受众都已做好充分准备。

结　论

正如我们所发现的，在社会科学中并不存在单一或单义的声音形式，而是有一系列丰富多样的传统。在过去几十年里，在我们的表征形式中已有健全的实验。无论传统的还是打破传统的，作者和读者双方都是被建构的实体，并被建构出某些形式的相对其他具有特权的关系。在这种意义上，表征政治学的扩展已远远超越了关注社会科学家对待他们描写的那些人的方式。政治关注延伸到由写作类型造成的作者和受众间的关系。虽然我一直对某些陈述形式持批评态度，但我并不曾试图为这些类型之一优于另一种的全面优势辩护。每一种都创造了一种不同的文化形式，但正如从前面章节中应当可以清楚了解的，我们有充分理由去避免一种关于孰优孰劣的超验等级排列。在我看来，重要的是为所有这些传统都留出空间，因为每种传统都将滋养社会的某一部分，每种传统在某些环境中都充当着一种有价值的资源。这并不是为盲目维持现状而辩护。我希望应用当前讨论来激活能够使我们对未来社会做出更有利选择的那种对话。

81 **注释**

[1] 引例参见巴泽曼（Bazerman，1988）、克利福德和马尔库塞（Clifford & Marcus，1986）、西蒙斯（Simons，1989、1990）。

[2] 人文科学领域中的修辞文学存在排列上的可替代形式，如根隐喻

(Pepper，1942) 和叙事形式 (van Maanen，1988)。当前的可替代形式希望从当代写作起源所谓“话语权”中提高对于历史联结的敏感性。

[3] 可参照科什纳 (Kirschner，1996) 对当代新柏拉图派哲学神秘写作发展理论表现的分析。关于在科学写作中引入唯心论元素的相关论述，参见葛若特 (Garroutte，1992)。

第5章 历史学与心理学的冲突与交融

心理学家与历史学家并不总是意气相投的伙伴。对于许多历史学家来说，心理学一直是一项可疑的事业，是理智世界中一只羽翼未丰的幼鸟，它虚伪地把一种自然科学的地位归于自己。此外，心理学所默认的日程是霸权性的。在当前情况下，如果心理科学提供了关于人类行为的基础知识，而历史研究在很大程度上致力于理解的就是跨越时间的这些行为，那么历史将不可避免地被科学所吸收——作为辅助和从属。心理学对历史学的态度也一直同样疏远。作为文化现代主义的产物，心理科学并未以一种宽容谦恭的态度对待历史学的疑问。心理学是一项试图通过科学（在很大程度上是实验）方法发展出一般规律的事业。由于其致力于通过经验方法获得进展，之前对心智的探究或关于早期精神状态的学术成就都必然会遭到削弱。在很重要的意义上，对于心理学，过去是应该被抛弃的裹尸布。心理学家也许会审视早期的解释以寻找有趣的假设或秘闻，但结果非常可能是证实一种广为人知的猜疑，即当代研究——可控的和系统的——在其结论上远远优于过去的研究。从心理学家的立场来看，历史学家是面向过去的，他们应当适当强调构筑未来的知识。

然而，慢慢地这些学科间的反感开始消退。随着新文化主题的涌现——其中有全球化、生态学、信息大爆炸、多元文化主义和后现代性等，我们对人为的且往往让人混乱的学科束缚越来越敏感。分割与专业化越来越被好奇、对话和对崭新而有吸引力的未来的乐观感觉所取代。本章关注的便是对这种未来的塑造。历史学和心理学的联结可以采取很多方式，而对于它们不同潜力和缺点的反身性关注是必要的。这不仅是理智和学术前途的问题，还是存在已久的传统的安危未定问题——要相 83
应地加强还是消除传统？这些传统还进一步与更广泛的具有道德和政治重要性的社会实践相联系。我们在选择探索模式时，也塑造了一种文化未来。

考虑到这些关注点，我想考察心理学与历史学结合的三种截然不同的倾向。第一种倾向可以看做**互动主义**（*interactionist*）：心理学状态促生历史变迁，而历史环境又影响心理学状态。第二种是**激进历史主义**（*radical historicist*）倾向：历史环境造成了我们所认为的精神状态。第三种倾向集中关注于**心理学话语的历史产物**（*historical production of psychological discourse*）。每种途径都嵌入不同的逻辑中，而每种逻辑都潜在地消除着其他选择。在这种情况下我希望通过比较探索，可以超越这种敌意状况。的确，基于获得一种建构主义的敏感性，我希望我们可以找到通向更为协调和丰富的未来的通道。这些评论的意思与其说是结论性的——谈话的结束，不如说是诚邀大家共同反思对一种可行未来的建构。

心理学—历史学互动的经验论基础

当前分析的关键关注点是作为心理学和历史学领域中探索的核心的传统基础的一套假设。当在历史学和心理学中引入某种形式的融合时，这些假设在诸多重要方面是存在问题和局限的。这些假设在 20 世纪科学哲学中得到了充分阐述（它们在 20 世纪 20 年代的实证主义中出现，并通过逻辑经验主义扩展到批判理性主义中的波普尔式辩解)，并作为隐含的前结构深深地扎根于学者和科学家自己的日常活动中。简而言之，通过概括心理学和历史学四种核心有效的假设，我们发现：

独立的研究对象（*an independent subject-matter*）。直到最近几年，历史学家和心理学家还假设其研究对象不会受研究者特定情感与偏好的影响。固定的研究对象——本质上既定的——在那里等待着被记录、测量、描述和分析。这种对象的经验可以充当知识生产或理解的归纳性基础。对人类行为的截然不同解释——过去的和现在的——可以与存在物范围相比较来决定其相对有效性。

心智的本质主义观点（*an essentialist view of mind*）。心理学家认为，特定的心理过程、其先决条件和表现形式都属于要探索的重要研究对象的范围，在这一点上，历史学家在很大程度上加入了心理学家之
84 列。因为人类行动建立在心理学分层（例如，情感、想法、意图和动机）的基础上，心理机能的阐释对于历史知识也是不可或缺的（以免历史学变成一种仅仅是事件的编年史）。当然，心智是心理科学的关键关注点。

客观和累积性的探究（*inquiry as objective and cumulative*）。心理学家付出巨大努力来保证客观地评价他们的研究对象。测试设备、计算机控制、实验设计和测试效度研究只是保证客观性的一些途径。尽管很少有历史学家会宣称过去的世界是显而易见的，但他们中的大部分会赞同通过手稿、信件、日记和其他人工制品来考察一个人对过去的解释会促进对现实发生事件的阐明。客观性理解也许不能完全达到，但这一目标可以不断接近。而且，在这两门学科中，客观性都充当着积累知识的基础。伴随着对既定现象越来越多的研究——不管是心理压抑还是大萧条，学者能够获得更充分详尽的理解。

价值中立（*value neutrality*）。历史学和心理学探索中的普遍趋势一直是宣称意识形态的非党派偏见。诚然，学者和科学家可能会有很强的个人价值观，但理想上这些价值观不应该影响对证据的鉴定或对研究对象的结果分析。这两门学科中对客观性的寻求都同样与一种从意识形

态中解放出来的客观性的信念相联系。

在很大程度上，这些共享的假设是使将心智与历史联系起来的主要倾向出现的原因。当前分析的关注中心即是这些努力，并考察了几种有问题的隐含之意，这对进一步的探讨是有益的。适当地解决这些问题后，我们便能进行下一步，以提出使历史学和心理学相互融合的替代方案。

行动中的假设：心理学—历史学互动

如果我们一开始就假设心理过程（实体、机制和意向等）的存在，连同客观化的历史语境（也就是一种独立于心理表象存在的语境），那么我们就倾向于分析心理状态与特殊历史事件或行动的因果联系。有两种主要探究形式受到青睐：第一种阐明了历史定位行动的**心理根源**（心理作为原因），而第二种集中于特定历史条件的**心理后果**（心理作为效果）。虽然心理状态和历史环境间的互动很少却值得注意，然而大部分研究倾向于偏爱这些对立类型中的一种或另一种。就心理根源而言，可能最初的努力是心理历史学家做出的（see，for example，Brown，1959；DeMause，1982；Loewenberg，1983），在其中学者典型地假设多种心理动力过程的存在，而分析焦点便是这些过程在各种历史事件中 85
得到显示的方式。这种分析可能会考虑在特定历史时代下人们的心理动力状态（for example，Fromm，1941），或重要历史人物的个体心理（for example，Erikson，1975）。虽然马丁代尔（Martindale）关于心理动机产生审美欣赏和兴趣的作品（especially，1975，1990）主要强调心理是历史的根源，但他的作品在论证这一点上特别有意思，即心理状态的效果造成的环境又会反过来改变这些心理状态。因此，对于马丁代尔来说，由心理互动可以预测历史轨迹。

然而，把心理状态和表达定位为特定历史条件的结果的研究日渐盛行。这种作品并非要提出心理过程是这些条件的产物；分析者假设存在基本的心理过程（例如，认知、情感、动机），并把历史语境看做塑造了它们的内容、特征和表达形式。实际上，我们可以说，存在着心理学现象的历史结构化（*historical texturing*）。这类作品来源广泛。例如，对儿童发展过程是如何处于特定历史背景中的关注已经历时甚久（Aries，1962；Kessen，1990；van den Berg，1961）。诸如埃利亚斯（1978）关于文明进程的著作，以及埃尔德（Elder，1974）关于“大萧条”的心理影响的著作等，都为此探究作出了重要贡献。再如西蒙顿（Simonton，1984，1990）等研究者甚至试图找到量化历史变量的方法，以此来预测创造力、天赋和领导才能的历史特定水平。也许一直以来这个领域中最为广博而一致的作品是斯特恩斯(Stearns)夫妇的著作，包括美国语境下的愤怒史（Stearns & Stearns，1986）、近代史中嫉妒的演变（Stearns，1989）和维多利亚式激情在 20 世纪生活中的命运（Stearns，1994）等。关于这些在各种领域中探索的更多范例包含在《历史社会心理学》（*Historical Social Psychology*，Gergen & Gergen，1984）一书中。

传统的局限性

正如我们发现的那样，先前勾勒的每一条传统假设都在若干的心理学/历史学探索脉络中有全面显示。每条假设都假定其研究对象的独立存在，假定心理是“自然类”（natural kind）的，可对之进行客观评价，还假定研究是积累性而非意识形态的。对这些假设的奉行产生了重要且丰富的成果，它们包括：作为文化图景上重要学科的社
86 会/行为科学的发展，在知识的问题、知识的重要性及知识如何得到追随和教授方面新兴的统一意识，以及一大批用于促进学术讨论的探索。然而，虽然这些努力很值得称道，但意识到其局限性也很重要。毫无疑问，我们应该称赞传统的努力，然而单独某个范式是否合格却是另一个问题。

在当前语境下需要注意三个特殊问题。首先，应该意识到引起这种探索形式的假设本身来源于一种历史情境下的可理解性。先前表述的这些假设给人“首要原则”的印象——超越历史和文化语境的基础。然而，具有历史敏感性的分析者会注意到这些假设产生的环境，与这些假

设在当时政治、经济和社会环境中所起的作用（see，for example，Shapin，1996）。于是，这些假设的合法性不是源于超验真理而是特定的社会条件。如果是这样，那么就没有必要坚持它们而排除其他的假设。或者更积极地来看，由于这些假设是任选的，它们可以接受广泛的检查，我们也可以考虑其他的替代方案。[1]

当意识到这些基础性假设没有提供批判性自我反思方法时，这类检查就郑重开始了。一旦开始进行，既没有办法质疑它们的前提，也没有办法提出超出它们界定的本体论之外的问题。一旦承认知识是通过世界既定事物的经验评价积累起来的，那么就很难挑战这个假设。在没有采用这种本位论的基础上来质疑它（例如，在精神基础上）就与这种冒险不相关（如“纯粹神秘主义”）。让经验论来接受经验主义考察也将同样有问题。以为经验主义方法可以证明自身的错误将是在概念上胡闹。

但问题不仅限于不能自我反身。正如我们所发现的，一旦这种范式进入运作，那么所有在经验知识被束缚领域之外的问题便处于危险之中。特别是，评论家长期以来都在关注传统取向对论及人类价值问题的无能为力。因为价值语言不能毫无疑问地与物质世界中的事件相联系，价值问题在很大程度上一直被排除在讨论之外。而且，对知识的追求被认为牵涉建立是（或过去是）什么情况，而不是宣扬一种“应然”的准则。客观探索与意识形态宣传并不相干。然而，正如批评家所坚持的，在一个人选择描述术语、解释基础、探索方法和理性化纯粹哲学时，这位科学家/学者也会对世界产生影响，并不可避免地塑造它或好或坏的未来。尽管以前宣称价值中立，传统研究却难以避免地是充满意识形态的。有人断言，必须找到一些方法，重建这类努力的道德和政治责任感。

最后还有一个问题，暗含之意不那么深刻却仍然很重要。这个问题 87
是关于在历史学和心理学主导传统中固有张力的，以及它们如何在各种形式的跨学科研究中得到解决。请特别注意，总体而言，尽管不是完全如此，心理学研究一直是一门概括性的学科。也就是说，心理学研究主要试图建立超越时间和文化的人类机能知识。相反，大部分（但不是全部）历史学分析都倾向于详细说明，关注存在于不同时间阶段的独特环境形态。就我们之前的讨论而言，这些倾向上的差异并非没有政治意义。对于概括性学科，易于流行一种人类本性相对确定（源于基因）的观念。对于很多心理学家，导致了按照个体的、内在的倾向解释各种社会弊病（例如，侵犯、贫困和毒品使用）的偏好，也伴随着一种对强国控制和政治保守主义（人无法改变人类本性，只能控制其越轨行为）的偏爱。而意见特殊的学者则趋向于认为人类本性是更反复无常而有多种可能的。他们很可能按照特定环境形态（例如，经济、态度和价值观、管理才能）来理解社会问题，在解决方法上也更偏好合作和创新，而不是控制和惩罚。

在这种语境下，很多前面描述的心理学/历史学研究，在把人类行动假设为一种固定心理基础的结果或表达时，都倾向于认为普遍性优于特殊性。例如，在这类研究中，情感的存在从未被质疑，只有情感的表达形式和效果是历史性地构成的。这些表达可能会被控制、引导或压抑，但心理学基本原理仍然固定不变。因此，心理过程仍是历史事件产生的主要力量，而心理过程的历史只能按照这种基本主题的变化来书写。这些论点会在我们思考第二种倾向时得到详述。

心理的历史构成

在一些重要方面，心理学/历史学探究的第二条脉络代表了刚讨论过的结构化方法的一种更为极端的说法。然而，并非历史语境为一种稳固的心理机能领域提供了表达内容或条件，在这里我们发现，历史现象是心理现象的来源。换言之，心理过程——包括心智的本体论和具体表现形式——都是在先的历史条件的副产品。这些条件可以是物质的：对
88 马克思主义历史学家来说，自我异化和虚假意识的心理状态是劳工环境

产生的特定后果。劳工的重新配置将从本质上消除这些特定的心理状态。然而，在大多数情况下，学者都会把社会条件作为心理过程形成的基本动因。

这种方法最有利于研究一系列这样的心理状态，即对于更一般的社会是边缘性或有争议的心理状态。例如，对浪漫之爱的社会史记述根本不会让我们感到不快（for example，Hunt，1959；Kern，1992）。可能因为许多人对他们自己这种状态的经历感觉不太确定，也可能因为浪漫之爱对启蒙运动中理性心智的理想造成威胁。不过，当这种分析转向对我们西方制度更为关键的心理学概念时，理智和意识形态危险就大幅增加了。例如，思考维果茨基（1978）话中的激进含义，他提出："心智中不存在没有先存在于社会中的事物。"（p. 142）实际上，对于维果茨基，思考和记忆的过程并不是天生存在和先于文化的，而是它们的这种存在是因为在先的文化。另一个持这种观点的典型是巴丹戴尔（Badinter，1980）关于母亲对孩子本能的爱的分析，这种爱的起源可以追溯到 18 和 19 世纪的特定政治和理智环境。我自己的作品（Gergen，1991）把一个本质的、统一的自我概念的侵蚀追溯到当代技术条件。哈里和芬莱-琼斯（Harré & Finlay-Jones，1986）对早期欧洲背景下的倦怠（*accidie*）和忧郁（*melancholy*）的研究也恰到好处。鲁茨（Lutz）关于西南太平洋法鲁克人的诸如"*fago*"和"*song*"等情感的社会构成的作品，虽然关注中心是跨文化的，但也非常引人注目。哈里（1986）的另一大贡献是，他的《情感的社会建构》（*The Social Construction of Emotions*）为赋予心智以历史意义增加了重要维度。

对于许多人，这类作品的暗含之意对传统经验心理学简直可以说是毁灭性的。首先，这类探究挑战了本质主义，这种本质主义在心理科学中很常见，又对其研究"标准人"（universal man）的声称非常必要。这不仅使那些为跨历史和跨文化概括所做的研究遭到质疑，而且使科学是积累性的这一假设也岌岌可危。由此，现今的经验结论并不能表明普遍真理，而只是表明历史性的偶然习俗（see Gergen，1994c）。或者，就我们先前的关注而言，这种形式的分析逆转了心理学居于历史学之上的特权。在这里心理学成为历史学分析的分支。

然而，其中的暗含之意不止于此。分析者最终面临着那些产生历史研究本身的知识观念的历史偶然性。例如，如果精神状态是社会构成的，那么我们将如何理解作为一种心智状态的客观性概念，以及一种个人主观性和研究客体之间不偏不倚的关系的假设？把心智看做与世界相
89 分离、存在于肌体之中并反映了外部世界轮廓的这些观念，开始受到历史学反思（see，for example，Rorty，1979）。如果主观性是社会构成的，那么难道不是所有科学的描述和解释都受到了（如果不是来源于）当时社会习惯的影响？自我反身性的对话就成为必要。

进一步来说，把心智看做历史构成的，这一看法便开始产生一种道德和政治的敏感性。尤其是，如果心理是社会构成的，那么心理存在形式本质上就是随意性的。而如果是随意性的，我们可以追问现行存在模式的可取性和潜在替代形式中固有的潜力。艾夫里尔（1985）据理争辩愤怒是一种因文化而不同的表现形式。例如，西方文化中的愤怒与其他文化中的并不尽相同。在这种情况下，处于当代西方文化中的我们，可以对当前对愤怒建构的可取性提出质疑。例如，塔佛瑞斯（Tavris，1982）主张我们应当在对愤怒的文化建构上进行一种转型。我们必须抛弃传统上把愤怒视为一种自然行为的观点，这种观点认为它是由生物性决定并被特定环境激发的。塔佛瑞斯提出，这种观点使家庭暴力、暴力报复、嫉妒暴力等行为变得合理化。将愤怒建构为一种文化表现是为了让人们认识到他们对自己行为的责任感以及他们可以采取其他行为的可能性。最近，艾夫里尔和农雷（Averill & Nunley，1992）拓展了这些讨论，提出人们应该创造对令人满意的生活必要的情感形式。

最后，在这种倾向中，我们发现了在心理学问题上历史学家角色发生戏剧性改变的原因。正如在前面分析中所提出的，一旦精神状态被本质化，它将倾向于限制所有的历史学分析。但是，如果精神世界是历史地构成的，那么历史学理解对任何进一步的心智分析都必不可少。历史学家的工作便成为对心理科学中的理解非常必要的前奏。退一步说，开展对任何心理“现象”的研究，却不掌握产生该现象之特有假设的文本

历史，这么做将会是草率的。进行研究而缺乏一种社会文化前结构——它限制了该研究项目的普遍性——的意识，这将会是目光短浅的。

历史语境中的心理学话语

最近的学术转向由一系列相关联的运动发展而来，这些各种各样的运动被指涉为后结构主义（poststructural）、后经验主义、后根基主义、后启蒙主义和后现代等。正如在前面章节中概述的，这些运动倾向于在它们对通过语言和在共同体内的现实建构的关注上会合。而且，正如通常所宣称的，因为这种建构创造和维持了特定的行为方式，因此这种建构便同时也成为社会中的控制力量或权力。最重要的是，那些处于共同 90
体边缘的人可能会遭受对他们是压抑性的——如果不是毁灭性的话——建构后果。[2]

这些对话迄今为止都是激动人心的——如果不引人注目的话——它们的意义深远。与本章节特别相关的是，它们促进了一种替代形式的学术的产生，在这种情况下，这种学术致力于历史和文化环境，这些环境促生了精神生活的特定词汇和这些词汇在社会行为秩序方面所发挥的作用。与前文中的讨论不同，这里的讨论不是说心理事件是在社会中构成的。对于大多数学者来说，精神生活的存在本身就不可决定。换言之，是否存在“精神生活”以及它（如果存在的话）如何被构成，这在一个具体的可解释的共同体范围之外一般不被认为是可回答的问题。于是，他们主要关注的便是精神生活话语，通过这些话语变得明显或可能的人们的行动，以及这类话语（和相伴随的行动）随着时间的推移在社会中的功能。

作为话语的情感：一个案例

为了体会这一工作的逻辑，以情感话语来做示例是有助益的。两千多年来，界定情感并阐释其特征的尝试一直装饰着西方文化图景。在这场持续的讨论中有两个特征尤其值得注意：第一是可触知性的假设，第二是辩论的无休止性。在前者情况下，直到20世纪，几乎都没有人怀疑情感的存在。在《修辞学》第二卷中，亚里士多德对十五种情感状态做了区分；阿奎那（Aquinas）的《神学大全》（*Summa Theologiae*）列举了六种“贪情”（affective）和五种“愤情”（spirited）；笛卡尔在心灵的六大基本的强烈情感间做出区分；18世纪道德学者大卫·哈特利（David Hartley）确定了十种“人性的一般情感”；作为最近理论家的主要贡献，汤姆金斯（Tomkins，1962）和伊扎德（Izard，1977）描述了约十种独特的情感状态。事实上，在西方文化历史中，人们在情感状态的明显存在上有着坚定的一致意见。

与此同时，与这些深层的本体论承诺相伴随的还有对情感特性——它们在人类事务中的特征、起源、表现和意义——截然不同的观点。对于亚里士多德，情感构成了“心灵的运动”。对于阿奎那，情感由心灵所体验，但却是感官欲望的产物。笛卡尔区分了具体的“心灵的激情”，这些激情由驱动大脑的“动物精神”的运动而产生。对于托马斯·霍布斯（Hobbes，1651），激情是由人类本性本身所构成的，并为智力、意志和道德品质提供激活性的“精神”。在《人性论》（*Treatise on Human Nature*）中，休谟（David Hume，1739）把激情分成两类，直接源于人类本能的激情（例如，惩罚我们敌人的欲望）与源于感官印象和
91 理念“双重关系”的激情。一个世纪之后，斯宾塞的《心理学原理》（*Principles of Psychology*）和达尔文的《人类和动物的情感表达》（*The Expression of the Emotions in Man and Animals*）都试图将情感置于看起来更确定的生物学基础之上。

辩论的无休止性可以通过对“研究客体”本身的思考得到有力的阐明，它们被确定为具体的某种情感。例如，亚里士多德把温和、自信、仁慈、吝啬、憎恨、竞争、渴望和热情等确认为明显程度不低于愤怒或快乐的情感状态。然而，在20世纪汤姆金斯（1962）和伊扎德（1977）的诠释中，他们都没有把这些状态辨识为情感领域的组成要素。阿奎那认为爱、欲望、希望和勇气都是主要的情感，虽然亚里士多德同意其中

的爱，但所有这些状态实际上在汤姆金斯和伊扎德最近的理论中并没被认可。霍布斯把欲望、奢侈、好奇、野心、性善、迷信和意志确认为情感状态，但这些没有一个在当代心理学中具有作为情感的资格。汤姆金斯和伊扎德赞成惊奇是一种情感，这种看法确实会令他们的前辈惊奇。然而，伊扎德认为悲伤和内疚是主要情感，它们在汤姆金斯的分析中却不被认可；同时，汤姆金斯把痛苦看做一种重要情感，而伊扎德却不这么认为。

在情感辩论的这两个特点——可触知性和无休止性——中存在着某种具有讽刺意味的固有存在。如果情感作为人类存在的明显特征简单地存在，那么为什么单义性会这么难以达到呢？在科学共同体中存在着关于化学反应、基因构成和行星运动之类的广泛共识，而在出现意见分歧的地方，也已找到一套方法，以促进学科术语的更加统一。那么，为何在情感这个例子中科学汇合点如此难以捕捉呢？至少这种无休止争论的一个重要原因源于一个假设谬误，即怀特海（Whitehead）所说的错置具体感的谬误。也许我们处在这样的传统之中，我们错误地把心理词汇中的假设客体当做是可触知的，然而只有这些名称本身才是确定无疑的。因为存在诸如爱、愤怒和内疚这些词语，我们便假设必然存在它们所指涉的特定状态。而如果存在分歧，那么我们便假设对客体的继续研究将会把问题澄清。在辩论进行了两千多年之后，人们不可避免地开始猜想并不存在这些术语所指涉的那些客体。

这后一种可能性在最近几年，特别是伴随着日常语言哲学的发展，变得更为引人注意。在这种情况下，维特根斯坦的《哲学研究》是主要促进因素，既质疑了心理论断的指涉基础，又为解释这类话语提供了一种替代途径。正如维特根斯坦（1953）所问：

> 我发出我很害怕的信息。为此我会回忆我过去半小时的想法吗？或者让对牙医的想法快速地经过我的大脑以查看它如何影响了我？或者我能确定真正害怕的是牙医，而不是其他某些身体不适的感觉吗？（p. 32e） 92

按照情感术语的心理指涉物不能回答这个问题，就需要另一种理解心理术语的方式。这种理解在很大程度上可以在维特根斯坦对衍生于实用之意义（use-derived meaning）的辩护中找到。从这一观点来看，心理论断嵌入文化生活方式中的各种语言游戏中才能获得其意义。心理语言变得重要不是由于其揭示、表明或描述了心理状态的能力，而是源于其在社会交流中的功能。

心理学话语的历史化：实例与含义

先前这种讨论告诉我们一种历史学工作，它不仅关注牵涉情感的话语，而且关注涉及关于心理学运作本质的一整套话语。探究的重点多种多样，包括心理学话语的产生和维持、它在社会中的运作方式以及它维持（和压制）的价值观和群体。作为例证，苏珊娜·科什纳（Suzanne Kirschner，1996）探索了当代心理学发展的概念如何仿效新柏拉图主义神学文本；戴维·利里（Leary，1990）的汇编集探索了隐喻在心理学理论化历史中的地位；吉仁泽（Gigerenzer，1996）分析了统计方法学对心理学中认知功能概念的影响；哈金（Hacking，1995）的《改写灵魂》(*Rewriting the Soul*）对多重人格和记忆政治等概念进行了历史性探索；斯帕克斯（Spacks，1995）探索了厌烦在18世纪的出现；赫尔曼（Herman，1992）探究了精神创伤话语的政治根源。此外，对心理学话语的历史学研究的一种广泛抽样也包含在《心理学话语的历史维度》(*Historical Dimensions of Psychological Discourse*）之中（Graumann & Gergen，1996）。

这种工作开始形成一种对遍布于前两种心理学/历史学努力中的价值中立立场的重要替代形式。也就是说，不是简单地反思过去的本质，这类探究往往使用历史学工作以服务于道德/伦理批评。这类基于价值的分析特别是由这样的假设引起的，即我们看做心理功能的事物既非作为一种本质既定的，也非作为文化倾向固定地存在于个体之中的，心智概念是被编织进话语理解的结构之中的。因此，如果学者可以改变这种理解方式——正如在心理学话语的历史化例子中，那么我们就进入一片空地，在其中选择成为可能。举例来说，心理学家的情感概念不是人性的地图，而是文化传统的结果，理解了这些可以使我们通过与其他可能性比较来反思这些概念的相对价值。于是话语不再是固定化的，而成为选择性的。对这种批评性立场的具体例证包括：罗斯（Rose，1985，1990）对专业心理学话语和方法在社会的政治“规训”中发挥作用的福柯式探究；鲁茨（1988）对当代西方文化中由情感话语助长的男权主义偏见的批评；桑普森（1988）对由精神生活的认知主义概念维持的个体主义意识形态的分析。 93

这些不断扩充的研究资料对更为传统的历史学和心理学研究来说，一开始简直可以说是颠覆性的。从这种话语视角来看，很难找到一种独立于研究行动者的话语/理论计划的研究对象。“独立的研究对象”这个观念——不管是心智还是历史本身——陷入不合逻辑的窘境之中。当然，随着这一转向，心理事件或过程的本质主义观念也瓦解了。如果说有什么区别的话，就是这些探究证明了我们的心智语言和其公认的指示对象之间微不足道的（如果不是同义反复的话）关系。此外，对一种客观科学/历史学的渴望消亡了。的确，客观性意识可能会在一个特定对话者共同体中获得。不过，科学家/学者便失去了宣称超越共同体的真理和宣称某种特权性的词语与世界之间的关系的正当理由。与此相似，知识可能会积累，但只有凭借在一个解释性共同体中共享的标准才能积累。

然而，最后，这些讨论的颠覆性含义并不能得到维持。正如在第2章中提出的，一旦话语批评家宣称其提议的真理性，那么这些提议从中产生的那些基础也就消除了。更明确点，这就是说，话语探究的确成功地避免了否认自身理论基础的陷阱。考虑到传统探究无法质疑其自身的前提（例如，客观性、价值中立的假设），话语学者就被引向一种自我反思立场。对传统的话语批评本身必须被看做一种话语举动，一种在学术共同体中继续进行理智生活并把群体与更广泛的社会相联系的方式。这种讨论实质上是一种邀请，以引发可以提供新的探索形式和新的学者角色的对话和关系形式。

历史学与心理学：走向多音繁荣

我们考察了历史学和心理学学术结合中的三种重要分歧：第一种是由历史学和心理学的传统实在论假设引起的；第二种强调心理学领域的历史构成；第三种把历史学和心理学二者都转变为话语。就未来的投入
94 而言，我们现在应该如何看待这些冒险事业？依然非常坚固的传统努力还应该简单地毫不消减地继续吗？现在新兴的替代形式是否使恢复到传统研究变得不可能？存在我们应当寻求的某种折中方式吗？这些复杂的问题和讨论应该保持开放的状态。我们可以从先前的讨论中推出一些结论，作为进入对话的有利入口。

起初，我发现自己被促生社会分析中话语转向的各种观点所激发。当然，历史学和心理学的主要学术成果便是大量的话语——书籍、文章、演讲等。这些大量话语与语言之外事件的指示性联系的程度必然总是处于讨论之中。词语—客体的关系永远都处于变动之中（“无限符号化”），词语本身很容易被客观化，即使不存在伪称的指示对象时也是这样。而且，当我们试图描述世界时，就与话语发生联系，我们就又进入了话语地带。

然而，说完这些之后，我们并没有在话语取向中发现任何与先前研究脉络根本对立的论点。与基于经验的传统不同，这里不存在这样的假设，即认为研究能够以一种不带偏见的方式进行从而揭示事情是（或过去是）怎样的。

因此，将无法因为特定研究方式没有参与到经验主义/实在论范式之中，而不相信它。具有话语敏感性的学者不应该排除各种研究方式，应该欢迎一系列可能的努力，其中的每一种都会为一个既定共同体、该共同体的传统和价值观辩护。目标不应是毁灭语言传统，而是要充实它们。同时，话语探究逻辑使我们更加敏感化，认识到我们对更普遍的理智、政治和社会生活的研究的潜在影响。因此，在不能怀疑任何无法控

制的特定研究方式的同时，还存在着一种探索所有研究的社会意义的强烈引诱，这些研究既包括以心理过程、历史分析为导向的研究，也包括以话语过程为导向的研究。从话语立场来看，发表作品却没有对人们的文化/历史语境中道德和政治含义进行初步关注，如果不是不人道的，那么也是傲慢的。

结 论

最后，看起来受到我们偏爱的是一种平等主体之间的对话性结合。任意主体都没有不予理会的终极理由，人们可能可以意识到这些研究模式的相互依赖性、互补性和潜在的相似性。关于相互依赖性，例如，尽管话语探究对客观精确的分析进行了很多批评，事实上它必须依赖于客 95
观性的修辞学来使其分析变得容易理解。关于互补性，赞同心智的社会建构和话语建构的分析，的确倾向于将社会变迁置于稳定之上（自由和改革的议程先于保守的议程）。然而，任何分析者都赞成对所有社会投入全面彻底检查是极不可能的；绝对的变更将等同于绝对的混乱。只有在一种深层稳定的背景下，转型才成为可能。此外，还存在结合的机会。例如，在社会建构论者和话语建构论者的努力之间有着高度的重叠。前者将重点从心理状态移向因文化而不同的表现上，后者将话语嵌入具身化的行动中，由此有力的历史学分析形式将会得到加强。

注释

[1] 参见利维（Levy，1989）和蒙代尔（Modell，1989）对这些局限性的讨论。

[2] 在这些争论中，关于历史分析地位的详尽分析参见诺维克（Novick，1989）。

第二部分

社会建构与社会实践

第6章 作为社会建构的治疗法

与丽莎·瓦赫斯合著

96

当跨入新世纪时，我们正在见证一种关于治疗过程的不同观念的逐渐加强的汇合。这种交汇的核心在于人们对产生意义的人类活动的共同关注。尤其是，我们发现治疗关系中的人类意义对于治疗转变过程不仅是核心而且是关键。对当代运动的重要准备来源于很多资源，包括人道主义/现象学/解释心理学、认知建构论（Kelly，1955；Neimeyer & Mahoney，1995）和近期的客体关系理论（Ashbach & Schermer，1987；Mitchell，1993）等。帕洛阿尔托小组（Watzlawick，Besvin & Jackson，1967）的著作集中在家庭内部相互依存的意义上，而米兰的系统治疗学家则把这种倾向带入到一系列新的和挑战性的实践中。

随着这些关于意义的早期对话的展开和互相影响，治疗学共同体越来越容易卷入与批判和建构论者在更广泛的理智共同体中互相交流的漩涡中[1]，结果导致一种朝向共同的意义观念的从心智到社会建构的转变。传统上人们将意义视为居于个体心智中的，现在转变为将意义视为在关系中创造的，这一转变尽管不稳定却在持续进行。对于一些人来说，这种转变是微妙的，调整也很小；然而，在其更为彻底的形式中，这种转变几乎把所有现存的治疗性思想和实践的基础损坏殆尽。的确，

97 这个运动引发了很多人的反对（cf. Held，1996；Lannamann，1998；Mancaso，1996；Sass，1992b）。然而更富有成效的是，一系列重要问题出现了：如果存在的话，统一这些多种多样的运动的重要线索是什么？一种建构主义转变如何搅乱了和/或丰富了现存的治疗学传统？我们是否应该期望或希望一种单一的治疗模式？这些倾向又怎样与传统上在诊断和心理健康政策中的投入相调和？在这种转变过程中，正在失去的是什么，又得到了什么？

正是这种骚动和自省的语境引发了我们当前的任务。下面我们将首先尝试从新兴的关于关系意义的对话中给出若干关键假设，通过与现存传统的比较使它们的轮廓更加清晰，并对产生的一些核心问题进行处理。这将阐明和澄清参与者在不同程度的对话中都赞同的一组相互联结的假设。这种尝试并不是要讲清楚治疗的一个新基础，也不是要形成一种“后现代治疗”的权威构想。这二者都是与社会建构论对话相对立的。我们希望这种讨论可以促进生成性会话的发展、感受力的完善和新的实践的出现。后者将成为本章末尾关注的中心目标。

社会建构与治疗态度

对于这一分析，首先考虑这四个转变是合适的，这一组转变把盛行的治疗概念概括为一个关系建构过程。虽然这些转变具有多种多样的实践含义，但在激发治疗学家的敏感性、引起他们对选择的思考和激起他们对进行中的过程的反思的同时，它们并没有太把重心放在具体技术上。

从基础到灵活性

人们普遍认为，治疗的传统取向来源于知识的理性基础。这些基础典型地嵌入被狭隘地定义为经验知识的概念中[2]，但更广泛地嵌入文化现代主义的时代精神中[3]。正如在前面章节中概述的，检验知识主张的最大考验一直都是系统观察。对于持续而又严密的研究，我们应该着手处理的是对正常和越轨行为的一种真实且客观的理解。进一步说，持续的研究应该揭示的是各种各样的治疗实践中哪些对处理各种形式的行为反常最有效。很多关于人、机能障碍和疗法的论断都可能是真实的，我们可以从中选择，但按照传统解释，最后经验研究应该确保我们从许多中筛选出少数几个——也许最终直到一种。

对于社会建构论学者来说，人类行为理论并不是建立在观察基础上或源于观察，而是从参与对话者的共同体中发展出来的。正是在一个人的专业领域中得到共享的可理解性惯例，决定了我们如何诠释所观察的世界。因此，一个心理动力治疗学家会寻找被压抑的欲望的存在证据，一个认知疗法学家则会把问题定位于个体的信息处理模式上，而一个家庭系统治疗学家则会对家庭沟通方式的现实感兴趣。因为理论被用于以它们各自的方式建构世界，所以它们之间并无法相应地用经验检验。每项“检验”都不可避免地以它自己的观点建构相关事实的领域。研究结果也存在同样的问题：来自一种立场的积极结果（比如，症状减轻、愤怒宣泄）在其他立场看来却意味着一种倒退或问题的恶化。 98

基于这一推理思路，建构论欢迎放弃探索那些基础——关于缺点和治愈的人类机能的单一观点。正如我们在前面章节中所看到的，这作为一种终极哲学，也将建构论本身置于问题之中（see Doan，1998）。我们反而被鼓励放弃历时甚久的治疗学派间的竞争，还有确定诊断、治疗“最佳实践”和结果比较等相关概念。更为积极地说，如果我们把各种治疗学派看做不同的意义共同体，那么每个学派都对某些人群拥有转换的潜力。每个学派都提供了一种生活方式的入口。林恩·霍夫曼（Hoffman，1990）对此有着几乎同样的观点，他提出，理论“就像很多套透镜，它们促使人察觉到，你原以为看起来永远不变、永远这样的事物，是能够用另一种方式来看待的……以放弃绝对的道德和科学为代价，社会建构学者获得了选择的扩展意义”（p. 4）。与此类似，赛钦、兰恩和雷（Cecchin，Lane & Ray，1992）写道：“过多地信任任何立场、任何叙述，我们都可能造成治疗方法的不灵活和欠缺，（这就是为

什么）我们要提一个问题：当它变得不再有用时，我们如何能够训练自己不再忠于任何叙述?”（p. 14）

就治疗实践而言，治疗学家被引向从治疗可理解性的整个领域中获益，他们被鼓励在即时语境中使用任何可能有用的事物。在这种意义上，并不存在治疗的“社会建构论方法”。确定任何方法——神圣化它的原则——就是凝固化文化的意义。这就相当于假设当前锻造意义的有效过程将在跨越时间、环境和诠释语境的情况下依然有效。[4]这也就是说，对治疗学共同体的普遍批判——多元的且不断变换的理论领域与揭示了一种混乱状态和真实知识缺乏的实践——并没有确实根据。这种可理解性的丰富性，以及治疗学共同体的不断改变理解的能力，正代表了治疗学共同体的长处。

99 然而，这种立场的含义比提倡折中主义更为激进。在基础主义传统中，对人们问题的专业解释被赋予比一般文化解释更大的特权。司空见惯的文化理解被认为充满偏见、误解和迷信，而专业话语则提供了更全面和准确的理解。对于建构论者来说，“更准确或客观的理解”的标准被消除了；所有形式的理解都是嵌入在文化中的建构。有效的治疗法也许——并且典型地将——需要使用多种讲话风格，包括整个文化中的那些讲话风格。这就是说，为了达到实践的目的，所有通向文化类型的门都应敞开。毋庸置疑，这可能包括所有现存形式的治疗话语——来源于精神分析、行为矫正、认知、释放压抑的呐喊以及更多。同时，我们必须准备好彻底地扩展可用意义的舞台。例如，这里极力支持那些想把精神话语囊括进治疗过程的人（see，for example，Butler，Gardner & Bird，1998；Griffith & Griffith，1992；Richards & Bergin，1997）。对于这个群体中的很多人来说，这种话语是非常理直气壮的，忽视它的重要性是缺乏治疗学远见的。不过，一个有造诣的治疗学家不应回避浪漫、新时代、马克思主义和禅宗佛教等话语。建构论类型的熟练治疗学家也许精通在街头巷尾、圈子聚会和夜总会使用的话语，就像对拉康精神分析的细枝末节的掌握一样好。每种新的可理解性都扩充和增加了互动时刻的范围和灵活性。

然而，我们不应由此得出结论认为，专业理论没有独特的优点或应该放弃对治疗结果的关注。得到专业发展的理论可能很重要，它们提供了在一般文化中无法轻易找到的选择。治疗理论代表了20世纪在使人类行为可理解方面最重要的一些革新。在这种意义上，偏离文化的这种专业理论也许具有独特的生成性力量。在从共识中偏离时，它可能激烈地挑战原状、动摇陈规陋习的牢笼之门并为行动真正提供新的可能性。此外，专业语言使得治疗学家参与到共同商讨之中——富有深意地相互交谈，并由此更有效地协调他们的努力。这些交谈使得治疗学共同体对文化的共同可理解性进行批判性反思，然而，这些反思却不可能在这些可理解性自身之中完成（例如，一个人不能从坚持的唯心论立场来批判性反思唯心话语）。

同样，放弃基础并不意味着对结果探究的结束（Amundson，1996）。每种结果——从降低酒精消费量、减少家庭暴力或减缓经济萧条，到创造个人成长感的结果或对原型的觉察——都反映一种传统、一种生活方式或一个价值领域。那么，关键不是放弃传统投入。相反，更 100
有益的途径是：（1）拓展在任何结果中顾及的价值考量范围（例如，拓宽对什么可能算是一个积极结果的思考）；（2）促进对话，在其中相互抵触和相互冲突的不同价值或结果可能受到青睐。[5]通过考虑“完好”的多重标准，我们不仅要扩展什么意味着适当的范畴，而且要描绘出一幅关于什么、何时及对谁算作“好”的更为细化的图像。

从本质主义到建构意识

正如有人提出的，现代主义治疗传统平稳地行进在真理之中。因此，治疗典型的导向便是找到“真正的问题”、“疑难的缘由”、“在起作用的力量”和“决定性结构”等，以及以结果评估截然不同的治疗实践的效果。对于建构论者来说，所有问题、原因、力量和结构等都是从基于共同体的解释中获得地位的。这不是要提出“什么都不存在”或“我们永远不能了解真实”——对建构论的普遍误解，而是当我们尝试清楚表述存在的事物，把它置于语言中时，我们就进入一个社会性生成的意义世界。那么，也许这样说更有帮助：建构论反对本质化（*essentialize*）语言的倾向，即把词语当做独立于通过这种方式诠释自己生活的我们而存在的图片、地图或本质的复制。在这种意义上，建构论充当了格利葛利·贝特森（Gregory Bateson）的格言，它无休止地提醒我们："地图不是版图。"

当然，治疗学家指出咨询者解释自我和世界的方式与治疗领域不匹配，这种倾向一直是自从弗洛伊德揭示了精神压抑说之后的一种职业支柱。然而，直到最近，多数治疗学派还一直认定有"版图"的存在和言语具有映射器的功能。只有在这些假定之下，"妄想症"、"扭曲"、"错误知觉"和"归因错误"才能被理解。相反，建构论引导我们从水平面而非垂直面来看这些术语，也就是说，把这些术语当做建构世界的可供选择的指示词而非必要或优越的指示词。指责他人受到蛊惑主要是说他们没有与你相同的诠释习惯。朝向这种水平平面的早期运动可以在米兰学派的循环提问的实践中找到。循环问题的目的并不在于揭示"是什么情况"，而是尝试生产能够影响家庭成员的共享理解的信息（Selvini-Palazzoli et al.，1980）。比如一个儿子问父亲："父亲，你认为母亲与两个孩子中哪一个最亲近，维姬还是乔?"这个循环问题并不能揭示家庭结构的真理，而是提出了可能的想法，这些想法也许可以挑战由家庭
101 共享的有问题的逻辑。短期治疗明显地朝建构意识迈出相似的一步，这尤其体现在夏德的著作（de Shazer，1994）之中。伯格和夏德（Berg & Shazer，1993）提出："治疗学会话中达成的意义是通过一种更像协商的过程发展出来的，而不是理解的提升或对'真正'在进行的是什么的揭示。"(p. 7)

对被建构现实的强调必须伴随着一个重要的警告。建构论的确承认语境中的真理（*truth in context*）的重要性。在任何对话参与者的共同体内，都会存在本质化普遍共享的话语模式的倾向，这种本质化对保持共同体传统有着无法估计的重要性。我们可以将一个婴儿命名为黛安娜，把另一个命名为大卫，虽然这些名字是随意性的，但本质化的举动（比如"黛安娜是我的女儿"、"大卫在上学"）对于维持家庭、学校和友

谊等局部秩序却是必要的。与此相似，虽然生物学语言对于“存在什么”并不必要，但专业之内达成的协议却对我们称为“体外受精胚胎移植术”和“DNA测试”的事物很必要，而达成协议的方式正是使用基因和染色体的语言。

这就是说，建构意识并不必然把治疗学家引向一种解构咨询者现实的态势。有效的治疗并不需要危及存在论，而事实上，它更可能保证咨询者理解中的大部分完好无损。正如安德森（Anderson，1997）叙述的：“我作为治疗学家的角色就是与咨询者一起参与到对他/她的相关生活事件和经验的第一人称语言说明中。”（p. 114）同样，汤姆·安德森（Andersen，1991）写道：“如果人们身处于常态中，他们倾向于保持原样；如果他们遇见非常态的事物，这种非常态可能会引发一种改变。如果他们遇到的新事物极其（过于）非常态，他们就封闭起来。”（p. 19）有时候理所当然或被本质化的现实被证明是令人烦恼或存在问题的，建构意识鼓励在有些时候悬置现实，这种态度极其可贵。如果一位咨询者的“问题”似乎很棘手，那么意义的解构可能会是重构的不可或缺的先行者。

从专门知识到共同研究

从一种建构主义元理论中不会得出单独一套实践。例如，建构论中绝不会在治疗关系中必然选择与“采取权威性立场”对立，强硬的主张可能有时很有用。然而，如果我们把建构主义元理论的含义一一展开，通向实践的新的大门就会敞开。尤其是，建构主义理论把治疗学家引向思考传统权威立场的替代形式，特别是对咨询者采用一种协作取向。这种行为方式上的变换并不是一个小任务，正如霍夫曼（1993）写的：“从一种等级体系到协作风格的改变……是根本的一步。它质疑了被称作精 102
神健康的准医学领域自上而下的构造，并公然违抗几百年的西方实践传统……挑战这些要素也就等于挑战整个堡垒。”（p. 4）正如安德森（Andersen，1995）对其治疗学工作的描述，此治疗学工作已朝向“非正统分层结构”迈进。“等级体系是自上而下支配的，非正统分层结构则通过其他方式支配……用来形容非正统分层关系更普遍的词是‘民主关系’、‘平等关系’，或者一种由同等重要的参与者组成的关系。”(p. 18)

更有争议的是，在他们的“合作性语言系统”取向疗法中，安德森和古勒施恩（Goolishian，1992；Goolishian & Anderson，1987）提出治疗学家在进入与其咨询者的合作同伴关系时要持“不知晓”的态度。不知晓指的是：

> 一种态度和信念，指一个治疗学家没有优势信息，永远不能充分理解另一个人，总是处在需要他者告知的状态中，总是需要了解更多关于已经说了什么或什么可能还没说的信息……解释往往是治疗学家和咨询者之间的一种对话的结果，而不是对于一个治疗学家的意义、专长、经验或治疗模式必不可少的先已决定的理论叙述的结果。(Anderson，1997，p. 134)

这并不是说治疗学家没把有独特价值的技能带入这种关系中。而是说，这些技能不是源于一种对理解的掌握。它们是从知道那是什么（*knowing that*）上升到知道怎么回事（*knowing how*）的根本技能——在关系中顺畅合作创造新未来的技能。

很多建构主义治疗学家已经发展出一种朝向传统和战略选择的敌意。更一般地说，战略干预被看做是独白式的（与对话相对），由治疗学家按照其个人立场来口授。对于合作专家来说，这种战略干预不仅是操纵性的，而且会在治疗关系中产生一种伪参与的感觉（例如，治疗学家的现实是隐藏于后台的）。我们认为，这些回应毫无道理。再说一次，建构论并不必然排除什么东西，当然，没人会愿意放弃被我们称作“理性慎思”的过程。因此，与其放弃这种战略取向，我们不如选择差异之间的对话，即探讨战略干预如何和为何是有助益的，而在什么情况下它又是有问题的。那么，我们可以移向一种情境性策略的取向。

从价值中立到价值关联

从现代主义/经验论立场看，治疗不是鼓吹政治、意识形态或伦理的论坛。好的治疗学家，就像好的医生一样，应当参与到灵敏的观察和谨慎的思考之中，不因受他/她的特定价值投入的影响而带有偏见。对于价值中立的批评由来已久。萨斯（Szasz，1970）、莱恩（1967）以及 103
批判精神病治疗运动参与者的著作已经令我们敏锐地意识到善意的治疗学家会如何助长压抑性力量。与福柯（1979）对治疗实践的“规训”效应的批评一致，更为近期的分析者将注意力集中于各种各样助长性别主义、种族主义、异性恋主义、个体主义、阶级压迫和其他导致偏见的治疗和诊断之上。[6]从建构论立场看，甚至一种非参与或“中立”态度也被看做在其效果上是伦理性和政治性的（Mackinnon & Miller，1987；Taggart，1985）。无论留神与否，无论意图好坏，治疗学工作都必然是一种形式的社会/政治行动主义。社会中的任何行动都同时创造着它的未来，无论这些行动按照某种标准来看是好是坏。

很多已认识到治疗学建构和社会价值观之间关系的治疗学家，如今开始探索忠于伦理和政治立场的治疗的隐含之意。与其摆出一种无偏见和无党派倾向的姿态，不如承认价值实现构成治疗学的一个存在理由。于是，我们看到各种忠于特定立场的治疗学的发展，例如，挑战统治秩序（for example，White & Epston，1990）和追求女权主义、同性恋、社会主义及其他政治目的。例如，女权主义治疗学家常常把女性压抑作为一个根本治疗学主题来关注，或解构性别分类以提供给顾客一组扩充的选择（Ussher，1992）。随着认同政治的力量的扩大，我们有充分理由预见这类投入的增加。

在我们邀请这类运动加入建构论对话的同时，也有很好的理由来进行批评性反思。我们在这里面临一种极度痛苦的碎片化的可能性——多元治疗领域的发展，每一种都在主张一种道德制高点，每一种都彼此孤立而理直气壮。在所有人反对所有人的治疗学世界中，我们正走近一种好斗的状态。从我们的立场看，这一状况与建构论者对多元现实的强调形成鲜明对照。霍布斯哲学会滋生敌意状态，不仅不利于各种观点的扩张，而且最终会根除所有观点以至于仅剩一种观点。既然如此，那么最为重要的是建构论者的前提条件，即并不存在任何伦理或政治主张的基础，也不存在决定性的正当理由。因此，建构论也把参与政治的治疗学家引入一种自我自反性（self-reflexivity）的姿态和对与己不同的他者的好奇。这并不意味着逃避价值立场，如上所述，我们不可能走出文化，我们也不应希望放弃尝试创建美好社会。然而，建构论的确消除了此类承诺的终极权威——这种承诺，在我们看来，最常被用来压制或消灭那些声音与自己不同的人（Parre & Sawatzky，1999）。而建构论的确把治疗学家引向与咨询者的相互转变的对话上，主要包括那些不愿与他们分担自身诸如流产、离婚、吸毒之类问题的咨询者。

104 最后，建构论论点在其对所有意义的根本互相依赖的强调中，赋予治疗学家一种全新的角色。通过对或者避免政治议题或者热切追随社会变迁的选择进行补充，治疗学家也许会富有成效地探索到实现这些目标的可能性：把不同群体引入合作之中，使相疏离的语言更加具有渗透性，使得人们用多元声音来说话并最终降低相互根除的潜在威胁。正如我们将在第 10 章更充分探讨的那样，价值承诺将被共同创造的习惯所代替。[7]

社会建构与治疗实践

正如我们所提出的，建构论对话在治疗立场中偏爱四种主要趋向——朝向灵活性、建构意识、合作和价值关联实践的趋向。然而，此类对话也引发了一系列新的实践。在这里我们要追溯新兴的几种实践形式，以及建构论者对传统实践的再理论化。下面我们将论述五种核心变化。

从心智到话语

传统治疗集中关注个体的精神状态。从对心理动力现象的精神分析强调和罗杰斯式对利己的关注，到当代的认知和建构主义治疗，治疗学家的核心任务便是探索、理解并最终带来个体心智的转变，甚至群体精神治疗也保留了精神动力学原则的强烈倾向。正是在系统导向的家庭治疗的起点上，我们找到了最为协同一致的向外转移——从心智到语言的转移。可以确定的是，心理学本质主义的痕迹保留下来了——例如，嵌入在二阶神经机械学取向中，但最重要的一步是向理解沟通过程的迈进。然而，在新兴的关于社会建构的对话中，已经很清楚地发现，这些转变还是不够的。因为它们基本上产生于一种现代主义/经验论取向，在其中沟通结构或动力学被典型地本质化、客观化，并被以一种“知道那是什么”的姿态对待。[8]而且，因为人们之间的意义主要通过谈话获得，那么主要关注点应当转向话语过程。或者正如斯卢兹科（Sluzki，1992）曾表述的，治疗可以理解为一种“话语转变”的过程。如果意义主要在语言过程中产生，那么注意力就应被引向这些过程（see Kogan & Brown，1998）。

这种向话语的转移也许是建构论框架中的治疗的最为广泛易见的方面，并且这种转移将引起一系列广泛的治疗革新。其中有一大部分与社会科学的某些发展相一致，这些发展关注于叙事或主要是编造的对自我和世界的建构（Bruner，1986；Polkinghorne，1998；Sàrbin，1986）。对于很多治疗学家来说，唐纳德·斯彭斯（Donald Spence）的《叙事真实和历史真实》（*Narrative Truth and Historical Truth*）代表了一个关键的转折点。有一个有长期经验的学者/治疗学家，他声称在病人对他/她的早期生活的描述中很少能反映出历史真实。相反，斯彭斯则开始探索在治疗中发展出的叙事真实的积极用处。也许这种朝向话语的转变的最突出的表述可以在麦克劳德（McLeod，1997）所称的“后现代叙事运动”中找到。正如由诸如怀特和艾普斯顿（White & Epston，1990）等治疗学家发展起来，并在这些年以很多途径不断得到丰富和扩展的那样（see，for example，Freeman，Epston & Lobovits，1997；Freedman & Combs，1996；Larner，1996；McLeod，1997；Neimeyer，1999；Parry & Doan，1994；Zimmerman & Dickerson，1996），盛行的关注点是语言建构自我和世界的方式，和这些建构对咨询者健康的意义。比斯彭斯更为激进——斯彭斯认为历史真实在原则上 105

是可以实现的——的是，这一著作激进地暗示生活事件并不能决定一个人的叙事，而是语言常规在很大程度上决定了什么算作生命事件和它将受到怎样的评价。正是差不多同样的对语言的建构力量的关注，激发了隐喻的治疗应用（Combs & Freeman，1990；Schnitman，1996；Snyder，1996）、叙述与隐喻的结合（Goncalves，1995）以及作为治疗工具的咨询者书写实践的发展（Bacigalupe，1996；Lange，1996；Penn & Frankfurt，1994）。

然而，在我们从这个分水岭中收获很多的同时，危险和局限也即将到来。首先，即使带有不变的建构论意识，把话语客观化的倾向也仍然无处不在，也就是将叙事话语当做简单地“在本质上存在”。对于建构论者，说到叙事就是创造一种交谈客体——只是“描述事物的一种方式”——在所有情境下都是不理想的。实际上，也许会有这样的情况，例如，把生活历史当做心理动力过程的显示或实际事实的反映，这样会更富有成效。事实上，保持反身的姿态很重要，这样即使建构论自身也被当做众多视角之一来对待。在这种意义上，建构论实践并不否认存在心理活动（例如，经历、情感）。然而，治疗重点不再是心智探索和进入深层次的情感生活，而是转向探讨使用这些术语的言语效果。

另外，还有一种把话语当做是私人所有物的强烈倾向，这种倾向认为意义起源于个体意识。确实，西方传统的一种精髓是，相信言语是在个体心智中产生的意义表现。然而，这种对个体意义的强调使建构论者的观点难以理解，后者把语言作为关系的和实用的，产生于人们之间的
106 关系而非人的内部。[9]或者说，对于建构论者，一个人如果远离关系就永远不能获得意义。这种对个人的强调往往伴随着一个问题，即把话语的更换看做治愈信号。经常有人这样推理，如果一个人学会用一种不同方式叙述生活，或者从一种文化统治的自我叙述转向一种个体化的叙述，那么就被认为已经获得了进步。此类假设不仅借用了个体主义传统（例如，“意识改变导致行动改变”），而且也倾向于把意义作为一个人生活中的一种原初力量。如果叙事和隐喻都是话语的形式，就像建构论者作品中所提出的那样，那么它们并不像作为资源被人们用来共同创造意

义那样决定一个人的行动（Gergen & Kaye，1992；Newman & Holzman，1990）。如果叙述是社会行为，那么我们必须提出以下两方面的问题：一是单一生活叙事的价值（它削弱了一个人的关系能力）；二是治疗上产生的叙事在更一般的社会世界中存活的能力。我们稍后再回到这个议题上来。

最后，很多新兴疗法都在它们狭隘的话语定义上存在局限——原则上这些话语定义被限制在口头或书面语言中。考虑到我们的传统，这是一个不错的起点，而且关于符号论、文学理论、修辞学和语言学等的浩大文献也充实了这一初步发展。与此同时，这种先入成见是还原主义的。首先，它把话语还原为单一个体的言词（或书写）。然而，如果意义是关系的副产品，那么这样的关注就无视于任何特定言词从中获得意义的关系过程。实际上，言词本身毫无意义，只有通过参与交流，我们才能领会意义的起源、存续和衰败。其次，这种对言词的强调剥去了对产生可理解性不可或缺的人（和环境）的所有其他话语。一个人说话不仅用到言词，也要用到面部表情、手势、姿势和着装等。最后，把我们通常称作身体的和物质的维度加入话语领域是非常重要的。[10] 再一次说，这并不是认为更为扩展的话语观点要比那种有限视野更具有客观性。而是伴随着话语概念中的每个新积层，我们也会扩大可能实践的范围。

从自我到关系

对心理状态传统的强调与对个体治疗和治愈的关注紧密相连。因此，关系是从私人个体之间的联盟中建立起来的。实际上，关系是二手的或人造的发明，从独立自我的原材料中建构出来。群体和家庭治疗中的运动提供了一系列实践选择，围绕诸如群体动力学、家庭结构和心理互依性等概念建立起来。然而，在许多（但不是所有）这种例子中，关 107
系活动都被当做从根本上私人的、心理过程的派生物来对待。伴随着从心智到话语的建构论转向，关注点也显著地移向高于一切的关系上。实际上，语言从根本上是一种关系现象。就像握手或跳探戈，它不可能一个人完成。因此，意义不存在于个体行动者的心智之中，而是在不断出现的关系过程的达成中（Gergen，1994a，Chapter11）。正是在这种语境中，我们可以更充分地领会对先前描述的共同建构的强调。正是在治疗学家—咨询者交流的母体中，意义逐步形成。

大多数包含在此分析中的治疗实践都带有强调关系这一前提，然而，与此同时，对关系（相对于个体思维）的强调还可以向很多方向扩展。在这里可以构想一种关系的同心圆，首先从治疗学家—咨询者开始，然后扩展至咨询者与直系亲属、密友、朋友等之间的关系。在这个外圈中，一些治疗学家又往回推以考虑之前的关系。正如玛丽·格根（Gergen，2000）提出的，我们都携带着一组“社会鬼魂”。为了利用这些通常很重要的关系，佩恩和弗兰克福（Pann & Frankfurt，1994）有时会让咨询者写信给一个去世的亲人。为了进一步扩大这个圈，还有其他治疗学家考虑将更广泛的社区，如工作场所、教室等包括进来。在瑞典，伊奇鲁德（Egelund，1997）及其同事把父母、老师、社会工作者和其他看法与该案例有关的人等都囊括进他们的“城镇”治疗中。再进一步扩大这个圈，一些治疗学家极其关注个体与广阔社会语境的关系——与权力制度机构、压制的文化传统等的关系。例如，纽曼（Newman）和赫兹曼（Holzman）的“社会治疗”，尝试把个体问题与广泛的社会条件联结起来——种族关系、就业机会和社区行动等。在同样的脉络下，弗里曼、艾普斯顿和劳勃维兹（Freeman，Epston & Lobovits，1997）写道：“因为问题—饱和（problem-saturated）的叙述嵌套在关于角色和行为的社会、文化、经济和性别的假设中，我们将探究这些因素并努力弄清它们如何作用于不同的家庭成员。”（p. 51）伴随着圆圈中向外移动的每一步，实践中就可能出现新的举动。

虽然需要挑战和创新，但朝向关系方向的治疗转变的确需要继续受到关注。对于人们，复兴社会决定论隐喻的危险持续存在，在这些隐喻中自我成为他者——包括家庭、工作场所、经济结构等——影响的受害者。社会建构论不是一种社会决定论，它强调的是通过协调达成意义。在此，我们与凯西·温加滕（Weingarten，1998）的观点一致：“我与其他每个人都接受着同样的制造和破坏世界过程的影响，我永远不能把自己置于一种客观的局外人位置，而必须常常认识到自己是一个参与者。”（p. 5）随着这种强调的转移，我们也被引向把“主我”（I）再概念化为总是已经作为关系的一个组成部分（see Chapter 2）。这并不是要通过这样一种途径把关系领域客观化以放弃个体探究（Parre & Sawatzky，1999）。再说一次，建构论与对传统的摧毁无关。我们被引向自我探索的情境化，被引向考虑与个体主义理解不同的关系的实用效果。 108

从单一到多音性

传统治疗一直陶醉于单一和统一的隐喻。首先，传统治疗中存在客观真理单一性的承诺和对一个统一学科的抱负。进一步来说，存在一种自我的传统理想型，认为其精神世界是一致、完整和统一的。正因如此，我们常常轻蔑地谈到心理紧张、精神分裂、多重人格障碍和精神分裂型人格。伴随着建构论意识的出现，这些关于统一性的传统浪漫故事受到质疑。为现实的多元建构的辩论——每一种在一个特定诠释共同体内是合法的——使“单一、一致性真理”观念显得狭隘而潜在地具有压迫性。再者，人们嵌入在多元关系中——每个人都以不同的方式建构着其认同和世界，一个统一自我的理想型似乎越来越不受欢迎，即便这一理想型不是反适应性的（Gergen，1991）。在这些条件下，我们可能需要某种类似于易变人格的概念（Lifton，1993）。正是在这种理智和文化语境中，一系列新的治疗实践被培育出来。

开始，此种治疗往往朝咨询者现实的多元性努力。正如温加滕（1998）写的：“一个后现代叙事治疗学家一般不会对尝试探寻问题原因的谈话感兴趣。取而代之的是，他对这样的谈话极为感兴趣：一旦出现一个问题，这些谈话可以形成很多可能的向前推进的途径。”（p. 14）或者正如里科宁和史密斯（Riikonen & Smith，1997）所表述的：“认为鼓舞人心的世界只能通过一种方式来建立是错误的。”（p. 90）在这里，汤姆·安德森（1991，1995）和他的同事对反思小组（reflecting team）的研究提供了一个重要突破。当一个家庭治疗会议的多个观察者与家庭成员分享他们的观点，并且邀请这个家庭评论这些解释时，他们都获得考虑所有选择——包括那些他们自己提出的备选项——的自由。这里并不试图确定“问题的真正本质”，而是为替代性未来提供多种途径。

除了这些使解释丰富化的实践，其他治疗学家已经明确地关注于自我多元性（self-multiplicity）。例如，最为尖锐的是，卡尔·汤姆（1999）提出了一种“内化他者访谈”（internalized other interviewing）的过程，在这个过程中他访谈了咨询者心中另一个人的声音。举例说明，如果咨询者带有对另一个人的怒气，这位咨询者可能会被要求尽可能深地进入那个人的经历并从其“主我”立场说话。在更一般的框架
109 内，佩恩和弗兰克福（Pann & Frankfurt，1994）发现他们的咨询者中很多都带着“压缩独白”（constricting monologues）进入治疗：作为治疗学家，他们鼓励“叙事多元性”的发展。他们首先把替代声音——例如积极的、乐观的或自信的声音——的可能性引入到与咨询者的交谈中。然后，咨询者被鼓励用一种可以引发新声音的方式去书写——例如，写给活着或死去的人的信、对话、会议中间的笔记、日志和诗歌等。佩恩（1998）也曾做实验把新的、想象的声音引入咨询者叙事中。与此相似，里科宁和史密斯（Riikonen & Smith，1997）关注的是文化支配话语、限制个体行动的方式。身体或性虐待的案例很典型，在这里受害者过快地采纳常规观点，在其中他们被界定为无价值的或活该受虐。治疗学家会问诸如此类的问题：“你认为这些压迫性描述从何而来？你的哪些其他类型描述/声音已经被压抑了？你曾经能听取其他观点吗？如果你曾经能够听取更多那些不同观点，这可能意味着什么？”（p. 123）正如赫曼斯和科彭（Hermans & Kempen，1993）进一步详细论述的，这些新声音引发了有着重要更换潜力的内部对话。

虽然这种对多元自我的探索象征着一种影响深远的运动，但我们也面临着重要问题。鼓励多元现实就是违背共同习俗，并且对于很多人而言相对主义是备受谴责的。如果存在多元诠释，那么什么才是真正有价值的？什么是最终值得做的？有些咨询者——渴望得到解答他们问题的

“答案”——可能发现自己迷失于一堆选择之中。如果没有一种选择比另一个更合理，那么为什么要选择？似乎很清楚，就像其他建构主义实践，选择要向多样化推进必须被情境化；必须注意何时、何地它是有用的（或没用的）。就多重自我而言，我们定位了进一步的挑战。很多有很高价值的制度都建立在单一自我概念的基础上，培养多音性现实可能会把此类传统置于危险之中。比如，传统形式的亲昵行为嵌入信任能力——像对方真正所是的那样了解她／他的能力——之中。然而，多音的他者却感觉似乎忠诚度很低；往往他／她看上去油嘴滑舌、肤浅，或只是游戏人生者。与此相似，让一个人承担责任的可能性依赖于做事者是“唯一者”（或单一行动者）的概念。如果每种行为只是一大组内在性格的反映，那么何者才应为他的行为而受责备或嘉奖？这些仅仅是当前迫近的议题中的典型问题。

从问题到前景

传统治疗建立在疾病和治愈的医学模式基础上，在传统治疗中患者（咨询者）面临着问题——典型地被指示为病理学、适应困难、关系失调等——和治疗学家医治该问题的任务，他们通过一种途径以使问题得到减轻或根除（“治愈”）。正是“问题”的假设，保证了整个诊断过程，110
并事实上促进了诊断标准的发展［例如，《心理疾病诊断统计手册》(*DSMIV*)］。可是，从建构论者立场来看，传统治疗的整个系列相互关联的假设和实践都犯了一种实在论的谬误，这种谬误在于假定“问题”（疾病）独立于我们的诠释形式而存在。对于建构论者，“问题”这个词是一个随意性的诠释。世界上不存在任何“问题”，只是世界需要这种话语。再说一次，这并不是要放弃常规用法中的问题术语，而是让我们暂停下来以思考其后果。因为，正如很多人推论的，以问题方式界定世界往往在一种难以驾驭的情况下将一种现实本质化。当治疗学家着手探究咨询者的问题时，他们也产生了一种在严重性和可感知性上增强的谈话现实。选择变得越来越少，痛苦被维持而不是被减轻。伴随着诊断术语的运用，会产生特别的缺点。当治疗学家把疑难源头定位在咨询者

(或家庭)之内时，他们就把个体(或家庭)置于一种依赖性和受轻视的位置上，同时把治疗学家自己造就成专家。治愈依靠于治疗学家的技能而非咨询者的技能。[11]

随着这些讨论的进行，治疗学家已发展出一系列实践，试图避免把问题具体化，而把注意力转向一种具有积极前景的话语。正如里科宁和史密斯(Riikonen & Smith，1997)所表述的："我们已经习惯于把分析问题作为解决、解开或解构它们的一个先决条件。在多数情况下似乎谈论行动、经历和想法更为有用，这可以促使事物好转。"(p. 25)在叙事治疗中，也包含在叙述一个人历史中对积极事件重要性的探索(Suddaby & Landau，1998)。在这方面最引人注目的是以问题解决为中心的治疗作品(for example，Berg & de Shazer，1993；de Shazer，1994；O'Hanlon & Weiner-Davis，1988)。在此，赞成探索未来资源和目标的问题话语几乎被完全放弃。这种"非凡问题"(miracle question)本质上是一种导向新的对话领域的邀请，在其中对未来现实的创造优先于对过去问题的客观化。

不过，再次强调，重要的是要对在前景取向实践中的可能缺点保持敏感。正如安德森(1997)在著作中强调的，尊重咨询者现实对于生成性的关系很必要。或者如威廉·奥汉隆(O'Hanlon，1993)提出的："如果咨询者没有意识到你已经倾听、承认并重视他们，他们或者会花时间让你信服其痛苦的合理性，或者把治疗全交给你。"(p. 7)因此，通过迅速移向解构或分解"问题"，治疗学家可能会冒破坏双方和谐关系的风险。此外，在相对化咨询者对问题的解释成为可能的同时，他/她的界定可能与治疗外的关系密切相连。不管重构的可能性有多大，对
111 于大多数人来说，在更广泛的文化中"身体虐待"或"乱伦"仍然属于问题的范畴。抑制这种解释就冒有把咨询者从他/她相关环境中隔离出去的危险。这一点也与先前对道德承诺的讨论相关。问题常常是针对一种特定的价值传统而言的，质疑我报告的"我的问题"也是将相关传统置于疑问之中。这绝不是反驳前景取向的实践，而是鼓励人们对在更广泛意义上制造母体中使用此类实践进行反思。

从洞察到行动

关注个体心理缺陷的传统治疗也把个体心理看做治疗变化的场所。例如，无论根据移情、导泻、自我理解、自我接纳、重新解释还是认知改变，大多数治疗实践都是围绕这样的假设建立的：成功的治疗主要依赖于个体心智中的一种变化。而且，存在一个典型假设认为这种变化可以在治疗关系中完成。"治疗突破"的概念概括了这一观点：一旦改变在治疗室内得以实现，那么，这种改变就有希望在患者离开后仍保留下来。我们可以使用"**个体洞察力**"这个词来指示这类实践。

然而，当我们把重心从个体心智转向个体间话语关系时，我们发现传统的一系列实践不是目光短浅便是界线分明。从建构论者立场来看，产生意义的过程是不间断的，而且其形式和内容很可能从一种关系移到另一种关系。个体具有多元话语能力，而并不存在充分理由让我们预期，在治疗关系中产生的意义将会在关系之外继续存在。这种由治疗学家和咨询者共享的生动洞察本质上是**他们的**成就、一种对话瞬间，这个瞬间的意义从先前相互交流中获得，不能轻易地被提取出来并置于在时空上相距甚远的另一种对话之中。

当我们把意义源头定位在会话过程中时，我们本质上把意义制造过程看做社会活动。那么，意义不是发源于心智之中，不是在那里贮存以备未来之用，而是在行动中被创造，并在随后的调整过程中被重建。用夏德（1994）的话来说："与其往咨询者和治疗学家使用的语言之后和之下看，我认为不如说他们所用语言才是我们必须研究的全部……与常识观点相反，改变被视为在语言之中发生：我们谈及它的内容和谈的方式起着重要作用……"（p. 10）在这种语境下，关于治疗的共同建构所要问的首要问题便是：（1）一种特定形式的话语是否可以在治疗关系之外发挥作用；（2）这种话语的实践效果是否令人满意。举例说明，在对 112
一种荣格学派的实践中，一个人也许会获得整个专业性词汇的原型。虽然这组词汇使一种丰富的关系在治疗环境中得到发展，但它却几乎不能被置于其他地方的实践中。然而，这组词汇几乎不能以谈话的工作方式取得任何成效。就实际效果而言，释放压抑情绪疗法可以令人快速宣泄愤怒和痛苦。然而，虽然这些宣泄在社会生活中能够产生显著影响，但结果很可能对咨询者并无助益。

有一对准则——可行动性和实用效果——在建构主义治疗中很少浮出水面。在某种程度上，这种相对的不关心是建立在这种观点基础上的：治疗谈话（与内部对话一起）可以在关系外部世界产生效果。然而，这个假定在很大程度上是一张期票。特别致力于制造这种联系的实践是很欠缺的。为了说明这种可能性，怀特和艾普斯顿（White & Epston，1990）已经开展了各种各样鉴定实践来赋予新出现的叙事以生命力。他们可以开展庆祝活动，在对其有重要意义的人们列席的情况下给予其奖励，或举办“新闻发布会”，在该发布会上将个体达到新状态的事情向各种重要的他人宣布。怀特充实了他所称的“你的生活俱乐部”，它可能包括任何人，活着的或死去的，实际的或想象的。艾普斯顿和他的同事（Madigan & Epston，1995）帮助患有饮食紊乱的咨询者建立了政治取向的支持性小组。社会治疗学者（Newman & Holzman，1999）使得咨询者参与到政治行动主义中，以之作为增加他们对影响其生活之事件的控制力的一种方式。对实践行动的强调也帮助我们来体会群体和家庭治疗实践的特质。在这里咨询者的话语直接进入公共场合，而其实用效果变得更加明显。进一步说，我们在角色扮演治疗中找到了新的支点。如果得到适当的引导，那么咨询者可以获得改善社会表达方式方面的技能。我们认为，对于治疗共同体最重要的挑战是扩展这些资源以达到实用效果。

反思与创造性挑战

心理治疗向建构论感知的转移引发了概念和实践的转型。不仅治疗学家的总体态度在现代主义基础上发生了重要置换，而且一系列新实践和相伴随的挑战也已经出现。然而，我们在这一分析中的目的并不局限于描述变化的轮廓。在这里，我们也发现了一些建设性批评和新背离的产物。这种分析的启发式价值通过首先把以上变化维度与作例证的治疗
学家和/或实践联系起来，可以被开启。举个例子，我们提出下表右边 113
一栏中的每个个体或实践都能够有效地例证左边的概念维度：

立场上的灵活性	林恩·霍夫曼
建构意识	米兰学派
协作取向	协作语言系统
价值相关立场	女权主义治疗
话语强调	叙事治疗
关系强调	“城镇”治疗
多音性强调	反思过程
前景强调	聚焦于简要/问题解决的
行动强调	社会治疗

当按照这种方式罗列时，相关问题就出现了：是否与一个概念维度相协调的一位理论家或一种实践也会与其他的相一致？一种指定的实践可能在实现建构论转变的一个核心方面高度有效，而与此同时，原则上它可以与其他建构论方向不相干或相对立。例如，不是所有强调多音性的治疗都参与政治或意识形态，也不是所有关注积极前景的实践都强调关系过程等。因此，这里勾勒的分析范畴可以充当反思的标准：假定一种特定治疗实践，它以何种方式反映了（或没有反映）这些各种各样的维度？更为重要的是，当它没有达到这些目标之一时，我们能够确定这种实践有着更丰富的潜力吗？实际上，对一种既定实践有无考虑到变化维度的方式进行考量，会引发新实践可以于其中得到展望的一种创造性态势。

举例说明，首先思考由怀特和艾普斯顿（White & Epston，1990）概述的当前叙事治疗的典型形式。在建构论世界中，此种实践因为其建构意识、协作立场、价值意识以及它对关系、前景和行动的强调，会获得相当高的评价。这种实践的确在这些方面看上去很灵活，在实践中几乎没有更为传统的立场或实践的空间，即使它们的实用效果可能在某些情况下是优越的。此外，在这种实践中存在强调叙述单一性的强烈倾

向。所做的尝试首先要帮助咨询者从令人悲伤和支配性的话语控制中解脱出来，并产生一种更有效的叙事。这种实践基本上没有强调咨询者可能带入治疗的叙述的多元性，也很少强调在一个多元叙事的流动空间行进的可能性。那么，生成性挑战将是探求一些途径，以使这种取向可以变得更加灵活且运用多种传统，并把多种声音和视野引入对话中。

114 同理，我们可以探索以问题解决为中心的治疗的新发展，它受到政治和意识形态意涵思考的促进。我们也可以探索当行动结果被置于中心时反思小组实践的新潜力。基于意识形态的治疗也可以通过以问题解决为中心的话语（“社会的责任”）转向有希望的可能性而取得较大的收获。正如我们所发现的，在过去 20 年里治疗的概念和实践发生了引人注目的变化。不过，我们现在面临着重大的挑战，同时新颖和革新的实践可能性也塑造着一幅激动人心的未来图景。

注释

[1] 近几年，大量已出版的文献都表明这种趋势已经出现，其中包括麦克纳米和格根（McNamee & Gergen，1992）的《作为社会建构的治疗》（*Therapy as Social Construction*）、弗里德曼（Friedman，1993）的《语言变化视角下：心理治疗中心建构合作》（*The New Language of Change：Constructive Collaboration in Psychotherapy*）、吉利根和普赖斯（Gilligan & Price，1993）的《治疗性会谈》（*Therapeutic Conversations*）、霍伊关于建构治疗的系列著作（Hoyt，1994，1998）以及罗森和库勒威恩（Rosen & Kuehlwein，1996）的《构建现实》（*Constructing Realities*）。

[2] 精神分析和建构论的拥护者也许都会反对这个主张。然而，当精神分析理论假定精神分析多样化的过程违背了经验假设和分析取向时——包括弗洛伊德在内，便迈向了获得关于这些过程的客观知识之路。同样，当凯利（1955）关于个体的观点偏离经验假设时，这个理论从本质上开始捍卫“科学人”的形象。

[3] 更多关于西方现代主义中对经验论的论述，参见霍林格（Hollinger，1994）、罗森诺（Rosenau，1992）和格根（Gergen，1991）。

[4] 参见戈德纳（Goldner，1998）的多元理论/实践观点以及对建构论的精彩运用。

[5] 关于倾向诊断和结果的一个对话示范个案，参见赛库拉、阿尔托宁和阿拉

卡热（Seikkula，Aaltonen & Alakare，1995）。

［6］引例参见库什曼（Cushman，1990）、帕克等人（1995）、卡辛和柯克（Kutchins & Kirk，1997）、马斯廷（Mustin，1994）以及格根（1994a）。

［7］更多关于实现一体化结果的方式与途径的深入讨论，参见贝克尔、蔡辛、赫尔佐格和罗斯（Becker，Chasin，Herzog & Roth，1995）、麦克纳米和格根（McNamee & Gergen，1999）以及皮尔斯和利特尔约翰（Pearce & Littlejohn，1997）。

［8］引例自朝向诊断关系的运动，参见卡斯洛（Kaslow，1996）。

［9］关于对治疗中意义关系起源的精彩论述，参见奥尼尔（O'Neill，1998）。

［10］詹姆斯·格里菲斯和梅利莎·格里菲斯（James Griffith & Melissa Griffith，1994）在《身体如是说》（*The Body Speaks*）一书中的论述代表了一种将叙事和身体结合在一起的开创性尝试。

［11］更多关于精神和关系诊断方面问题的参考文献参见 http://www. swarthmore. edu/SocSci/kgergen 1/Psychodiagnostics/index. html。

115

第7章　社会建构与教育学实践

与斯坦顿·沃瑟姆合著

教育实践典型地与假设网络相联系，即通过一种关于人类的本性、能力及其与世界的关系和彼此之间关系的共享话语。就教育而言，也许最核心的概念便是知识概念本身。那么，我们怎样界定或概念化知识，以使教育实践成为必要的，并且使某些实践变得比其他实践更受偏爱？显然，完全不同的知识概念会促使关于教育过程的观念出现分歧。如果我们同某些浪漫主义者一道相信“心自有其逻辑”（the heart has its reason)，那么我们可以用强烈的情感和精神的邂逅代替书本和授课。我们是否可以同居住在吕宋岛北部的易隆哥人（the Ilongot）一起相信，知识是在愤怒的剧痛中或在智慧的追寻中获得的？若是，则学校里的正规训练可以被战争经验所取代。那么在这种情况下，关于知识的信条，鼓舞、合理化并维持着我们的教育实践。

考虑到对于基础性假设的这种关注，我们期望首先概述对西方传统很重要的两个主要概念，这些概念在今天仍在继续影响着我们所参与的大部分教育实践。接下来我们要提出的是，就认识论和意识形态的承诺而言，这些紧密相关的信仰体系都存在着深刻的问题。然后我们将勾画出对这些观点的一种替代观点，即一种产生于社会建构论立场的观点。

社会建构论在不试图破坏传统观点的同时也提供了一种重要的选择。这样做也为一系列新的实践敞开了大门。

知识：外生与内生传统 116

尽管我们可以用很多方式来剖析我们的历史传统，但在这里挑选出两种突出的知识倾向仍是颇有助益的：一方面是**外生的**（或以世界为中心的）倾向，另一方面是**内生的**（或以思想为中心的）倾向。教育的外生传统可以追溯到知识的经验哲学（从洛克到逻辑实证主义），而内生传统在很大程度上应把其可理解性归功于理性主义传统［从笛卡尔和康德经过福多尔（Fodor）和人工智能运动］。这两种倾向都包含了思想/世界二元论，在其中外部世界的存在（典型地是物质现实）与心理世界的存在（认知的、主观的、符号象征的世界）相对立。然而，从外生的立场来看，当个体的内部状态反映或准确表现了（或者充当了一面镜子）外部世界的存在状态时，便获得了知识。外生思想家常常特别强调在知识获得过程中的敏锐观察，同时倾向于把情感和个人价值观看做潜在威胁，认为它们不利于对准确记录世界事实上的样子所需要的价值中立。此外，外生主义者同样倾向于强调个体能力中知识的重要性，这种能力使他们适应环境或在复杂环境中获得成功。正如他们所认为的那样，如果我们要在世界上成功地找到自己的路，那么，我们就必须拥有一张对自然的“内部映像”地图。对于外生主义者来说，世界主要是既定的，而当思想准确地反映世界时，它才是运转得最好的。

内生传统在其二元论基础及其对价值中立的强调方面与外生传统相似。然而，在内生传统把对世界的仔细观察当做获得知识的钥匙的同时，内生主义者主要强调的是个体推理的能力。外生教育者倾向于关注对构建一种准确的再现来说必要的环境投入，在同一点上内生教育者则主要强调人类内在的洞察、逻辑或概念提升的能力。在这种意义上，外生理论家很可能把外部或物质世界看做是既定的，他们推测自然如何在思想中精准地再现出来。而内生思想家则很可能把精神世界看做是不言自明的，他们提出关于思想通过何种途径运作能够对自然充分发挥作用的问题。在有关后天培养对天性（环境决定论 vs. 先天论）的影响的辩论中，外生主义者偏向于天性对个体产生的影响，无限且不断地对个体思想进行塑造也是可能的；相反，内生主义者则集中关注内在或天生的能力以及个体思想的发展，学习的局限性可以追溯到认识系统的发展阶段。

每一种知识倾向也对某些形式的教育实践的正当化和理性化发挥着一定的作用。大致来说，外生取向是以题材或课程为中心的。从外生视
117 角来看，学生在很大程度上被视为一张白板（*tabula rasa*），教育过程应该在其上面描绘下世界的基本特征。更具体地说，这种视角倾向于强调学生的直接观察或丰富的实验经验——对样本或样品的收集、参与式观察、实验室试验、田野远足等。外生视角也偏爱接触书本和授课，因为正是通过这些途径个体能够获得直接观察得不到的大量信息。外生观点赞同考试程序，在考试中主要强调评估个体的知识水平。诸如多项选择题、标准测试、数据标准化等手段都可能显示“白板被内容填充到了”什么程度。

相反，内生视角是以儿童或学生为中心的。内生课程主要强调个体的理性能力。个体头脑中存储的信息量不如他们审慎思考信息的方式重要。因此内生视角尤其强调诸如数学、哲学和外语等被认为是可以提高个人思考能力的所有学科。课堂讨论比授课更受欢迎，因为正是通过积极参与，认知技能得到最充分的提升。论文考试和学期论文则比标准化测试更受偏爱，因为理性分析不仅通过这些手段得到了更好的训练，而且理想的评估应该强调质而不是量。毫无疑问，曾有人尝试整合这两种传统。皮亚杰（1954）的理论化具有一定的典范性，他假设了认知发展的两种相对立的过程，对真实的世界客体的认知适应（*accommodation*）（遵从外生传统）和在认知结构下的认知吸收（*assimilation*）（维持内生传统）。我们将会在接下来的社会建构主义讨论中更多地谈及此类整合。

作为个体所有物的知识的让渡

尽管当代教育政策和教育学变得很理性了，在很大程度上是通过这些历时甚久的知识概念变得理性的，但看起来这些传统正在迅速地被破坏。在某种程度上，这种破坏是由这些传统总是存在于不稳固的根基上的事实所造成的。在这两个视角中，哲学家从未能够解决认识论的基本问题——大脑怎样从外在于它的一个世界中获得知识。事实上，每种视角的动力在很大程度上都源于与它相对观点内部的缺点。正如现在很多人认为的，知识问题是固有地不能被解决的（Rorty，1979）。如果我们着手区分什么是存在于个体思想**外部**和**内部**的，那么我们就设置了一个 118
固有的很难操作的问题，很难决定前者如何被后者精确地显示出来。这种结论也使得外生和内生的知识概念易于遭受比较近期的各种名为后经验主义、后基础主义、后启蒙运动、后结构主义和后现代的批评的连续炮轰（参见第 1 至第 3 章）。在这些阵营里，事实上外生和内生的知识概念都已不再通用。

然而，有一个争论在这些相对近期的对话中出现，它的确值得我们进一步关注。外生和内生传统都把知识定位在单个个体的思想中。正是个体通过观察和思考，在挑战中获得知识。有人认为，只有依靠个体占有知识，他/她才能在一个复杂的世界中生存或发展。这种信念的不稳固基础只是我们迟疑的一个原因。也许更重要的是，我们必须探究对文化生活的影响，以此来推测是否是这样。如果我们宣称知识对于生存是必要的，知识存在于分离的个体头脑中，那么将会带来什么形式的文化实践，什么样的群体会被赋予特权，什么传统或可能性会被压制或彻底消除？

按照这种方式构想，就会有反抗的理由。从本质上讲，这一知识概念与**自足式个体主义**（*self-contained individualism*）的意识形态相关联（参见第 2 章）。把知识看做个体思想的所有物与其他认为个体是其自身的动机、情感或本质的所有者的观点相一致。这种传统使得人们都把自己看做他们的行动的中心——作为孤立的选择者、研究者和发现者——面临着生存和成功的挑战。正如评论家谈论的，此类信念不仅青睐一种自恋或对生活的“自我优先”意向，而且把他人（与物质环境一起）抛入一种次要或工具性的角色。人们和环境首要地被按照它们能为自己做些什么来看。进一步说，因为孕育这种倾向的根本孤立感（“我一个人”），人类关系被看做是人工发明，本质上与独立的自然状态相对立。最重要的是，当全世界的人们变得越来越相互依赖，当他们获得共同毁灭的能力（或者通过双手或者通过污染）时，自足式个体主义的意识形态就对人类福祉造成了威胁。在这些情况下，考虑我对你、我们对他们就不再有用了。那么我们谈论的不是抽象和深奥的哲学了，而是一种在某些方面可能对全球福祉有害的信念体系（see Gergen，1999）。

知识的社会建构

随着知识的传统观点中所存在的这些问题变得日益明显，人们对可能的后继方案的兴趣也越来越浓厚。这恰好也正发生在社会建构论者的
119 对话获得其时代意义之时。很多后基础主义评论都集中在恢复到曾一直被断言为是天然的文化，即用在社区内创造的真实的假设代替由自然检验的真实的假设。就以上争论而言，这是将知识视为一种副产品，不是产生于个体思想，而是产生于相互关系中。或者，重申一下本书中的主题，**所有关于真和善的有意义的主张都源自关系**。这就把知识生产领域带入了锐聚焦之下：人们之间协调行动的进行过程。它将突出谈话者之间即时即地的交流，并且将意义置于互相依赖的模型中。遵循维特根斯坦（1953）的观点，并不存在私人语言（先于个体在关系中形成意义的那一刻），语言（和其他行动）在社会使用中获得其可理解性，因为它们是与他人的行动相协调的。孤立的个体并不会因此而变得不可理解，不过是把他们私人行动的可理解性追溯到其在关系中的预先浸淫。个体

可能会实施传统上表明“想法”或“感觉”的行动，然而，这些行动也许可以被适当地看做是在个体位置上实施的关系形式。

为了准备我们后面关于教育实践的讨论，必须多谈一下关系的重要性。形容这种感觉的一条有用的途径是，一位行动者从来都词不达意，只能通过另一位行动者来补充行动。无论说了什么或写了什么都没有固有的意义，它本身也不能传达单义的信息。仅仅由接受者（倾听者或读者）决定的一系列词语或行为的意义也不是单义的。一个个体的行动（包括语言和其他）可以作为可能的关系序列的指示器，它们引入某些行动路线而不是其他路线。在用一种或另一种行动路线回应时，接受者给予了初始行动一种潜在形式的意义，而与很多其他可能性相对。因此，“查克，我想你会觉得它有趣”，这句评论会招致或引起这种反应：“好，我看看。”这种反应赋予那句评论以一种分享信息的邀请的意义。然而，同样貌似合理的反应是：“是的（转动眼睛），我敢打赌。”这句话用一种不同的方式定位了对方的话，产生了一种把它视为操纵意味的效果。

因此，授课和书本直到学生为它们赋权时才有了意义。而且，无论授课还是书本都不能决定它们被指定的意义。它们展开了种种可供选择的意义，不同学生从中做出的选择很可能也不同。通过反馈和评估，老师会缩减可供选择的范围——把学生引向“被认可的”结果。可是，反馈和评估与授课和书本基于同样的立场上——从属于它们对之没有决定性控制力的各种各样的补充物。这些导向性假设到位之后，我们将注意力集中在对几种重要推论的探讨之中。

不确定性 120

可理解性从来不是已完成的。任何已确定的意义都向无限的再度赋予含义开放，产生可理解性的过程得到完成的这一时刻并不存在。正像本来的那样，词语并没有定论以使我们能够确定一场讲座或一篇课文的意思是什么。随着时间和谈话的推进，如今课堂上的“真和美”可以被修改为“陈腐的”或“应受意识形态质疑的”，而如今受到轻视的学科可以变成吸引人的学科。可以确定的是，我们经常把可理解性当做**既成事实**（*fait accompli*）。“那就是正确答案”、“我完全理解你”以及“他写得十分清楚”都是在发出完全掌握意义的信号。然而，这些只是在一场延续的会话中存在的一些凝固的时刻，在任何时候这种认识都可能失效（“我原以为你持有正确答案，直到我进一步阅读才发现不是”），并且它们本身就向说话者或他人进一步的释义开放（“你说你理解我，但我对此很怀疑”）。

多音性

当谈话者进入新的关系中并尝试一起创造可理解性时，他们会依靠先前意义达成的实践。与此同时，因为他们典型地参与了分散于不同时间和场景中的多种多样的关系，他们的话语和行为也会被输入当前巨大的关于词语和行动的词汇库。实际上，我们是以多音状态进入每种关系中的——身边带着从过去挪用来的众多声音。因此任何既有的句子可能代表了一种过去言词的模仿品，拼凑进入连贯性中，没固定目标地漂浮在未知海域上。同时，通过传统的凹痕或交流的受限定历史，任何既定关系中的意义制造都会倾向于缩减可用义源的范围。在法语课上，一个人对英语的依赖会渐渐消失；心理学课程会引导学生放弃有关自由意愿、精神和道德责任等的共同话语。

语境化

意义的相关生产远不止使用谈话者的言词和行动。谈话者之间的协调经常会使用各种各样的客体，并且这种协调总是在具体的物质情境中发生的。因此，棒球的话语不仅依赖于行动的模式，还依赖于诸如球棒、手套和球等客体。并且，这些协调模式还会被运动场促进或限制。或者，用维特根斯坦（1953）的说法，我们的语言游戏发生在**生活方式**中。从这种意义上，每种生活方式可能都归结于个体引进任何新关系中的资源。就一个人使用客体或唤起情境并用这种客体或情境在任何既定
121 关系中建构意义的能力而言，他/她不只处在多音状态，而且带着多潜

能状态进入关系。这类协调能力的范围越广，人们在迎接陌生和新奇的不断挑战时就会越灵活和有效。用种比喻的说法，生活可能近似于一系列爵士音乐会，在其中连续不断出现的大量新伙伴和新场所也要求无尽的即兴创作。

语用论

这里发展的相关观点不仅与认为语言是内在状况的外在表现的传统语言观念截然不同，而且与语言可以作为世界的精确“图画”或“地图”（它可以“告知真实”）的广泛共享的假设形成鲜明对照。在这里，语言主要作为一种关系的构成特征来发挥作用。爱人们可能需要一个情感的词汇表来营造一个浪漫爱情的情节；同样，一个神经内分泌学实验小组也需要诸如下丘脑和氨基酸等术语以使自己与实验程序相协调。但是在爱情和神经内分泌学这两个例子中，语言都没有刻画或描绘出它自身之外的一个世界；语言只是作为恋爱或做实验室研究的一个必不可少的因素发挥作用（就像前者例子中的微笑和拥抱，以及后者中的化验和日志）。从这种视角，我们也能够以语用含义的观点瞥见评估教育实践的重要性。各种各样的学术话语在何种程度上嵌入文化行动的广泛模式中或与之相关？在我们的学校中学生的生活方式的实用潜力有哪些？然而，在转移到特定的实践议题之前，考察建构中相互矛盾的特性之间的差异会很有帮助。

建构的多样性

随着时间的流逝，建构论者的观点已经具备了很多形式，也在以截然不同的方式得到应用。举个例子，伯格和卢克曼（Berger & Luckmann，1966）在他们的经典著作中用社会建构论来代表一种特殊形式的社会现象学，与社会的结构概念相联系。在当前的建构论解释中，当他们对知识的社会基础的关注仍在持续时，假设基础却已经被彻底改变了，无论是现象学还是社会结构观点都发生了改变。与此类似，建构论这个术语已被大量不同的理论家使用，在乔治·凯利（Kelly，1955）的建构论中这个术语出现的方式与格拉泽斯菲尔德（von Glasersfeld，1988）或皮亚杰（1954）的建构论中出现的方式并不完全一致。因为建构观点在比较近期的教育学研究中扮演了重要的角色，探寻以上勾勒出的社会建构论与两种可供选择的倾向——**激进建构论**和**社会建构论**——之间的不同将会被证明是有用的。

122 格拉泽斯菲尔德的激进建构论受到皮亚杰理论的很大影响，并且与教育各方面的认知倾向有很多共同点。不过，与认知学家（那些具有讽刺意味的依然坚持一种经验主义科学观点的人）不同，建构论者都深切忧虑外生认识论及其对只把知识视作对世界的一种准确反映的过分强调。他们都质疑把知识看做是通过机敏观察而“建立”在头脑中的观点。因此，他们也都质疑传统上被赋权宣称真理超越任何人的立场的人的权威。然而，除了这些密切联系外，也存在相当显著的差异。因为，也必须从之前的叙述中澄清的是，激进建构论的确支持思想／世界二元论并将自己的赌注压在认知（内生）过程上。用格拉泽斯菲尔德（1988）的话来说：“知识不是通过感官或沟通途径被动地得到的，而是通过认知主体主动地构建起来的。”（p. 83）因此知识并不是世界的一种反映。而是正如理查兹和格拉泽斯菲尔德（Richards & von Glasersfeld，1979）所表述的：

> 我们将“知识”再定义为与生命有机体的经验中的恒常性有关，而非与独立存在的世界中的实体、结构和事件有关。相应地，我们也对“领悟”再定义。它并不是对从外部进来的信息的接受或者复制，而是恒常性的建构，通过这种方法有机体可以理解和组织其自身的经验。（p. 40）

这种对知识的描述被如此充分地内在化，以至于它开始提供给建构论者摆脱二元论指责的一种方法。也就是说，通过把认识论整个置于一种内在的解释之中，“外在”可以从关注中被抹去，而理论则可以被看做是单一论性质。然而，通过这种方式逃脱二元论的斯库拉巨岩，却使这种理论又面临着一个同样危险的卡律布狄斯大漩涡，也就是作茧自缚的唯我论。因为，如果我们每个人都只简单地把自己禁锢在自我经验中，按照我们能够做到的方式来建构世界，那么所有被我们看做是“世界”的事物，所有被我们相信是“其他人”的事物，都完全是我们自己设计的产物。我简明地构成了一个想法，存在一个世界，在其中存在着拥有思想的其他人。那么，就不需要解释我们怎样在这个世界中生存下去，或者，事实上，甚至是否存在一个挑战我们适应能力的世界都成问题。

对于认识论学者来说，这是一个不幸的死胡同，格拉泽斯菲尔德也决不希望停留于此。因此，为了避免唯我论问题，实用主义的维度就被加入到这个理论中。正如格拉泽斯菲尔德（1988）写的：“认知的功能是适应性的，服务于主体对经验世界的组织。”（p. 83）他又这样写道：“激进建构论是无耻的**工具主义者**……这里的适应概念意指进化理论中的基本生物概念。它指的是对环境的**适应**（*fit*）……”（p. 87）然而，支持这一立场需要两个认可。第一，存在一个一个真实世界，与人们对 123
其的经验相分离——从而再次主张了二元论者的假设。第二，对知识的内生描述是不足够的，它必须得到一种关注个体适应的真实世界的外生关注的补充。但是，第二种认可又一次把这个理论推进上述问题的螺旋体中。例如，除了通过个人分析经验，一个人又如何决定什么样的行动是具有适应性的呢？一个人在他／她对什么是适应性的估计中会犯错吗？这又能怎样决定？激进建构论者在何种根基上来捍卫他／她的立场呢？

当建构论者试图解释沟通时，这些问题就加剧了。正如格拉泽斯菲尔德（1988）指出的：“信号、标记、符号和语言的意义除了是主观的什么都不是。”（p. 88）但是，一个人如何首先能确定他人具有的主观性，他们的行动事实上是试图沟通这些主观性，某些行动沟通了主观性而其他的却没有，他人的特定行动与一个特定系列的主观状态有关联？实际上，个体往往被遗留在他／她的私人和主观世界里徘徊，期望着不管以什么方式，沟通能够出现。格拉泽斯菲尔德认识到了渐趋接近名副其实的沟通的某种事物出现的细微可能性，正如他推测的："……至多我们可能得出这样的结论，我们对他们的言词和句子的解释，似乎与我们在与他们互动过程中建立起来的他们思考和行动的模型相一致。"（p. 90）作为一种"至多"，一个人也许会期许更多。对知识和教育的建构主义倾向的更多批判性讨论可参见菲利普斯（Phillips，1997）、肖特尔（1995）、奥森（Olssen，1996）和奥斯本（Osborne，1996）。

在很多方面，社会建构论在可以称作社会建构论者的著作中发现了更为密切的同盟。我们说社会建构论，意思是描绘出一个对认知过程和社会环境都十分重要的工作框架。维果茨基构想（Vygotskian formulations）和其他行动理论都值得效仿（Holzman，1997；Kozulin，1998）。社会建构论在文化心理学家的教育著作中得到了陈述（Colte，1998；Seeger et al.，1998；Wertsch & Toma，1995），也在布鲁纳（1996）近期的很多著作中得到了例证。在赋予社会领域的重要性方面，社会建构论与对这类的探究颇为意气相投。在某种意义上，二者都把人类知识或理性看做群体的副产品。在这两个例子中，关系都优先于个体。即使教师的具体角色有所不同，两者也都把教师和学生之间的关系看成是教育过程的关键。

然而，尽管存在这些趋同性，对建构论者来说，社会建构论取向仍保持了与二元论者认识论和它所继承的所有哲学问题之间的关系。认识论的谜团依然是关于外部现实与内部现实是如何联系起来的。正是在这
124 同一脉络中，社会建构论者常常把与社会过程相对的精神作为探索的一个主要问题。对于这样的理论陈述，一个社会建构论者会觉得无趣，如果不是觉得困惑的话："连锁复合（在儿童朝向概念掌握的活动中）是按照如下原则建构的：一个链条中的分散元素和通过这条链条中这些元素的意义传输的一种动态、即时的统一。"（Vygotsky，1978，p. 139）相反，社会建构论著述将关注话语、对话、调整、联合意义制造和话语定位等（Bruffee，1993；Walkerdine，1997；Wertham，1994）。

最后，社会建构论者强烈地倾向于保持与价值中立的经验论宗旨的联系。经验论证被典型地用来使核心概念搁浅，但是却没有建构论者所

赞成的政治和伦理性反思。对于社会建构论者来说，理论阐释和方法论的履行的实用含义都是批判性思考。虽然如此，在对学习过程的关系特征的关注中，建构论者和社会建构论者是颇为类似的。

教育政策和教育学实践

我们已经大致浏览了传统知识概念中所存在的几个固有的问题，也审视了社会建构论者替代形式的基本原理。探寻教育政策和实践含义的挑战依旧存在。在这么做之前，必须有两个告诫。首先，以下并不试图放弃长久以来的传统。正如在前几章中强调的，建构论从未扬言要成为一种第一哲学以使这样一个新世界可以矗立在此基础上；也不试图以真理、伦理准则、政治视角或以任何其他普遍性标准的名义来代替所有传统。而是希望补充和扩展现存资源以服务于全球人类的福祉。这一点与另一点紧密联系：所有政策和教育学都可以通过社会建构论的透镜来理解。所有的传统实践——无论好坏和功效大小——都被用来去建构真和善的世界。实际上，都对可理解性之海作出某种贡献。核心问题是一种特定建构论意识的卷入能否开辟一条充满希望的新的出发之路。在这种脉络下，我们也将发现，很多现存的创新与一种建构论的可理解性是相互一致的。然而随着它们的密切关系逐渐明朗，我们也定位了可能性的新视野。让我们来探索五个具有特定相关性的领域。

从等级制到非正统分层结构 125

与不断累积的（外生）和普遍的（内生）传统知识观点相一致，教育机构是围绕弗雷勒（Friere，1985）所称的“营养学”模式建立起来的。这个模式本质上是按等级划分的，终极权威属于知识生产的共同体。这个领域典型地存在着专家，诸如科学家和学者等。因此，专家发现或揭示的真理最终被教给或被“喂给”——用弗雷勒的话来说——学生。在这种等级制内，接下来是把知识分别打包成教育单元的诸如课程设计者之类的教育专家。紧随其后的是从这些教育单元中进行挑选的管理者和官僚。最后教师加入进来，作为把教育营养散播给学生的工具。而学生只是被期望于消费这些知识。

尽管对这种模式的批评十分普遍，但它仍把教育实践描述得令人不安的好。艾波（Apple，1982）和其他学者已经引证说明了通过等级过程教育内容得以产生并传递给教师的过程。曼罕（Mehan，1979）和其他学者指出了学生是如何总是保持被动的，并且他们只是被期望吸收提供给他们的知识。在几种显著的方式上，社会建构论者增加了这类批判的维度。从一开始，建构论者就将所有对知识的论断看做是植根于特定意义制造的共同体之中的。结果，各种各样的知识体不可避免地会偏爱于特定视野的善，例如，条件不断地改善（可完成性），唯物论凌驾于唯心论，“理性”凌驾于“情感”，个体主义凌驾于集体主义等。在这种意义上，知识的等级制是通过极权主义的方式来运作的。或者用福柯（1979a，1980）的话来说，知识的传播使权力关系得到扩展，在此过程中知识的使用者最终充当了爪牙。

在更微妙的层次上，建构论者发现，这种等级制模式是有欠缺的，它倾向于隐藏那些赋予权威语言以重要性的情境性的和实用性的条件。从建构论者立场来看，“有知识的建议”在特定的使用语境中获得意义，并在这些情境中以协调行动的方式发挥作用。举个例子，化学知识是为整合共同体，定义和给予特定项目和特征以价值服务的，并且协助共同体生产富有重要性的成果。但是在等级制模式内，有知识的建议却被剥离了这种语境。教育学家从专业学科中选取话语体（bodies of discourse）（和有限数目的范例），并把这些被选取者传递给那些在等级制中处于其下方层次的人。处于共同体自身中的这些话语的实用功能就丧失了。话语失去了其重要性，而却常常留给学生一张期票，告诉他们学习**总之**是有用和重要的。那么，一个人可能就会去学习化学表，做一些抽象的实验室实验。但是在一个行动的关系共同体中，这种语言的生命
126 力、它的实践意义以及它增进活力的潜力是模糊不清的。“无关性”一

词得到了越来越多的认可。

另外，因为权威话语被看做是神圣不可侵犯的——作为“我们最好的头脑”的产物——它们倾向于在等级制内一意孤行。换言之，它们并不是从管理者的团体移向教师、学生，作为劝他们“接受”的邀请。接受者也许会对此进行澄清、调整和包装，但是权威话语却过于经常地保持完好。学生进入这个领域，模仿它们的路径，然后退出。结果是权威话语并不容易在其外的生活领域中被挪来使用。一个人很难在更广泛的文化生活中使用物理学、经济学、实验心理学或代数学的行话，因为它们的含义是那样充分地与特定学术领域的使用紧密相连。在这种意义上，专业话语在同质异形地运作，与其说改变着世界中现存的行为形式，不如说共存于相对的隔离之中。

除了权力和去情境化问题之外，建构论者还指向了独白问题 vs. 会话的意义制造过程。独白的接受者——正如在权威知识的例子中——不允许发出他／她自己的声音。独白式教育要达到的终点是一个充分吸收了被授予知识的学生——或者说，实际上，成为一个权威的拟仿者。无论是天赋、洞察力还是个人拥有的专门教育，都很难进入对话中。伴随着否定的声音，认同的抹杀和对死气沉沉的鼓励来临了。正是在这一脉络下，怀斯（Wise，1979）描述了学术界和政府如何把课程和教学方法强加于学校，这在很大程度上让老师沉默。艾波（1993）通过讨论强加于老师的标准化课程使他们非技能化，详细阐述了这一分析。因为老师被当做技术人员，只被要求执行预先制订的方案，所以他们失去了反思更大的教育问题并提出自己解决方法的能力。正如阿罗诺维茨和吉洛斯（Aronowitz & Giroux，1991）报告的：“（当代）很多教育改革似乎都把教师降低到了低级受雇者的地位……他们的主要作用就是贯彻由拥有更高地位的专家和教育官僚者所决定的改革思想。”（p. 33）

与此类似，其他人也讨论到等级制模式使学生“非技能化”了。杰克逊（Jackson，1968）描述了学校里的等级制关系如何阻碍了学生的创造力和创新能力。伍德（Wood，1988）和其他人扩展了这一分析，称学生被塑造为“在一个运转超越自己控制的世界里轻率地接受他们的位置，而不考虑他们自身的需要”（p. 174）。一旦我们关注于知识生产的关系方面，便会发现非技能化并非平等地发生在所有的社会群体中。因为专业知识大部分更普遍地产生于特定的社会部分（白人、说英语者和中上阶层男性），其话语在这种语境就较其他语境中更有意义（构建
127 内聚力）。来自其他社会部分的学生在面对这些话语时可能会发现它们不仅遥远而且与己无关。按照这种思路，我们就可以体会艾波（1982）、弗雷勒（1985）、渥克汀（Walkerdine，1998）及其他学者的评论，他们描述了某些历史地位低下的群体——因为其种族、性别和阶级的缘故——如何在传统教育系统中不成比例地过多地遭受痛苦。

考虑到基于权威的知识的内在问题，建构论者提出了什么样的替代方案呢？当前分析首先呼吁一种专业知识的去神圣化。不是假定传统知识制造者提供了“最好的”或“最终的”言词，而是让我们认识到，所有对知识的主张都是从文化和历史传统中生长出来的。这不是要否定它们的价值，而是要意识到这种价值也是视条件而定的。例如，绘画知识典型地预设了自我表现或美学的价值，医学知识预设了治愈我们被视为患病的状态的价值。所有这些价值都是限于一定范围内而又可磋商的。因此，这些学科不是被支配的独白，我们可以依据特定的生活环境，把它们设想为提供给我们的或者有价值或者无价值的资源。通过这种方式来安置知识，我们就将独白引向了对话——从等级制到非正统分层结构。其他转向也被引向关于研究对象及其价值和相关性的深入思考中。

约翰·杜威（Dewey，1916）曾经大力宣称把教育看做民主萌发的一片沃土。然而这些观点是在当知识被普遍认为是客观的、政治中立的时候提出的。从建构论视角来看，所有知识都是视角化和价值饱和的。因此，进入一个知识领域就是进入一种特定的生活形式。这种进入本身并不是迈向民主的一步，它是以其他可能的代价来获得一种声音。从这种意义上来说，现在的争论有力地支持了当今倡导教育百家争鸣的运动以及那些传统上被排除在知识生产之外者的赋权尝试。例如，拜尔和艾波（Beyer & Apple，1998）曾论述道：“有意义的课程改革必须在那些制度之中发生，也必须由那些与学生生活最为密切相关的人——老师、

行政管理者、学生和共同体成员来执行。”（p. 6）与把老师仅仅看做是被训练以传播权威知识的技术人员不同，很多学者都希望强化“作为课程制作者的老师”的角色。例如，“行动研究”项目训练老师发掘他们自身关于教育过程的直觉（see, for example, Hollingsworth & Sockett, 1994）。与接受专家对教和学的解释不同，在行动研究中得到训练的教师收集他们的数据，并着手解决教育问题本身。很多情况下，这就导致了对知识的更为具体语境化的利用。

然而，课程制作的过程也应该包括学生、家长和团体。对于学生，伍德（1988）关于教育课程的提议是有意义的：“在它的内容中我们（应该）提供给学生一些让他们拥有民主生活的工具，以及关于在我们 128
共享的社会语境中什么是可能的洞察力。就做法而言，课程应该保证在一个共享的平等和公正的团体里让学生参与到实际决策中。”（p. 184）在萨德伯里谷学校（Sudbury Valley School）的决策即可说明：这里的学校周会，所有的学生和教职员工都参与，会上会仔细商讨学校的日常事务和学校政策（Greenberg & Sadofsky, 1992）。在另一种教育倡议中，克莱尔·爱塞伦（Claire Eiselen）为天资聪颖的学生设置了一项补充课程：

> 每年小群体学生都会与他们的老师一起在一个空教室里开始上课。那里迄今为止没有书、纸和课程。任何东西都不会进入到这个教室，除非学生把它带进来。事物的意义来自生产和使用它们的人。观念的价值也是如此。观念和想象在年轻人中出现，而且其中的一些逐渐被吸纳在项目中。共同生活开始需要一些指引。小群体开始建构这些，稍大的群体能够批判它们。在这个过程中，项目和理念开始激增，一个更大的文化整体从这些中慢慢出现。到一年结束时，这个教室充满学生设计的作品，栩栩如生地阐释着人类经验，而这些人类经验都源自我们自己的人类共同体内部的建构文化。这个教室上演着联合国教科文组织的《信使报》（the UNESCO *Courier*）中的很多议题。（Mary Fox, 1993, personal communication）

最后，我们也许会听从拉瑟（Lather, 1991）的告诫，我们将放弃对适用于一般课程的普遍知识的主张，而转向包括卷入特定教育处境中的所有群体关注的具体语境的可理解性。

超越知识学科

传统上语言中的词汇被视为从它们与具体的真实世界中指示物的联系里获得它们的意义。我们之所以有诸如“狮子”、“兔子”和“大象”这些词语，是因为我们希望能区分这三种不同种类的动物。然而，对于建构论者，这种语言图景被放弃了，取而代之的是基于运用的概念，在其中，词语的意思可以追溯到它们于其中扮演了某种角色的互动关系中。因此，“aggressive”这个词语的意思不是来源于世界上的具体既成事实，而是来源于人们于其中用之来彼此一起做事的语言情境（例如指示性行动、归咎责备、演讲准备等）。从而它的意思将会根据一个人是否在与他人一起部署军队、制定经营策略或与癌细胞作斗争而发生很大改变。同样，“lion”一词也会因一个人是否在谈论丛林、星星或一场戏剧表演等而意思相去甚远。在很大程度上，正是这些词语的多义性特征、可以应用于多种关系语境中的能力，为语言注入了灵活性，允许任何既定场景中行为的细微差别。

129 在上个世纪，人们已经共同尝试着去描绘知识领域——化学、物理、历史等——的轮廓。学习课程被典型地制定出来，使学生至少最低限度地面临五花八门的相互分割的领域，并被要求最终获得对至少其中之一的深入掌握。但是从建构论立场来说，对知识领域轮廓的描画主要对那些在特定学习领域中的人有用。它们使得知识制造者团体按照他们的传统取得成果。尽管这些传统中的教育还有很多维护它的理由，但是被学科性限定的教育过程也存在着严重问题。

一开始，大多数对文化具有中心意义的议题不是略为触及皮毛就是与现有的学习训练完全无关。训练议程极少不是由国家或地方议程建立的，它们倾向于保持内部性——受到内部居民的尊敬。因此，公众倾向于用失望的目光看待“饱学之士”的工作，而后者也鄙视公众思考的“低水平”。不幸的是，一直以来，传统训练正是只有缓慢地、零散地进行着，才对关于堕胎、社会公正、环境恶化、网络沟通的迅速发展、社会冲突、男同性恋和女同性恋问题、福利和医疗改革等对话作出贡献。当学者对此类话题大胆发表意见时，就经常被同辈群体批评为“出卖”、“炒作”或“引人注意”。然而，正如亚瑟和爱德华兹（Usher & Edwards，1994）所说：“训练作为知识的系统主体，也是控制的统治方式……通过它权力将得到运用。”（p. 93）

在教育是关于公众思考和行动的质量和效能提高的意义上，对在学科要求的许可下出现的课程仍有很多尚待说明之处。在职前教育中，可以鼓励话语和实践从学科领域中解放出来。在一种维特根斯坦的脉络上，学科话语也可以休休假。实践性公众（或私人）关注的议题也许会为教育设立议程。当学生面对时代主要议题时，他们将不会受到狭隘主题的工具的限制。他们将自由地徜徉于对实现他们的目标来说必要的任何领域之中——以任何对最有效产出来说必要的方式搜索、借用、摆脱、合并、联合、再形式化、混合等。举个例子，当学生致力于解决地方水污染问题时，他们会发现需要统计学方法、一整套生态学概念、历史原始资料和一首只为修辞而作的诗词。正如各种各样的关系词汇为不断的重构敞开一样，我们也应以效率为宗旨找到最佳位置以应对瞬息万变的形势。

把这个观点更加具体化，康涅狄格和马里兰两州的教育部门（see Baron et al.，1989）已经尝试改变9到12年级的学生评估方法，尤其是将目标从对积累事实的复述（被具有“把头脑视为白板倾向”的人所支持）的强调，转移到使评估适应于学生在新的充满挑战的环境下运用 130
与综合多种技巧，以及把他们的结论与他人沟通时使用的方法。因此，学生也许会单独或以小组的形式去解决复杂的、多步骤的问题，收集数据、分析、整合、解释并把成果汇报给真实的受众。正如教育家所认为的，这项任务允许学生为特定受众“建构意义与组织调查”。因而教学重点从培养学生对被严格管制的和标准化话语的简单复述，转向提高学生的技能以应对教育领域外复杂且不断变化的环境。这些对“可靠评价”的论述——与在更广泛的世界中实际需要的技能相关——与对实践中意义的强调密切相关。

迈向实践中的意义

根据传统的解释，教育起的作用是生产出知识渊博的个体，他们凭借他们所了解的知识和/或他们的理性才能，在生活中出现的任何情况下都具备有效行动的能力。教育以掌握和储存知识为目标，随后的生活又为其使用提供了条件。弗雷勒（1972）对教育产生结果的模式给予了最为尖刻的批评：

> 教师在讨论现实时，仿佛它是没感情的、静态的、分离的和可预期的。要不然他则对完全脱离学生的存在经验的话题进行解释。他的任务是用他的叙述“填充”学生的头脑——叙述内容是与现实分离的，并且与产生它并赋予其意义的整体断裂开来。词语从具体性中被抽离出来，变得空洞、疏离而冗长。(p. 57)

正如以上提出的，语言主要从在具体语境下人们的使用方式中获得它们的价值。那么，对教育过程的挑战并不是在个人思想中记录事实或对理论的挑战，而是构建话语和实践于其中得以统一的语境，对话可以于其中与个人、团体或民族不断进行的实践事务相联系的语境。实际上，建构论者赞成大幅减少被神圣化的课程，学生被要求上这些课程是因为它们是其他课程开设或学位获得的必要条件。课程材料过少地与即时的和实践的使用语境相联系，而过多地只能在教育系统的纯净的和界限明确的氛围中使用。相反，建构论者更偏爱实践，在其中学生能与老师以及他人共同决定富有重要性的议题和最可能接受有效参与的活动种
131 类。例如，如果学生关注生态、种族对立、堕胎、毒品、摇滚音乐产业、时尚产业施加的要求、自我表达方式等，那么能否发展出可以培养必要技能的项目呢？他们能与那些参与这些领域的人互动，收集有关资料，阅读有关书籍和文章，相互讨论并最终形成可以提请家长、警察、商界领导人、政府官员等人注意的观点吗？对于建构论者来说，教育对话应该尽可能密切地与应用环境相关。布鲁纳（1996）提出一个“以行为知”（knowing as doing）的观点。至此，他论述道：“在我们近几年

学到的有关人类学习的东西的基础上，当它是参与式的、积极主动的、共同的、协作的且倾向于建构意义而非接受它们时，我们做到了最好。”（p. 184）我们对此完全同意。

但是从其他角度来看，为什么教育应该为沟通存在做准备，而不是沟通存在决定着充分教育的轮廓。阅读、写作、数学和实验室实验不应该构成在惩罚威胁下需要跳过的障碍，它们也不会阻塞遥远将来的某个时刻的美好生活。它们可能最佳地充当不断对话和与之相联系的实践的资源。拥有书本就非常像在对话中有一个额外的参与者。例如，数学将不再是被很多人认为的苦药，他们被强迫吞下去甚至当时他们无法说清据说它可以治愈的病。数学技术可以成为推进一项事业时所需的工具——确定一个现象中的显著改变，评估成本和收益，阅读人口统计表，或与别人有效地交流努力成果等。

为了举例说明这种可能性，让我们来思考在荷兰林堡某医学院实施的一个教育项目。传统的医学培训以知识的外生观点为前提，认为实践参与应待“装满头脑”之后。因此三年的教育被安排在充满医学挑战的有效参与之前。然而，在林堡实验中，新来的学生就立即被安排作为执业医生的学徒。当在实践环境中遇到问题时，他们提出了学生不查阅相关资源（书籍、期刊、统计表等）就无法回答的问题。当这些资源被搜寻出来并进行整合时，作为学徒的学生学习起来变得更为有效。只有那时，他们才会在遇到更多实践意义的问题时再次返回到必要的资源中去。当良好地运作时，学生会高度自觉地去获取信息，而且这种获取又与具体的使用情境相连。在这种意义上，建构论既赞同基于沟通的学习项目，也赞同教育的学徒过程（Rogoff，1990）。

迈向反身性慎思 132

当各种专业共同体围绕关于真和善的不同视野联合起来时，这些专业共同体倾向于与那些处于其专业边界之处的共同体隔绝开来。这不是简单的两种文化——自然科学和人文学科的问题，而是自然科学和人文科学中各学科之间以及这些学科分支之间的隔离。（例如，美国心理学会现在罗列了五十多个学科分支，它们中的很多都有自己的期刊、专业会议和声誉等级等。）对于当前的目标最为重要的是，并没办法在话语共同体内部来质疑它自身的合法性——它的强势、弱势、局限和压制。比方说，在自然科学中，一个人也许会很容易去质疑一项研究的有效性，但这项研究本身的价值却几乎不会成为争论的话题。此外，非主流世界观的潜力也很少得到承认。例如，一个接受生理学研究训练的人几乎不会质疑生理学作为一种真理形式的合法性，或者很少能认识到源于生理学研究领域之外其他替代性话语的长处（如心理学、精神学或美学）。实际上，生理学话语（像所有其他的话语一样）是自我参照和自我证实的，在此种意义上，它就不能将替代形式的表述引入对话中。

与先前所强调的要在教育环境中将重点从权威独白转向对话一致，我们也需要把权威语言向反身性慎思开放的方法。换言之，权威话语必须对来自替代性立场的评估开放，包括权威的和非正式的。通过把任何专业话语暴露于其同辈的关注之下——例如，按照它们占统治地位的隐喻（文学）来考察生物文本，或按照暗含的政治理想来考察文学文本，我们就会获得关于正在思考中工作的优点和缺点的看法，并为接下来的对话拓展维度。通过把权威话语暴露给地方的或非正式的社区立场，这些话语会再次受到挑战，对话也会得到丰富。在各种情况下，分析者也得以洞察到他们所持立场的优势与局限。

鉴于长久以来对"隐藏课程"——指涉学校教给学生暗含的信仰和价值观——的讨论，对反身性慎思的关注呈现出新增的维度。正如在隐藏课程的论述中所提出的，所有话语实践都伴随着一系列与之相连的价值观和习惯。因此，与一种专业话语（和它得以教授的模式）相结合也是间接地吸收它暗含的文化生活规范。例如，鲍尔斯和金蒂斯（Bowles & Gintis，1976）专门描述了工人阶级学生如何被鼓励表现出顺从、被动和无独创的精神。艾波（1982）则讨论了教科书和其他课程资料的生产是如何把某些群体的价值观和信仰确立为"官方"知识的。
133 阿罗诺维茨和吉洛斯（Aronowitz & Giroux，1991）主张，主流期望系统地把隶属群体的成员从学术成功中排除出去，并且加强传统群体的价值观和为这种价值观辩护。与之相似，拜尔和艾波（Beyer & Apple，1988）表明，学校没有产出有能力清楚表述关于我们集体生活的观点的公民，却产出了准备好服从于他人判断的工人。

关注隐藏课程效应的大多数人都着重强调一种批判教育学。批评反思服务于解放作用。批评最应当受到欢迎，正是通过这种方式，边缘群体才得以在他们的地位上获得信心。然而，这种反身性有两个有疑问的特征值得注意：一是它对批评的唯一强调；二是它对解放价值观的热衷。正如在第3章中提出的，批判的反身性是势在必行的，同时它也在确定着边界。批判典型地无法以一种对方内部的敏感性来欣赏受到质疑的话语共同体——用他们自己的话说是“为善果，举善理”（making good sense for good purposes）。假设隐藏课程的罪恶就是压制那些信奉自己的价值观的人的声音。一味地批评，只会让此类话语和实践的潜力被压制，针对局部目的的应用也会受到阻碍。从这里提出的关系立场来看，批评必须得到各种适宜的调查模式的补充。反身性慎思的关键不是要扩大文化领域间的分歧，而是要通过互相交织的过程以丰富文化生活的形式。

正如所显示的，大多数批评分析也赞同一个替代性的、有助于解放的议程。例如，麦克拉伦强调了“自由和解放的指导性指涉”（guiding referents of freedom and liberation）（Mclaren，1994，p. 201）。吉洛斯（Giroux，1992）认为我们必须通过揭示官方和隐藏课程中暗含的评价性选择，使其非神秘化，并发掘出这些主流信仰和价值观的替代形式。阿罗诺维茨和吉洛斯（Aronowitz & Giroux，1991）认为，我们必须“坚定地支持把文化差异作为学校教育和公民身份的意义中心”（p. 12），也必须“教育学生以维持和保卫对一个民主社会必不可少的原则和传统”（p. 34）。

从当前的视角来看，在这些承诺代表了文化内部有价值的传统的同时，它们也在限制着对话的边界。它们同样来源于权威共同体的知识制造者，也因此倾向于分离、压制和自我合理化。例如，教育过程是如何调和那些不相信所有呼声都具有平等性的人的——从正统的东正教或天主教到那些拒绝“体罚”的人？应该由什么样的平等概念来引导我们的决定：如果是机会平等，那么于其中每个人得到平等的机会但那些失败者就会落在后面；如果是结果平等，那么于其中每个人都被保证能够获得某种程度的成功？面对这种多样性，一个解放课程也同样有陷入等级和压制的危险，正如那些受到攻击的制度一样。

134 然而这些局限决不会被忽视。阿罗诺维茨和吉洛斯（Aronowitz & Giroux，1991）提醒我们不应该家长式地把“替代性的”观点强加于学生和老师。正如拉瑟（1991）也指出的：“解放教育学过于经常地与它们对真理的说法相联系，也过于经常地将抵抗解释为一种‘错误意识’，这种教育学也不能探测到在何种程度上‘授权’变成了‘由’得到解放的教育者‘对’或‘为’至今仍未得到解放者做事情。”（p. 105）从目前的立场来看，任何一种教育学实践都几乎无法摆脱其倾向于一种对善的民族主义限制的视野的批评。在关系中并不存在摆脱的传统。但是，正是在关系中，善和真的概念才得以产生，差异的存在才促使新形式的关联性得以发展。换言之，必须找到不同的交换形式（forms of interchange），使迥然不同的群体能够锻造出新的并且可能更包容的关于善的秩序。除了赞同和批判的教育学外，接下来有必要提出创造性的交换、实践模式，它将使创造性混合体代替冲突和敌对成为可能。我们将会在第 10 章中继续探讨这个议题。

迈向生成性关系

将知识当做是“存在于个体头脑中”的传统观点助长了教师和学生之间的明显分界。教师“知道”，学生则被强行置于客体地位接受教育——头脑中被填满内容或理性。从建构论立场来看，个体并不是内容或理性的处理器，而是在它们之中的参与者。博学和理性的陈述不是内在思想的外部表达而是关系成果。作为理性、记忆、动机、意图等的事物只是共同体内协调的行动和协商的结果（Billig，1987；Edwards & Potter，1992；Myerson，1994）。对于建构论教育家来说，首要的挑战就是建构生成性关系——对有效建立关系有着更大潜力的学生在这种关系中出现。学生的角色从关系中的客体提升到主体地位。

对教室中关系过程的探索现在已经有很多。例如，爱德华兹和默瑟（Edwards & Mercer，1987）考察了教室中的共享意义以及对教师的挑战，他们需要明确阐述关于我们共享着什么的通常隐蔽或暗含的基本规则。一项对共同建构的教师和学生世界尤其在评估语境中的细腻分析，包含在格罗森（Grossen，1988）的著作中。沃瑟姆（1994）阐述了教室互动如何被所讨论案例中的细节影响而消失。渥克汀（1997，1998）探索了作为学校话语制度中参与者的学生生活，也论证了学生在话语中多重定位的能力。其他探究还令我们将理性思考视作一个分散（*dis-*
135
tributed）于一个教室里参与者之间的过程（Salomon，1996）。

然而，最为重要的是对关系的关注如何能够丰富教学过程的问题，而不是一个主题的或以儿童为中心的教室。如果关系是首要的，那么教育过程又如何被构成？在这种语境下，个体会更充分地意识到授课或教师的独白式展示所存在的局限。从建构论立场来看，授课者首先是在展示他们占据的话语位置中自己的技能。虽然提供给学生充分发挥权威作用的模型能有所收获，但仅仅向他们展示这些典型并不足以使他们自己也能这样做。更坦率地面对这个问题，对权威的公共生产必不可少的这个过程恰恰是不为学生所见的。几个小时的展示——重新阅读文本，浏览笔记，寻求新资源，与同事讨论，在先前语境下的试讲和错讲（所有这些可能对一场圆满的讲演必不可少）——都基本上从学生的视野中移除。当然，这种移除对维持作为一种个体所有物的权威神话是必要的——“我的讲演展示了我的思想的优越性”。然而，这些准备性行动都浸没于该领域内正在进行着的对话之下，而且一个人在讲台上讲的只是这些对话的局部化的展示。隐藏准备性参与的范围不仅维持了一个有问题的神话，而且否定了学生自身如果想达到有效沟通所必须参与的这些各种过程的方式。

当我们把所关注的焦点从个人转向了关系时，我们可以再次去体味社会建构论者探讨在教师辅助学习的过程、诊断学学徒期和最近发展区中的关系等的著作（Becker & Varelas，1995；Kozulin，1998；Larochelle，Bednarz & Garrison，1998；Wood，Cobb & Yackel，1995）。所有这些都把学习场所置于关系基础上。然而，也许至今为止建构论者思考的最显著成果是协作或合作学习的出现（Bleich，1998；Sharan，1990）。正如肯尼思·布拉菲（Bruffee，1993）所说，协作学习是一个以学生之间的不断交流作为主要教育方法的过程。一个人通过参与、吸收、与他人的批判性探索来学习。理想状态下，通过社会交流，清晰表述和回应技巧得到提高，世界建构的新可能性被打开。学习成为一种“在我们与他人的语言构成关系中的位置改变”。在协作学习的一个创意性展示中，作家肯·克西（Ken Kesey）与他的创造性写作班的13名俄勒冈大学的学生一起创作并出版了一本集体小说《洞穴》（Penguin Books，1989）。在其他语境下，几乎相同的逻辑已经导致了类书籍产品（包括计算机文件、影音带、电影、小型宣传册）的生产，这些产品也可以作为对其他
136 群体（父母、城市政府部分、共同体成员等）或班级的输入材料。在同一主旨下，班级群体一起在一个辩论中提出立场，汇集资料使之用于教导他人或形成针对世界其他地方志趣相投的学生的公报。

然而，协作性探寻可以视为只是对以关系为中心的教育的庞大潜力探索的一个开始。我们也通过一些研究得到了充实，例如，对教室内对话形式和潜力的探索（Barbules，1993；Wells，1999）以及对教师—学生关系中友谊的重要性的探索（Rawlins，2000）。仍待迎来的还有关系概念的扩展，以使关系概念包含比课堂中的社会关系更多的内容。正是在此处，社会建构论者发起的教育学革新可以发挥极其重要的作用。受维果茨基著作启发，关系概念得到扩展，使之包括教育过程中遇到的各种各样的工具和物质资料。然而，关系领域周围没有原则性的边界。我们尽管已经对学校、社区、国家事务之间的关系作了评论，然而只是刚开始领会一个完满的关系教育的视野。

结　论

虽然常有争议，但这些争论中并没有任何想要大批放弃传统教育实

践的倾向。所有实践都以它们自己的方式建构世界，带着某些价值观并以其他可能性作为代价开创某种形式的未来。我们在此提出的是一种传统认识论的替代形式，它为实践开启了新的可能性。正如这里提出的，一种社会建构主义的知识观强烈地为以下各方面辩护：在对教育实践中什么最重要的协商中更大的民主、课程的局部嵌入、打破学科界线、社会相关实践中学科话语的提出、社会话题中的教育实践，以及从以主体和儿童为中心的教育模式转向以关系为中心的教育模式。这些强调中的很多方面对关于教育的对话来说并不新鲜。在这种意义上，社会建构论非常支持某些现有的初步工作。然而，我们认为尚未打开通向一种建构主义认识论所有潜力的大门。

137

第8章　全球性组织的伦理挑战

全球性组织的混乱拥挤在很多方面都应该谨慎看待。在前几个世纪，只有君主、教皇、国王或元首那些拥有足够权力和资源的人才会想象全球化——无限地扩大影响、所有权、出版许可的边界和/或自我扩张的可能性。随着20世纪的低成本通信和交通技术的发展，全球化的潜力实际上对所有人来说已经都触手可及——从阿根廷农村的造酒者，到一个小城市的纸巾制造者。由于对扩张市场与低成本劳动力和原材料的根本需要，朝向全球化最有野心的突进当然一直要数商业领域的行动了，尤其是跨国公司，一直遭受着最激烈的批评。全球化商业扩张受到了各种各样的严厉批评，因为其对外籍劳工（特别是妇女和儿童）的剥削、对自然资源的残忍摧毁、对工作条件和产品安全的无视、对非必需商品的营销以及对当地文化的破坏。对于一群批评者，跨国公司已经入选为道德意识的最坏情况的例子（see Lavipour & Sauvant，1976；Levitt，1970；Tavis，1982；Tugendat，1972；Vernon，1977）。

辩护者并没有对这种指责置之不理。他们指出了跨国公司在很多方面的功效：为数以千计的穷人提供就业机会，在第三世界国家建设现代工业的基础设施，促进原本专制的国家民主化，甚至对结束南非种族隔离制度作出贡献。进一步说，随着国际志愿组织雨后春笋般的迅速发展（Cooperrider & Dutton，1999），评论者指出了全球化应对利他主义和奉献精神终结的可能性。然而，该评论的大部分都代表着全球化的利益，特别是企业部门全球化的利益，这些评论仍然停留在辩护的层面。有人做出了有力的尝试，以形成伦理指导方针和避免有负面影响的宣传（通过公共关系办公室）。但是，对于全球化扩张的伦理维度，公众态度 138
仍然只有沉默一种态度。

在本章中，我希望展开讨论的是全球性组织的一种被我视为更有希望的可能性，而不是过去的辩解和辩护的态度。我认为，全球性组织具有在培育道德领袖方面潜力的时刻即将到来。如今，在国际层面上存在着道德领袖的巨大空白。我相信全球性组织，尤其是跨国公司，现在正准备承担这一角色。为了继续这个讨论，我首先将思考其他潜在竞争对手在激发道德方面的失败。然后，我将集中注意力关注从现代组织到后现代组织的转变。正如我将表明的，正是在后现代组织过程中，我们才能找到再思考全球性组织伦理潜力的动力。后现代组织的伦理潜力尤其可以在关系过程（*relational process*）中被意识到。最后，我将用我们最近对一家跨国制药公司的研究来证明这种实践的伦理潜力。

全球化面临的伦理挑战

将组织的伦理问题放置在更普遍的全球背景中是首要的。这一前提可以预防对善和恶的任何引起自满的简单化——例如，有恶意的扩张主义者与无辜的第三世界文化之间的简单对立。更重要的是，我们将发现全球化过程本身推动着关于善的议题，使之前所未有地突出。要领会这些观点，重要的是首先思考伦理假设的社会起源。事实上，任何形式的社会组织都包含一种内部共享的本体论（对“真”的共识）和道德敏感性（对什么是集体认为有价值和令人满意的——而不是不适当或应斥责的——事物的日常信奉）。关于现实的性质和某些活动的价值的协议对于组织文化的真正形成是必要的（Weick，1995）；如果没有这些协议，这个组织也将不再有效用。更一般地讲，对善的信念是社区的成就（MacIntyre，1984）。

在组织充分整合到地方社区中的意义上，组织本体论和伦理观并不构成问题。当关于是和应该的社区建构在其商业、政府办公室、宗教等的实践中充分反映时，这些制度的扩展和加强完全有助于社区中关于善的共享意识。然而，当组织扩张到新的领域时，也会有一种组织中的现实从周围社区中脱离出来的趋势。对善的组织理解可能会与地方性理解发生尖锐冲突。

139 就此而言，全球化代表了一种伦理冲突的大幅加剧。当组织延伸进国外区域，它们也会把国外对真和善的建构引进来。从它们的立场来看，它们的行动似乎是合理的，甚至值得表扬；当地传统似乎是狭隘、落后或甚至是应受斥责的（当然需要改变）。然而，从当地的立场来看，全球性组织所赞同的生活方式往往似乎是侵略、对当地习俗和社区的无视，甚至是极为不道德的（考虑激进主义者对很多西方公司和产品的反应）。有着重要意义的是，针对跨国公司的很多恶言谩骂就是源于这种情况——在很大程度上是按照另一世界的标准来评价该公司的，或者是按照与组织内部解释不同的标准来评价该公司的。

照此看来，我们并没有发现道德沦丧的组织在寻求世界领地，“道德沦丧”是对局外人的称号。相反，问题是对善的多元而相互竞争的建构。并且，如果没有解决这些冲突的方法，那么我们将面临关系恶化、法律战甚至流血伤亡（试想美国世界贸易中心的爆炸、非洲的牧师谋杀、哥伦比亚商业行政主管的敲诈案以及黑手党对俄罗斯商人的暗杀）。

原则和制裁的复杂问题

从当前的立场，我们发现伦理行为的问题本质上并不是恶性意图的问题。我们不应该在跨国公司的罪恶实践和传统文化的无辜清白之间建立简单对立（反之亦然）。相反，伦理问题主要是由社区（或文化）的行动标准的冲突导致的。正如已提出的，向全球化的迅速转变带来了伦理冲突范围的大幅扩张。在这些情况下，对判决、纠正和调和有用的资源有哪些？我们将如何继续下去？或许，最有吸引力的选择就是明确表明一套所有团体都能（或应）向往的标准或理想。这是关心灌输普遍的善恶价值的哲学家、商业伦理学家和人权专家的领域。然而，我在这块领地上并没发现一点让人乐观的理由。从最初开始，道德哲学经过两千多年的发展，至今还没有对善的问题达成广泛共识——即使在西方文化之内。正如麦金太尔（MacIntrye，1984）对这种思考的特征总结，它是"永无止境且变动不定的"（p. 210）。当这种标准跨越文化时，冲突甚至更加剧烈。例如，西方原则的妇女权益在伊斯兰文化中会激起强烈的敌意。在这种情况下，谁被授权"宣布一种伦理"适用于所有人？即使多国尝试设计一个通用的人权清单也没有获得令人印象深刻的成功。这些纲领不仅被政府怨恨，因为它们感觉到这些纲领削弱了它们的权 140
力，而且抽象原则很少会规定具体情况下的特定行为，所以这些纲领的作用是有限的（see Gergen，1994a）。

考虑到建立普遍伦理的困难，大多数负面行为问题都只能通过法律处理。因此，在全球性组织领域，国际贸易代理权、国际法官席、联合国政策等都典型地被用来制止那些对情境性善恶观的恶意践踏。这些努力尽管有些作用，但是效果也很有限。大体上来讲，这种处罚的努力是反应性的，只有问题出现的时候它们才会被启动。在这种意义上，它们实际上总是在追逐已经产生的恶劣影响。这里几乎没有通向未来的积极景象的通路。进一步说，它们在"我们"和"他们"之间构建了一种分裂，一边是统治和评估组织，另一边是它们审判的那些组织。这结果造成后者形成一种战略敏感性：所有行动都是可接受的，只要它们没有引起制裁机构的怀疑。

就道德原则和实践处罚这两个例子而言，或许主要问题还是外在起因的问题。换句话说，在这两种情况中朝向道德秩序的努力产生于组织本身之外。组织必须灌输这些原则，或者参照其他地方制定的规则来行动。它们必须习得一种特殊的部署，而这种部署不是组织本身的常规活动中所固有的。达成一种广泛共享的善恶观的更为理想的方法在于组织的内部实践——由参与者按照他们自己的使命感来评价的实践。恰恰是这套实践，正在从现代组织向后现代组织的转变中悄然出现。

现代组织的不足

随着伦理冲突领域的迅速扩大，很少有人试图灌输伦理原则和将道德秩序法律化，还有其他什么资源可以利用？正是在这里我想提出，全球性组织本身可以提供最有希望的选择。我在这里不是说自我监管的组织政策，也不是说对全球性组织采用特定的道德行为规范。在代表了善的内部概念的意义上，这些标准将不可避免地是“当地的”。相反，我所指的是组织实践形式，事实上，这种实践形式就是那些最适合全球性组织生存的做法。这一提议可能开始似乎有些讽刺意味。毕竟，正是全球化过程本身，被我们追溯为伦理冲突问题的源头。然而，正如我将希望证明的，这种冲突很大程度上源于一种特殊形式的组织的扩张。最终需要的是组织过程自身的一种转变。那么，让我们把注意力转向组织中截然不同的概念。

141 正如我们将在接下来的章节中讨论的，现在有卷帙浩繁的关于 20 世纪组织类型变迁的文献，这些文献中的大部分都关注于最近几十年的主要转变。有很多指涉这些变化的方法，更为突出的术语有诸如前工业化、信息化时代、混沌管理和后现代主义等。为了与先前提出的这些保持一致（Gergen，1991；Gergen & Whitney，1997），我将使用*现代*这个术语来指涉一种理想形式的组织，它在不同程度上近似于一个多世纪以来西方文化中的大多数大公司（与军事、教育和政府机构一起）。然后，我们可以将新兴的组织过程指涉为*后现代*。接下来，我将简要地指出全球化语境下现代组织的主要特征及其弱点，包括实践上和伦理上的。这将为讨论后现代化组织的伦理潜力铺平道路。

简单地说，现代组织首先具有形式上分等级的特征。[1]在简单的情况中，单个行动者指挥（负责、控制）着一群下属。在扩展的形式中，由决策委员会来指挥组织行动，而下属则负责收集有关信息并报告给决策委员会。在这两种情况中的任一情况下，指令都是从上层传递到下层，而信息（或回馈）则以相反的方向流动。在这种意义上，这种组织是单一的，一种唯一的、协调一致的基本原理（战略计划）支配着组织的所有部门。这种模式在取向上也是个体主义的，单个的个体作为领导人或员工，他们有明确的职责，也要接受评估和相应地在等级制中升迁（或逐出）的制约。组织本身也是在个体主义隐喻中构想出来的，在组织内对组织外之间有着可辨识的坚实边界。在典型情况下，各组织被视为终日困于组织等级划分中地位的竞争性挣扎中，唯恐它们会被淘汰。

在当前的语境中，指出现代组织成为伦理冲突的一个主要诱因这一点也很重要。尽管现代组织在内部生成一种共享的道德观和对其政策的各自令人信服的正当理由，然而它们这样做相对独立于其社会环境。因为现代组织变得全球化，它必然试图在全世界复制自己（通过其子公司）。这种单一理性和伦理敏感性“完美”地在各地盛行。事实上，这种组织潜在地成为外来侵略者，这些侵略者主要起着加强（和正当化）自身霸权目的的作用。

事情并非简单地指现代组织在一个多元化世界的伦理需要方面是有缺陷的。在我看来，在现代组织全球化的同时，它有效发挥作用的能力也逐渐减小。在相当程度上，这种损失是使全球化成为可能的那些可利用技术导致的。在此，我主要指 20 世纪通信和交通技术的发展。一方 *142*
面诸如电话、电视机、计算机微芯片、高速电子计算机和卫星传输这些革新成为可能；另一方面大规模的公路系统、铁路系统和航空运输，使在全球范围内以前所未有的速度和效率转移信息、观念、人才和产品成为可能。然而，现代组织的全球扩张也伴随着一系列新的挑战和调整，其中每一项都会破坏其生存能力。思考以下问题：

可理解性的分散（*dispersion of intelligibilities*）。随着组织的扩张，出现一种朝向专门化的趋势。公司被划分为不同的功能区域，个体作为不同领域的专家被雇用和评价（例如，科研、生产和营销等）。不同的专家被安置在各自的建筑物中，有时甚至在不同的地理位置上。随着进一步的扩张，这个组织的缩小版在世界其他地方得到复制。在每个部门中，共享的观念和价值差异迥异地发展起来。最重要的是，在这个组织的一部分中显然的、理性的和有价值的东西很少复制到其他部分中。事实上，产生了数目骤增的现实，削弱着独一的“来自顶层的声音”的可理解性和修辞效果。

权威链条的断裂（*disruption in chains of authority*）。因为一个功能领域的决策很少不对其他区域产生影响，也因为大多数重大措施要求不同功能的专业领域的协调投入，所以必须越来越多地依赖于跨功能的团队。结果首先是对现代组织结构中责任的有序分配方面的模糊化。责任向个人或特定功能单元的明确分配被推翻。进一步，部门头领失去了控制和评价在复合小组背景下的员工工作的权力，支配结构逐渐被削弱。

理性的侵蚀（*erosion of rationality*）。凭借信息的高速传输，信息可以快速地从各种来源搜集到，并且迅速地通过广泛的网络传送。因此，决策者就面对着与各种决策相关的不断增长的信息量。因为这些组织越来越被分裂，这也意味着将有可利用信息源头的越来越多的分化（如经济、政治、科学和文化等信息）。并且，因为信息不断积累，新的因素不断地得到验明，而新的发展也在不停地发生，所以可利用的信息的半衰期也相应地缩短。昨天的数据往往只是昨天的总结。尽管数据被最频繁地用于战略计划中的基准，但很少存在评估什么时候的信息是有用的、什么时候的信息时间太久已不相关的指导方针。当信息有用的时
143 候，很少有方针政策是为了评估而存在的。事实上，不仅对单个理性计划中心的依赖减少了，而且单一理性这种观念也受到质疑。

集中化知识的减少（*reduction in centralized knowledge*）。引起组织全球扩张的同种技术进步也意味着集中化权威逐渐从决策语境中脱离。子公司的决策者更熟谙他们在其中工作的情境，他们的当地知识更为丰富，也更细致入微。进一步说，机遇之窗突如其来而又不可预知地

被打开（例如，通过当地选举、一项发明、利率变动、合并等等）和被关闭。结果，从远处而来的决策——来自有时空间隔的总部——被证明相对较慢而不敏感。那么，必须越来越多地依赖当地代表在其应用语境中做出回应。

自主权的破坏（*undermining of autonomy*）。媒体作为公共信息来源越来越重要，它们塑造一个组织未来的权力得到大幅增强。实际上，媒体的专业人士——新闻分析员、评论员、科学专栏作家、新闻记者——充当着国家现实的守护人。因为他们的观点典型地被认为是没有动机的，因此也是客观的——它们发布的信息似乎通常比那些组织自身发布的信息更为可信。这样，组织便失去了某种自主的自我导向能力。它们的声音在公共领域失去了权威。渐渐地，组织在决策之前必须考虑外部意见领袖的观点，这实际上给予了这些领袖塑造组织未来的权力。组织“内部”与“外部”之间的分界线被模糊了。

可利用的技术提高了各种相关受众确认自己及其目标和安排行动的能力，这个事实对自主权的破坏进一步加深。不仅对于政党和政府办公室的例子是这样，对于认识到组织中的经济潜力的各种团体（如消费者和劳工群体）也是这样，还有对全球性组织有着热切的政治兴趣的各种草根利益群体（如环保主义者、女权主义者和退休人士协会）亦是如此。这些群体不仅仅是被动的观察者，而且是积极地参与到信息搜寻和公共评论之中的参与者。事实上，全球性组织受到前所有未的关注，由此造成的影响可能随时进入媒体。再一次说，全球性组织自我导向的能力正在不断降低。

正如我们所发现的，全球化技术将现代组织结构置于困境之中——中央权威维持可理解性、命令授权、理性行动、拥有卓越见识和自主决策的能力都在降低。正如戴维·弗里德曼（Freedman，1992）对这种情况的总结：“传统的科学管理方法许诺赋予管理者分析、预测和控制他们领导的复杂组织中行为的能力。但是大多数管理者当前居住的世界往往看起来是不可预测的、不确定的，甚至不可控制的。”（p. 626）贝 144
拉和詹金斯（Bella & Jenkins，1993）说：“高度复杂的组织系统都超

出任何个体或群体的理解能力之外，更不必说控制了。”（p. 170）

关系过程与后现代组织的伦理观

正如我将指出的，现代组织特别易于触发道德冲突问题。与此同时，20世纪全球化进程也伴随着现代组织维持自身的能力的下降。实际上，由于现代组织形式停止发挥作用，道德冲突激增，在这种意义上，试图加强自上而下的权威，控制当地工作和越来越自我决定的组织，不仅在与它们的私利作对，而且这样做还要付出道德焦虑的代价。鉴于这种情况，我们现在面临着一种挑战：如何设想一种组织实践，这种组织实践既对组织发挥作用有益，又在伦理上是生成性的。接着我们能否阐明同时既使组织受益又有助于全球化条件下的道德福祉的组织过程呢？

正是在这里，我们进入了后现代组织理论的领域。正如将在下一章得到详细勾画的，这一理论正在经历着蓬勃的发展。对关于伦理可能性得出自信的论断还为时过早。然而在后现代文献中占据重要地位的建构主义对话的确发挥了一些作用。特别是社会建构论者的分析典型地偏好一种关于伦理前提的情境性立场。因此，他们充当着一种堡垒，反对任何对道德的单一表达。同时，建构论非常强调作为存在论和伦理观的根据的关系。在这样做的过程中，关注中心从个体或社会结构转移到不断进行交换的过程，这些过程我们可以描述为关系的进程。在当前背景下，我希望提出关系过程（*relational process*）的概念，作为达到维持组织和伦理福祉双重目的的关键隐喻。让我们来对此进行探讨。

起初，对关系过程的强调放弃了现代组织的两个核心特征，即独立单元和结构坚固的假设。从关系立场来看，首要强调的不是可识别的单元（如总公司、子公司、营销部门）和它们的结构配置，而是关系的持续过程。通过突出关系，我们引导人们注意总公司、子公司和营销部门这些概念如何来源于其中的协调活动。在这种意义上，并不存在自主决策的单独个体，只存在我们指涉为“决定”的行动从中变得可以理解的关系过程。那么，一个个体就成为众多关系的共同位点。他/她的可理解性（理智行动的能力）主要依赖于在理性协调过程中的参与。 145

在人们参与一种关系后会不断交流的程度上，他们将产生一种内在领域的可理解性（如前文所述，一种对“真”和“善”的意识）。因此，在组织以不同的方式被分裂——地理上、功能上、等级上——的同时，它们也产生了意义制造的多元中心。那么，我们可以按照一系列关系核（*relational nuclei*）来装配组织，每一个关系核都试图协调内部意义。随着内部意义的稳固，核的内部效率也得到增强。然而，随着可理解性的定型，它与其他核的合作能力潜在地降低了。从关系立场来看，因此应该避免关于可理解性终止的讨论，也就是避免允许任何对真和善的建构被固定下来，或者避免形成“常识”。在核之内，应该鼓励多元逻辑，一种对不合逻辑的潜在资源的健康的鉴赏将会盛行。进一步说，所有的决定和政策可能被理解为暂时的或“此时会谈”的定型。通过这种方式，持续对话与政策和实践修改的空间就被留了出来。

最后，从关系视角来看最重要的是，我们发现一个决定或政策的适当性并非依靠于单个决策者（或决策团队）的智慧才能，而是必须最大限度地依赖于将那些负责制定政策的人与那些被作用的人联系在一起的关系过程。这不是在概括那些现代主义假设，即有效决策应该基于关于目标特征的信息（如态度、动机、文化习惯和收入），而是说，“这些目标”应该最佳地参与到对那些决策的特征的塑造中去。那么，决策过程应当是穿透性的、交互地嵌入结论的语境中的。事实上，组织内的关系核应当与其他核多重缠绕在一起，应当参与多元可理解性于其中得到共享、贯通、更改、联结或进行对彼此的批判反思的对话。相互更改的类似过程应当赋予关系以各种各样关于组织的“目标受众”的特征。

这里勾画的是后现代组织过程的图景，在其中我们主要强调关系过程。然而，最后我们必须回到我们的主要挑战上，即作为积极的伦理力量展望全球性组织。特别是在何种意义上关系过程为道德许诺提供了根据？在什么基础上可以认为关系过程在本质上是伦理性的？这些问题的答案可以追溯到之前的提议，即伦理自身是社区产物，关于善的观念形
146 成于关系过程之中。在这种意义上，一个当前类型的关系过程很卓越的组织，同样是一个伦理敏感性的生成性条件得到不断翻新的组织。那就是说，没有对善预设的观念进入关系过程而没有受到挑战的，没有对善的呼声——从远处形成的——仍未受到侵犯的。事先存在的关系提供了参与者将必然从中得到的资源，但幕后的伦理在新的语境中并没有约束力。因此，关于善的观念就处于一种在它们特定的和进行中的使用语境中不断诞生和再生的状态中。

迈向伦理生成性实践

在此，我将提出的本质上是一种转变，即从一种能够生产适当行为的伦理原则观念转变到各种形式的伦理生成性实践（*ethically generative practice*）——促成联合评估和多种现实协作融合的实践。通过将重点转移到实践中，我们就避免了脱离历史与文化对善的本质的无尽争论。并没有先验的伦理（真正从中出现了邪恶的他者这种意识）存在。关注点应在于发展自身即是善恶观来源的关系实践。我们能否绘制一幅伦理生成性实践——一套将保证协力完成的善恶观出现的行为——的蓝图？在我看来，这种诱惑是应当避免的，因为这样做将再次阻断不断对话的可能性。每一种习惯都必然地有利于某些群体、技能或传统。与其用白纸黑字把这种实践表述出来，不如将注意力转到局部地和偶发地生效的实践上来。

在这一背景下，我希望和大家分享在与一个跨国制药公司的长期合作中发生的一些“故事”。在过去几年里，玛丽·格根和我作为咨询师与该公司世界各地的管理者共同协商开展对于未来的最佳管理实践。我们要求他们确定他们现在觉得什么是最有效的沟通实践。这种实践会反映传统的或现代主义者对最佳沟通的观念（强调中央权威、政策从上至

下的流动和信息的向上流动）吗？有趣的是，答案几乎意义明确地都是否定的。他们反复给我们讲述以关系为特征的管理经验，这种经验强调对话过程、多元逻辑以及在组织领域中处于组织和其外部情境之间的相互渗透的边界。我认为，正是同样这套做法，具备伦理生成性的潜力。思考下列案例：

在一项组织结构调整项目中，高层管理人员避免了通常的让外部咨询师对其运营情况的“独立研究”，而是将这一任务交给组织自身。对代表公司所有部门的 14 个小组进行了大规模的访谈，并定期与其他相 147
关小组碰头，来探讨公司的总体运营情况，同时协商对未来成功必要的需求和技能。最后，他们共同撰写了长达 7 册的总结，包括他们的研究以及关于人员削减、员工培训和工作组织等的建议。以首席执行官为首的指导委员会最终采取了这些建议中的大约 75%。事实上，几乎公司所有部门都在塑造公司未来上被赋予话语权。结构调整的结果得到了广泛的赞同。

该公司由于其基因工程研究而受到尖锐的批判攻击。他们便开展宣传活动告知公众这项研究的积极作用，但这对呼声越来越高的反对者组织并没起什么作用。随后，该公司转向了关系取向，他们对反对者提出与他们合作举办一个公开展览，向公众展示他们对这些复杂而充满情感的议题的不同观点。通过非常积极的讨论，各种各样的参与者同意开展一系列内容丰富的展示，展览随后在一个城市的文化中心举行。这个展览因其均衡和开放的构思而受到赞誉。公司代表也深感与对方进行了一次内容丰富的意见交流，双方都发展出了更为多元而相互赏识的观点，公众也接触到了与之有关的多重问题。

一般说来，制药企业都被置于媒体的密切监视之中。传统企业政策是保护内部信息和决策以免受到媒体侵扰，并策划宣传活动以通过媒体影响公众。然而，这样却使组织和媒体之间的关系成为战略性和对抗性的。媒体变得越来越充满怀疑和批判。在我们研究的两个国家中，这种策略已经被放弃，代之以一种与媒体的协作性关系。媒体代表被邀请参与公司决策会议，公司代表也经常非正式地与媒体见面交换意见和信息。在这两种情况中，结果证明非常令人满意，不信任和误解消退了。

这几个例子只是对伦理生成性潜力实践的说明。再来思考国际研究团队的发展。团队中来自 6 个国家的年轻研究员用了 6 天来研究相互理解和尊敬的问题；在一个亚太地区研讨会上，来自 14 个国家的代表在一起商讨未来的商业政策；东欧和中欧地区的代表一起思考未来的市场。关系过程还体现在公司与为数众多的“目标受众”的沟通方面。例如，在一项倡议中，一个公司同时与国际和地方机构合作共同发展器官
148 捐赠计划；在另一种情况下，一个第三世界的子公司设立了一项在公司之内对青年进行技术岗位培训的规划。

重要的是，这些努力中的很多结果都是把外界价值观吸收到公司自身当中。例如，不是将生态激进主义者视作对赢利企业的一种威胁，而是由化学部门制定了一项致力于环境保护的内部方案；不是简单地让未使用的药品最终弃置在垃圾堆或落入儿童手中，法国管理者在促进药品回收计划中发挥了积极作用；不是把生物伦理学视为对研究权的侵犯，公司在倡导国际生物伦理政策方面起到积极作用。事实上，外界关心的伦理问题现在已经包含到公司政策之中。

结　论

在此我要提出的是，一种现代组织的全球化，为不道德的猛烈抨击提供了主要诱因。然而，正如我们也发现的，这种组织形式的无限扩张对其自身存在是有害的。伦理冲突与组织效率的恶化息息相关。可是，当我们审视后现代领域时，我们发现了一系列特定关系实践，这种实践为组织的再振作和世界各民族的调和提供了希望。一个跨国制药公司的工作为我们提供了实例和这种实践功效的证明。尽管仍存在无数问题，但在此处也存在着对全球化进程的明显希望。后现代组织的关系实践将在多元文化世界中充当一种致力于可接受的伦理观的

积极力量。

注释

[1] 参见伯曼（Berman，1982）、克莱格（Clegg，1990）、克罗泽（Crozier，1964）、弗里斯比（Frisby，1985）、马奇和西蒙（March & Simon，1958），同时，也可参考本书第9章的相关内容。

第9章　后现代语境下的组织科学

与托久·塞钦可瑞合著

在西方世界上个世纪的大部分时间里，一系列相互交织的概念支配着广泛的共识——回想起来——可称之为现代主义。同时，这些概念又是与各种技术物质条件相联系的，从而加强了很多形式的制度生活，也引发了一系列广泛的文化实践，例如在文学、艺术、建筑学和工业等领域中。分析家关注了这一时期的各个不同方面，经常使用“现代性”这个术语来强调技术、经济和制度特征三者的复合物（Giddens，1990；Jameson，1984），而用现代主义来论及思维和文化形态（Frascina & Harrison，1982；Levenson，1984）。人们对现代主义的看法虽然差异很大，但也存在普遍认识，即认为这套相互关联的现代主义看法正在慢慢失去其对正确性的统率意义。许多作品中都指出了这种现代主义的间断，这些作品的主题包括积累性知识的终结（Kuhn，1970）、个体自我（Ashley，1990）、一致性认同（coherent identity）（Gergen，1991）、客观性（Marcus & Fisher，1986）、行为社会学（Cheal，1990）、经验心理学（Parker & Shotter，1990；Sampson，1989）、文学解读（de Man，1986）和知识的理性基础（Rorty，1979）等。目前，这些和其他作品引起了就后现代语境下生活的隐患和潜力的广泛讨论（Gergen，

1991；Lyotard，1984；Norris，1990；Pfohl，1992；Rosenau，1992；Turner，1990）。

有人从罗伯特·库珀（Robert Cooper）对现代组织理论之系统定向（systemic orientation）的反复无常的批评中找到支持，开始停下来思考组织科学本身。在库珀的研究中，遭到攻击的那些理论假设与这样一些相互联结的看法结合在一起：将组织科学作为一种生产知识的学科。如果这些理论前提受到质疑，那么就暗示着这些前提从中出现的元理论承诺也将受到质疑。在当前讨论中，我们将首先思考几种传统的组 150
织科学如何植根于现代主义假设，以及后现代思想对这些假设提出的几种主要挑战。更为重要的是，鉴于现代主义传统的警示，我们必须问：作为组织科学的替代概念，后现代观点能给予我们什么？我们能否卓有成效地超越批判和解构的倾向？正如我们将要提出的，若一种建构论意识得到适当拓展，就能够为我们带来一种组织科学未来的光明前景。在提出这些论点之后，我们将探讨几种重要的暗含之意，并阐释它们的潜力。

现代主义和组织科学的形成

为了正确评价正在出现的挑战，让我们首先分离出现代主义框架内的组织科学的关键假设。广而言之，这是为了清楚表达一些决定了组织科学特点的基本信条——其主要研究方式、理论承诺和在工作场所内的实践。实际上，这些信条的暗含之意已经在该学科的几乎所有角落都得到确证——从教室到研究场所、出版物形式、理论内容和由专家带入组织自身中的习惯。尽管在现代主义模式下关于科学还有很多可探讨之处，但在这里我们将只限于对与未来发展有关联的几个假设的探讨。

理性行动者

多数学者会同意，现代主义思想和制度的重要根源就是启蒙运动

（从“黑暗”或“中世纪”时代的兴起），在这个时期，诸如笛卡尔、洛克（Locke）和康德等哲学家的作品对新兴的个人和宇宙概念发表了精辟的看法。尽管历史为我们提供了很多重要的迂回之路（例如 19 世纪的浪漫主义），启蒙运动的假设还是持续到了上个世纪，由各种科学和技术的发展（归因于启蒙运动的假设）、工业的增长和福利的普及（二者都增强了社会对科学技术的依赖）以及多种多样的哲学和文化运动（例如逻辑实证主义、现代建筑学、现代音乐）等推向新的高度。[1]

启蒙运动是一道历史的分水岭，主要因为其给予个人理性以真正的价值。启蒙思想家攻击所有形式的极权主义——皇室的和宗教的。正如其所宣称的，在每个个体内都存在一个有边界而神圣的领地，它是由个
151 体自身仔细观察和理性思考的能力来统辖的领域。笛卡尔提出，只有我的思想本身为所有其他事物提供一个确定的基础。正是 18 世纪对个人心智的这种推崇，个人心智渐渐充当了 19 世纪早期组织科学的主要理性策略。它在这里有双重效果：首先，工人/雇佣者/管理者的个体心智变成（并且依然是）研究的重要对象；其次，组织知识曾（并且现在也）被当做科学研究者个人理性的副产品。一方面，如果个人理性是人类行动的主要来源，那么解开其秘密将获得对组织的未来福祉的统治权；另一方面，正是得到系统理性思想训练的个体研究者，最有资格来进行这项研究。

更明确地说，几乎从组织研究的开始，这些假设就已经在个体和组织这两个主要概念中成为事实。对于许多学者（see，for example，Clark & Wilson，1961；de Grazia，1960），泰勒制（Taylorism）为组织生活提供了一种典型的现代主义模式。一方面，它将个体工人视为准理性人，他们以机械的方式对各种输入信息（如命令、激励）做出反应。虽然早期泰勒制的非人化特点已弱化，但这一早期的倾向很适合 20 世纪六七十年代的规划与实践，例如工作丰富化、岗位轮换、工作扩大化、工作设计（Hackman & Lawler，1971）和目标管理（management by objectives，MBO）等。更近时期，规划—程序—预算系统（planning-programming-budgeting systems，PPBS）和全面质量管理

(Total Quality Management，TQM) 经常被概念化为"输入手段"，用来从员工中获得最大的产出。

与之类似，理性能动性的信条也包括了理想管理者的概念，他们应该有效地计划、组织、协调和控制组织成员的行动。权变理论（Lawrence & Lorsch，1967）揭示了管理者个体为了获得组织和环境条件的最佳平衡可以采取的步骤。战略管理领域也一样靠个体理性支撑（Thompson & Srickland，1992）。例如，期望理论（Vroom，1964）、路径—目标领导理论（House，1971）和目标设定理论（Locke，1968）都是基于个体理性的假设。赫伯特·西蒙关于"有限理性"的开创性著作（Simon，1957）——在发现了人类处理信息能力的局限性的同时——也主要以个体决策的假设为前提。管理教育和培训项目也同样得到发展，以为管理者提供对更高明的管理很关键的管理技能（Boytazis，1982；Lobel，1990）。

除了上述对个体工人的看法和管理者作用的影响之外，对理性过程的信奉还塑造了宏观组织理论的基本形态。这个论题是库珀和伯勒尔 152
(Cooper & Burrell，1998) 致力研究的主要问题。正如他们指出的："现代公司的重要性恰恰在于它发明了绩效概念，尤其在其节约模式中，然后通过以功能理性模式安排社会关系从观念中创造出一种现实。"(p. 96) 他们以贝尔（Bell，1974）和卢曼（1976）的著作为例做出说明。同样，控制论和统摄系统观念——例如受到博尔丁（Boulding）、贝塔朗菲（Bertalanfty）和维纳（Weiner）拥护的那些观念——也对组织理论的理性系统视角作出了贡献。正如莎夫里茨和奥特（Shafritz & Ott，1987）指出的那样，这种系统倾向在哲学和元理论上都与泰勒制紧密相连。

最后，对理性能动性的信念强化了组织科学家的自我概念和对他/她在组织中角色的看法。本质上，人们可以认为组织理论是理性思想的典型表现——精确的、逻辑的、一致的，而这些假设也赋予专业理论家很高的价值。在现代主义时代精神中，正是最理性的声音应该在无止境的观点争辩中获胜。而且，也正是这种含蓄声称的原因，在很大程度上为组织咨询提供了合理性：按照传统标准，咨询师是（或应该是）一个凭借科学训练能比一般人更清晰、客观、深刻和系统地思考，并因此应当在组织中有发言权的人。这种逻辑又被另一个现代主义信条所扩大。

经验知识

启蒙话语的另一份遗产是对个人观察能力的大力强调。正是与观察相结合的推理，才使得个体的观点可以与宗教或皇家宗派的观点分庭抗礼。几个世纪以来，最为重要的是，这种对个人观察能力的强调在经验主义哲学中被释放出来，又在上世纪以逻辑经验主义哲学的形式最富活力地浮出水面。对于逻辑经验主义者（see，for example，Ayer，1940），只有与可观察事物有明确联系的命题才是科学思考的候选对象，也只有对科学命题的仔细检验才能导向知识的增长。在行为科学中，这些观点不仅变成核心的理性化策略——正如他们所做的那样，把行为科学放置在与化学和物理同等的地位上，它们也激发了他们对研究方法论和统计学的极大兴趣。

正是在这种土壤中，组织科学开始生根。人们假定存在一种有形的组织、一种可进行实验研究的客观实体。为了说明这一点，威廉·沃尔夫（Wolf，1958，p. 14）在核心期刊《管理科学院期刊》（*The Journal of the Academy of Management*）上宣称："我们可以把组织描述成一
153 个活生生的东西，它有具体环境、正式的结构、公认的目标以及种种需求。"同样，梅森·海尔（Haire，1959）在其得到广泛援引的《现代组织理论》（*Modern Organization Theory*）中，论述了组织的"形状"和其他"几何属性"，认为组织具有生物世界中典型的机体属性和生长特征。组织的这种现实特征在帕森斯（Parsons）于《管理科学季刊》（*Administrative Science Quarterly*）第1期（1956）发表的文章中也很明显。在这里帕森斯把一个组织界定为"以达到相对明确类型的目标为导向的社会系统，它服务于一个更加综合的系统——通常是指社会本身——的主要功能"（1956，p. 63）。同时在该刊物的同一期中，詹姆

斯·汤普森（Thompson，1956，p. 102）在写到建立管理科学的任务时，着重强调了“演绎和归纳方法……操作化定义……以及测量和评价”。

在这样的语境下，在组织领域中对变量分离、标准化测量和评估因果关系等进行研究就成为组织科学家的职责。因此，例如皮尤等人（Pugh et al.，1963）提议按照六个主要变量来分析组织结构。再如，在哈吉（Hage，1963）的“组织公理化理论”（axiomatic theory of organization）中，他定义了八个重要变量（例如，复杂性、分层、效率、生产效益、职业成就感）。沃里纳、霍尔和麦克尔维（Warriner，Hall & McKelvey，1981，p. 173）甚至力劝研究者制定“一个用于描述组织的可操作化的、可观察的变量的标准列表”。

与此同时，对观察过程的肯定不仅使之进入有效组织的理论，而且影响了更广泛的文化领域中组织科学家的地位问题。在前一种情况中，一系列组织理论都重点强调组织系统地收集信息、事实或数据的必要性，以达到做出最优决策的目的。比如说，大多数理性决策的早期理论都紧密地与对经验事实的强调联系在一起。举个例子，弗雷德里克（Frederick，1963）指出了把统计决策理论和其他数学决策制定策略与经验输入联系起来的必要性。理性决策——无论在组织中还是在科学本身中——都“主要源于可获得的信息”（p. 215）。组织科学家在专业中对精确观察的强调，及其对最优组织功能理论的再例证，也提升了组织科学家在文化中的形象。如果观察技术产出的信息对组织的福祉非常必要，而组织科学家又是精确观察的专家，那么科学家的声音就再次被赋予特权。基于一个科学家所受的训练，他/她就可以成为一个有抱负的组织的不可或缺的助手。

作为表征的语言 154

还有第三个现代主义主题塑造了组织科学的形态。与个人理性和经验知识相比，这个主题似乎没那么重要。不过，当我们进入后现代情境时它就被证明很关键了。在这种情况下强调的是语言准确表征世界，或者事实上“承载真理”的能力。所以，作为真理载体的语言假设是如此地在文化中得到积淀，以至于直到最近它还几乎没有受到挑战。然而，它隐含的存在到处都很明显。起初，我们作为组织科学家主要借助语言使我们的同事和共享同一文化的人了解我们观察和思考的结果。在我们可以通过观察确定世界的特征的范围内，我们都使用语言来报告世界的性质。正是通过对世界的观察，我们才能假定可以改进、修订或更正我们的理论。我们可以检验与自然相对的假设，并在表征中逐步接近事实。对于这种专业，言词作为“事实”或“知识”的载体发挥作用——不管是在期刊、讲座、书籍中还是在商业咨询中。

对语言代表真实的能力的同种信奉，当与对理性和观察的信奉相连接时，也为组织结构的现代主义理解设置了舞台。有效率的组织应该是，其中各种专业小组记录下与其特定职能（如市场营销、经营活动、人力资源）相关的数据（观察），这些努力的结果被传递给更高层的执行者，让他们了解情况以做出理性决策，从而来协调这些各种各样的努力。实际上，对理性、经验论和语言作为表征的强调，助长了**劳动分工**（专业化）和**组织等级制**（for example，de Grazia，1960；Rosengren，1967；the early work of Rushing，1967；Thompson，1960）。

把语言作为事实载体的信条，与对推理和观察的依赖一起，也在对理解组织上的进步和从而建设更成功形式的未来组织的总体假设中扮演了某种角色。如果客观世界的性质经由语言被人获知，那么其他人就可以对这些发现进行进一步的验证，而他们所得结果又会再次发表（等等），必然发生的结果将是朝向客观真理的前进。根据这一观点，科学家应该掌握越来越尖端的关于世界本质的知识，才能够做出越来越精确的预测，并最终能够建立起充分高效的组织。

在科学的形成时期，罗林·西蒙兹（Simonds，1959）回应了《管理科学院期刊》上的这些进步性叙事：

> 随着（企业管理科学）的不断发展……将会越来越强调通过陈
> 155 述相当精确的因果关系、获取经验数据以证实或否认这些陈述。然
> 后一项调查的研究结果可能会与另一项整合起来，直到积累大量证
> 据来支持一套科学原则。（p. 136）

用贝尔（1974）的话说，现代（后工业）社会是“围绕知识组织起来的，以达到社会控制与指引创新和变革的目的”（p.20）。与科学进步几乎相同的观点已经被引入组织学习理论中。该观点认为通过不断的学习，组织将变得越来越适应环境和走向繁荣。

后现代转向

现代组织科学理论与实践中的很大部分依旧处在现代主义框架的引领之下。然而，通过跨越自然科学和人文学科的很多分支——事实上，有些人会更概括地说跨越文化——一种新的识别力正在渐渐浮现。这种识别力主要是批评性的，它彻底地否定着现代主义假设和实践的主体。这种批评不仅威胁着现代主义逻辑，也对现代主义信奉的道德和政治结果产生质疑。不过，虽然批评具有渗透性和催化性，但却还没起到修补复原作用。在现有传统已经遭到指责的同时，它却把未来留在讨论中。我们现在如何继续？疑问不祥地在眼前萦绕。然而，在我们看来，在某些形式的批评中深埋着有巨大潜力的逻辑。批判也是发端于一个假设的基础，随着其内涵得到探究，一个替代的图景将会展开。就积极潜力而言，我们发觉，最有希望的批评形式应该是与社会建构论相符的。在接下来的部分，我们将概述一下这种批评的性质，以及它们对一种具有建构论视野的组织科学的意义。

从个体理性到公共理性

虽然对个体理性的信仰差不多处在现代主义世界观的核心，但是后现代的声音却开始转向一种对个体理性的怀疑态度。极而言之，人们发现个体理性思想不仅在概念上存在缺陷，而且在含义上也有专制性。其概念上的问题在文学和修辞学运动中得到了最清楚的说明。[2]在主要方面，这些运动与现代主义假设相矛盾，这些假设认为理性进程存在于“背后”指导人的“外在”行为。在这种情况下，批评主要针对语言，它为现代主义提供了对个体理性的最明晰的表达。正如符号学者、文学解构主义者和修辞学者提出的，语言是一个自行其是的系统，一个既先于人又外在于人的能指系统。因此，一个作为理性行动者来说话的人，
156 会参与到一个已经构建好的系统中；他/她将借用已有的习语，挪用已经各就各位的说话形式（和相关行动）。或者如在第 7 章中所讲，进行理性行动并非是执行模糊和内在的“思想”的功能，而是参与一种形式的文化生活。正如修辞学家对这种情况所补充的，据理劝服并非一种高级逻辑形式对一种低级逻辑形式的胜利，而是使用特定修辞学技巧和策略的结果。事实上，并没什么理由让我们相信，存在一种确切的理性过程（或逻辑）潜伏于我们所认为的理性论辩之下；理性地争论就是在一种特定文化传统下“遵循游戏规则”。

对于许多学者，这种争论意味着把人们的注意力引向文化中广泛存在的压迫性力量——通过宣称超验或者文化免疫的理性来占用话语和权力。对个体理性的现代主义观点的批判中最为严厉的要数女权主义和多元文化批评了。[3]按照批评者的推测，文化中存在着理性等级制度：由于教育程度、文化背景和其他标志，某些个体被认为比其他人更富有理性（有才智、洞察力），因而更有资格获得领导者的身份、地位和财富。有趣的是，那些占据这些位置的人都只来自人口中很小的一部分。事实上，虽然启蒙时代的论辩已经成功推翻了国王和基督教会的独裁统治，但现在却产生了新的并更为微妙的权力和统治结构。

不过，后现代主义声音也赋予我们超越批评的能力。因为，当我们把这些各种各样的思想与新兴的科学史和知识社会学中的争论连接起来时，一种人类理性的替代观点就出现了。[4]让我们再次思考语言系统。语言本质上是人类交换的副产品。本来可以不存在“私人语言”（following Wittgenstein，1953）。产生一个真正自己的象征系统本质上将是以自我为中心的。那么，有效的语言就取决于共同协作——两个或更多人的“联合行动”（Shotter，1984）。意义达成是共同努力的成果。现在，如果说保持理性从根本上是一种语言（或者与一种特定语言相一致的行动）中的成就，那么理性本质上就是一种形式的公共参与。理性

地说话就是按照一种文化中的常规来说话。

从经验主义方法到社会建构

观察方法在现代主义背景下享有很高的地位。有人认为，测量与统计技术越复杂，对现象的科学理解就越可靠、越精确。从后现代立场看，所有研究都嵌入一个理解的前结构中——一组关于世界本质的导向性假设（研究对象中内在的特性）和方法论（作为记录这些特性的方 157
法）。更一般地说，我们对现象的理解本身就极富理论性（*theory laden*），正如在它们的阐释中所用的方法一样。[5]只有当投身于一种特定理论视角（或语言形式）时，研究才能开展，才能选择方法。所以事先的理论选择很大程度上决定了研究的结果——在研究结束时可能会说到的。举例说明，如果组织科学家忠于把个体看做理性决策者的立场，那么把对启发式信息处理进行研究，区分启发式策略并通过实验证明不同策略发生效力的条件，就变得可以理解。相反，如果理论家接受精神分析视角，把组织生活视为被无意识动力所操纵的结果，那么象征权威和无意识欲望的这些问题就成为研究现实。然而，前者的研究将无法揭示一种“被压抑的愿望”，而后者也将不能发现一种“认知启发”（cognitive heuristic）。于是，投射策略（projective device）也可以充当令人喜爱的研究手段。每一种理论的信奉者都会觉得另一方的方法同样地似是而非。那么，谈论“组织系统”、“领导风格”或“因果效应”就是从构成文化传统的巨大的叙述（或书写）材料库中选择性地进行抽取的结果。

当前的论述在社会建构论者学术研究中已得到长足的发展。[6]这类作品既是解放性的，也是说明性的。一方面，它们向科学家和一般人认为理所当然的世界发起挑战。例如，在质疑理性决策假设、性别区分和精神疾病的存在中，这些作品把我们从传统可理解性的束缚中解放出来。另一方面，它们也引入了替代性的构想，即崭新且不同的现实的创造物。在这些作品的解释作用上，它们也试图阐明各种理性和现实得以创造的过程。这些论著鼓励我们参与建构我们的世界，从而在理解——

因而也有行动——上强调了我们共同组织起来的变化的潜力。

语言作为社会行动

对于后现代主义者来说，由于语言是文化过程的结果，因而一个人对世界的描述并不是心理之镜的外在表现——关于个体私人的“观察”或“感知”的记述。科学报告并非一面“镜子”，这面“镜子”反映我们对存在着什么的观察。不过，如果回避了现代主义者把语言视为成像设备的观点，那么它能够以什么方式得到替代呢？正是在维特根斯坦的后期作品中，我们将会找到这个问题的主要答案。正如维特根斯坦（1953）提出的，语言的意义并不是从其心理的或客观的支撑中获得的，而是来自它在行动中的应用（“语言游戏”）。或者，这里将再次强调后现代作品中人类关系的重要性，语言从有组织的互动形式中获得其意
158 义。于是，“讲真话”并不是要呈现对“真的发生了什么”的准确图像，而是借用一套社会习惯，通过这种方式在一种既定“生活方式”中赋予事物以合法性。保持“客观”就是按照特定传统的规则行事。

广而言之，这就是说语言对于后现代主义者来说不是对世界的反映，而是语言建构世界。语言不是描述行动，而是本身就是一种形式的行动。那么，从事科学就是积极地参与到一组亚文化关系中。因为科学解释要在文化中发表，例如，把组织解释为信息系统，或者把管理者解释为信息处理器。于是科学解释就进入文化可理解性的积累中。它们塑造我们的理解模式，从而形成我们的相关行为方式。把组织当做信息系统，把管理者当做被理想地由一种理性演算法所引导，这就是支持某些形式的文化生活，而削弱或阻止其他的文化生活。我们将简要地讨论这个观点的含义。

伴随着这种对语言关系的看法的发展成形，现代主义的知识不断积累的假设就遭到质疑（Lyotard，1984）。如果科学不是现有状况的一张地图，那么研究就不能作为科学解释的证据发挥作用。科学研究可以通向技术成果，但是它并不能形成有关我们描述和解释的真理。因为研究的作用就是用一个科学理论替代另一个科学理论，我们未必是在通往

“真理”的道路上“前进”。我们——正如许多人会说的——在用一种表达事物的方式替换另一种。再次说明，这不是要否认科学研究增强了我们某些种类的预测和产生新技术形式的能力。不过，这里要质疑的是随之而来的把描述和理论解释当做真理的现象。

为了体会这种研究的积极意涵，让我们思考传统科学的独白式的主题。科学研究典型地起着缩小描述和解释——以排除错误的、不精确和不一致的语言形式，同时呈现出唯一的最佳解释，这个最佳解释是最接近“客观真理”的——范围的作用。对于后现代主义者来说，朝向单义性的这种努力的结果是隐含害处的。文化是由一系列丰富的习语、记述和解释构成的，而这些各种形式的说法组成了文化生活。清除我们关于爱情、承诺、家庭、正义、价值观等的谈论方式，就会削弱由很多人共享的生活方式。在对“唯一最佳解释”的寻求中，科学作为强有力的贬损手段发挥作用——在一个又一个区域中揭示着外行者的“无知”。爱情被证明是一种虚构，家庭是由“自私基因”的必要条件组成的，价值观只是社会影响的结果等。既然如此，那么就应引导我们尝试用多样性的建构来代替科学对“唯一最佳解释”的强调。或者简单地说，用多元主义代替极权主义。

迈向后现代组织科学 159

正如我们所发现的，后现代批判主要以一种去合法化的形式发挥作用。在科学领域，这种批判促使人们对理性理论、精确研究的方法保障和客观知识稳步增长的希望丧失信心。正如伯勒尔和摩根（Burell & Morgan，1970）所坚持的，对不受感情影响的研究对象——不是由研究者自身的视角所构成的研究客体——的假设是失败的。当这种论述转移到组织生活领域中时，结果就威胁到了对历时甚久的有效领导、组织的科学管理变革、组织效率稳步提高的希望，以及组织科学生产、组织运营知识增量的能力等假设。这些确实是重大的转变，如果当前的讨论能够持续进行下去，那么我们可能很快就会面临组织科学概念和实践的重大进展。

然而，虽然大多数科学家和实践者也许将这些涌现的威胁等同于虚无主义，但是在目前的尝试中我们也建立了一个再建构的主题。特别是，我们强调了观测活动中的社会过程的重要性、语言的社会实践功能、真和善的概念中多元投入的重要性、用共同协商代替个体理性等。简而言之，我们得到了关于科研工作的**社会建构主义**观点的大致轮廓，这种观点与很多后现代批评意气相投，但它也使得我们坚决超越了这一决定性的临界点。

接下来，我们将转向探讨在后现代语境中建设性的组织科学的轮廓。这一工作体现在已经把后现代思想引入组织科学的一系列著作——由伯勒尔和库珀在 1988 年主编的关于后现代主义和组织分析的“组织研究”系列丛书中。其他诸如博杰（Boje，1992）、克莱格（1990）、格根（1992）、奥格尔维（Ogilvy，1990）和帕克（1992）等人也为把后现代主义思想与管理话语相结合作出重要贡献。在 1992 年，后现代主义论题出现在管理科学院年会上（Boje，1992；Boland & Tenkasi，1992；Clegg，1992；Gephart，1992；Hetrick & Lozada，1992；Nielsen，1992；Thachenkery & Pasmore，1992a）。这些探索也得到一系列令人印象深刻的相关著述的补充，主题包括组织分析（Bradshaw-Camball & Murray，1991；Calas & Smircich，1991；Hassard，1991；Lee，1991；Martin，1990；Morgan，1990）、领导和组织的社会建构（Chen & Meindl，1992；Srivastva & Barrett，1988；Yakhlef，1992）和组织中的意义制造（Cooperrider & Srivastva，1987；Weick，1995；and a special issue of *Organization*，vol. 4，no. 2）等。为了尝试把这项工作的不同取向整合起来，并同时详细说明建构主义模式中组织科学的潜力，我们将集中关注具有特殊意义的四个方面：研究、批判、发生
160 论和组织行动。

研究技术的地位

在现代主义框架内，经验研究技术（如实验、模拟、态度和意见评

估、参与式观察、特征检验、统计计算）被广泛地用来服务于评价或支持各种关于组织中行为的假设或理论。在后现代主义中，元理论失去其作为真理的主要裁断者的地位。研究技术可以取得数据，但是数据的生产和解释不可避免地依赖于嵌入文化关系中的各种语言（纯粹哲学信仰、理论视角、方法论观念）。因此，在对一系列文化嵌入性假设的信奉之外，研究是不可能证实、证伪或证明理论立场的。

同时，后现代主义绝不可能反对将经验技术用于某些实践目的的可能性。毫无疑问，在渐进性科学的宏大叙事中存在着广泛的怀疑主义。然而，这种怀疑主义经常遭到质疑，根据这样一个明显事实：我们现在可以做到的“传递信息”、“自动生产”和“质量控制”这些事情，而几个世纪前我们无法做到。然而，并不是技术能力（或“知道怎么回事”）受到后现代批判的质疑，而是被置于与之伴随的描述和解释之上的真理宣称（就是“知道那是什么”）受到质疑。在这种意义上，组织科学家不应被后现代主义论断劝阻而不继续进行方法论和技术的发展。首要的是，在一定的限度内，预测方法论（*methodologies of prediction*）对组织仍然是不可或缺的助手。例如，针对在特定装配线上小组 vs. 个人的生产，对指定公司的高管更换和特定科层制度中的白领偷窃等的预测，在常规现实领域中可以作出有益的贡献。同样，我们可以继续采用敏感化方法论（*methodologies of sensitization*），即把新的和潜在有用的观点带入考虑中的方法。诸如实验和访谈等研究方法可以很好地形成一些结论，增强我们对世界的替代性解释的感受能力。只要一个人不把描述的术语客观化，而是对这种研究的评价意涵保持敏感，那么这些方法也会受到建构论者的欢迎。

后现代主义批判削弱了研究在证实真理上的作用，把对经验的重视转向更具地方性和实践性的关注上，也引起了在研究的概念化上的大幅扩展。研究技术可以发挥多样化的社会功能，而不是被用来支持各个科学领域的理论前结构。许多组织研究者都已开始挖掘这个观点的潜力。 *161*
例如，摩根（Morgan，1983，pp. 12－13）把组织看做一种“为实现潜能而设计的互动过程”。阿吉里斯等人（Argyris et al.，1985）和舍恩

(Schon，1983) 认为研究与社会行动是不可脱离的。正是在这一脉络下，参与式行动研究 (Reason & Bradbury，2001；Torbert，1991) 批判了研究者的传统角色，参与式行动研究曾为发挥地方性知识的潜力而进行研究。

不过，这些并不是建构主义框架内研究的全部功能。各种各样的研究策略也可以被用于给予被边缘化、误解或剥夺权利的群体以发言权。至今为止，学者都主要忙于探索各种声音被压抑的途径。例如，卡拉斯和斯默西奇 (Calas & Smircich，1991) 采用女权主义解构策略揭露了一些修辞学和文化手段，通过这些手段领导概念作为一种"魅力游戏"得以维持。马丁 (1990) 关注了组织内对性别冲突的抑制，展示了组织"帮助女性"的努力如何往往抑制了性别冲突，并对公共和私人的努力领域作了虚假二分以及使彼此具体化。孟培和普特南姆 (Mumby & Putnam，1992) 证明了潜藏于西蒙的"有限理性"概念之下的男性中心主义假设。而恩科莫 (Nkomo，1992) 分析了组织的种族概念是如何嵌入世界之欧洲中心主义观点中的。虽然这种形式的分析对于后现代组织科学是不可或缺的，但也很需要创新实践或方法论以在组织中让边缘群体发出声音，也需要引入一些实践，使未曾表达的立场得到表达和传播，并使之积极地进入决策过程。

最后，从研究的广义概念看，可以寻觅一些方法以生成新的现实，以引发迄今为止尚未成为现实的视角或实践。到现在为止，实现这些目标的最有用的技术是采取对话法 (for a range of illustrations see Cooperrider & Srivastva，1987；Kilmann et al.，1983；Reason & Rowan，1981；Schein，1993；Senge，1990)。对话法往往能使参与者摆脱其进入对话时所带有的各种现实的限制，使他们一起合作以形成混合了多元投入的理解或行动模式。就像科瓦利斯基和迪斯密斯 (Covaleski & Dirsmith，1990) 所认为的那样，对话研究常常促进预料之外的关系的产生。朝向"鉴赏式探究" (Coorperrider et al.，1999) 的运动尤其富有希望，这些实践使得不同组织共享过去的正面故事并用它们一起发展理想形式的未来。

迈向对话反思

文化生活在很大程度上围绕各种各样的行动、事件或客体的意义运转，话语也许是意义得以形成的关键媒介。而由于话语存在于一个开放的市场中，以广泛扩散的联结、重组和转换为特征，人类行动模式也将 162
永远处在动态之中。这就意味着我们预测、干涉和决策等专业技术的效力不断受到威胁。今天的有效技术也许只是明天的历史。在这种意义上，对组织行为的预言就像预测股票行情一样，伴随着每一个对刚发生现象的当时理解，现象已经改变了。

在这种意义上，我们可以将组织科学看成是文化生活中——在它的描述、解释、技术和对组织的服务中——的一个生成性的意义之源。在产生和散播意义中，科学也提供给人们行动的工具。它的概念被用来为各种政策辩护，将各种群体分开或结合，判定或评价个体，认同自我或自己的组织等。实际上，组织科学为我们提供了有用的手段，通过它组织生活或文化生活得以实现。从这个立场看，专业活动的两个远景变得特别突出。此处我们将考虑意识形态的和社会的批判，然后再探讨创造新的现实的挑战。

在现代主义组织科学中，科学无法对自身进行道德或政治评价。这门学科只试图提供价值中立的知识和评价；如果这种知识被用于不道德或不适宜的意图，那么这就不是科学作为科学所关心的问题了。因此，在这里，科学训练几乎不能为道德或政治评价提供资源。组织科学已经非常专业化：它使用一种“是”而不是“应该”的语言，一种与人文关怀相对的理性判断的话语（Cooperrider & Srivastva，1990；Jacques，1992；Peck，1992)。不过，随着后现代主义对语言实用性的强调，组织科学将无法再让自己从道德和政治争论中摆脱出来。作为意义的生产者和供应者，这个领域固有地服务于某些利益相关者、某些活动和某些文化生活方式的利益——而对其他的则有害。在这里，以下两种形式的批评分析显得特别重要。

首先，组织科学可以恰当地发展出一种**自我批评**文学。我们需要关于其自身建构的文化含义的辩论。伴随着从上述各种理智运动中的获益，这种自我反思形式已经在进行之中（see，for example，Cooper，1989；Kilduf，1993；Pfeffer，1982；Thompson，1993）。举例说明，博雅斯基勒和阿德勒（Boyacigiller & Adler，1991）证明了关于自由意志和个体主义的美国价值观如何影响了组织行为的概念化。关于个体控制（或应该）自己行动的美国文化假设，与强调共同信奉的文化信仰形成对照。前面引述的女权主义学者的著作，与那些表现各种伦理和政治
163 观点的著作一样，也对批评性自我反思作出有价值的贡献。批判—解放（Alvesson & Willmott，1992；Willmott，1997）和激进人道主义（Atkouf，1992）作品进一步扩展了视野。后现代转向不仅为这项工作提供了充分的理由，而且使这些努力得到有力的拓展。

其次，在组织科学对其自身实践进行评价的同时，它可以适当地关注文化或世界中组织化结构和实践的形式。当代的组织安排有什么值得称赞之处？它们又在哪些方面存在缺陷？这不仅仅是拓展现代主义者对最有效、最有生产力和最能赢利的组织结构和实践的探索，而且还引进了对作为一种文化生活形式的“组织”的反思。在何种程度上现有的组织形式是令人满意的，对于谁和在哪些方面？在某种程度上，组织生活的比较研究也带有这些价值立场。例如，艾伦、米勒和纳什（Allen，Miller & Nath，1998）主张，在那些个体主义受到高度重视的国家，行动者倾向于策略性地看待他们与组织的关系，而在集体主义文化中个体会感到自己与组织和环境的更多的和谐。在美国系统中人们对个体的影响能力有着强烈的信念，与此一致的事实是，在美国普通的首席执行官（CEO）的薪水是普通职员的 160 倍。而在一个集体主义倾向更强的文化中，例如日本，相应的级差低于 20（Crystal，1991）。这些探索使读者感受到组织生活中司空见惯的偏见，同时，事实上它们也是对西方生活模式的微妙批评。

新世界的建构

正如在第 3 章中冒昧提出的，批评式评估存在明显的局限性，我们

必须敞开更为积极的前景。既然如此，那么我们将把注意力转向组织科学最重要和最有潜在效力的“副产品”之一上——其描述和解释的语言。由于概念、隐喻、叙述和图像等在文化中都处于动态，它们往往被纳入正在进行的关系中。因而这种关系会不断改变。这种可能性促使科学家发挥他/她的智力才能以创造新的文化现实。在现代主义时代，组织科学家在很大程度上是擦亮“镜子”的人。他/她的基本任务就是使“镜子”忠于自然。对后现代主义者来说，这种角色是惨白而被动的。对后现代主义者的挑战不是“像事物所是的那样讲述它”，而是“讲述事物可能会变成什么”（see Chia，1996，on the concept of “becoming realism”）。我们需要的是，学者乐于大胆冒险，乐于通过提出新的理论形式、新的阐释或可理解性形式来突破常识的障碍。“发生论”（Gergen，1994a）这个概念用在这里是贴切的。这一理论被设计用来推翻常规假设，为行动敞开新的选择。经过这种理论化，学者对于各种形式的 164
文化可理解性、对于共同生活的人们可利用的象征资源作出了贡献。

发生性理论化已经在数量稳步增长的研究中得到证明，这些研究从后现代分析中汲取养分以构造新的概念化（和挑战）组织自身的方式。在这些例子中，理论家典型地认为等级分明和理性控制的科层制组织是由一系列特定的现代主义话语组成和维持的（在学术和市场两方面）。正如在第 8 章中所概述的，由于在科技精神、信息可获得性和经济全球化等方面的激烈变化，现代主义组织已不再可行。于是，后现代和建构论话语的新浪潮就成为描述和创造我们所说的后现代组织的工具。这项工作的很多部分都在库珀（1989）的评论中得到预示，包括他对系统性组织和把语言作为组织化/去组织化同一过程中的一种积极力量的批评。里德和休斯（Reed & Hughes，1992），还有博杰、格普哈特和塞钦可瑞（Boje，Gephart & Thatchenkery，1996），对这些资源进行了有益的梳理。重要的是，这项工作还维持了一种与思维领域的对话关系，并由此获得了一种创制能力（see，for example，Berquist，1993；Morgan，1993；Peters，1992）。

举例说明，思考当前商业群体朝向全球化的全面进程（see Bartlett &

Ghoshal，1991；Cooperrider & Pasmore，1991；Weick & van Orden，1990)。从当前的视角看，组织科学不是应该朝向最好、最有理性和具有经验基础的理论这个唯一目标奋进——一种宏大或全面的叙述，而是应该引入多种多样的理论视角。把全球化视为“后福特主义积累模式”(Albertsen，1988) 或“弹性累积”(in Harvey's，1989，terms) 的观点存在于一个由各种群体构成的网络中，它应该与作为“后哥白尼体系”(Peters，1992) 的全球性组织解释放在一起。我们也可以寻求新的表述形式，就像“进行性的协同组织”(*systase*) 这个概念 (Gebser，1985)。与系统相反，它是一种没有绝对中心的组织，围绕此中心的秩序——作为一种“始终摇摆的语言语用学的拼凑物”(Lyotard & Thebaud，1985，p. 94) ——处于不断的建立和受威胁中。同时，这些包罗万象的概念化需要更具体层面上的行动进行补充。追随这一讨论线路，约瑟夫 (Joseph，1994) 引用了一个在 20 世纪 70 年代走向全球的跨国非营利性组织发展的例子。到 20 世纪 80 年代，事情变得很清晰，它的社会—经济—文化发展的通用模式已不能跨文化应用。它所需要的就是改组，借此每个地方性组织自主地追求其自身的发展模式。结果这个组织获得显著的效能，它作为一个由地域各异的组织组成的国际网络发挥着作用。

发生论的挑战也必须在三方面得到限定。首先，组织科学已经形成
165 了名目繁多的理论。从后现代视角看，这无数的构想并不是有缺陷——用现代主义者的话说这是科学的前范式和非累积性特征的指示，而是现存的每一种理论都代表一种对各种各样的语境中很多目的都潜在有用的话语。那么，生成性努力可以包括复兴以往理论 (cf. Chia & King，1998；Morgan，1993) 和对它们的含义进行再定义和重新语境化，以使它们不被可能性的贮藏库所抛弃 (see Kostera，1997，on “creative reconstruction”)。其次，在朝向发生论的迈进中，应该对使用价值论题保持最大的敏感，也就是说，一种特定形式语言是否和如何能被吸收到正在进行的关系中 (see Colville，Waterman，& Weick，1999)。正如阿吉里斯 (1996) 所表述的，这个领域必须致力于创造“可行动的”

(actionable) 话语。当专业著作用仅仅适合高深学者的行话来书写时，它对思维领域的效果可能会非常有限。那么，专业著作中修辞的充实就显得非常必要。

组织行动

后现代组织科学的最后一个特征拓展了先前的逻辑。在这种境况中我们关注的是作为积极行动者处在组织自身之中的科学家，例如作为咨询师、评估者、董事会成员等。我们认为，正是在这样的情境中，上面强调的研究的多重功能和形式、批评性反思和发生性理论化才能充分实现。同时，我们把这种关系主要看做是对话式的，看做一种不仅使学术中的话语和实践得以扩散出去，而且使组织中的话语和实践渗透到学术中的场所。

与其将这种关系进一步理论化，不如探索一个单独的案例，尝试在实践中实现这些提议中的很多部分。当在一个组织情境中这些提议被激活时，所做的记录将有助于显示它们的潜力和局限。在第 8 章中我们描述了一个咨询案例，在其中格根的咨询服务得到了一个国际医药公司的赞助。该组织扩展到大约五十个不同国家，目前面临着有效沟通和协调行动上的巨大困难。跨职能、跨国家的个体不能理解和领会对方的看法和决定。总公司和境外子公司之间的紧张状况非常严重，各方都倾向于对对方的行动持批评和不信任的态度。

从现代主义观点看，在这个节骨眼上启动多面研究计划才是适当的，尝试准确地确定问题的根源，找到应负责任的具体条件、结构或个人，立足于这些研究结果提出建议，从而制定一个改善的行动计划。然 166
而，从后现代建构论立场看，有很好的理由反对这一选择。首先，当这些研究和干预开展时，“问题”也在不停地变化。其次，认为存在唯一的一组陈述可以准确反映环境（或其“原因”支撑）性质的这个观点很有误导性。最后，用经验数据证实这种阐释，并作为权威呈现这种阐释(作为超越观点的真理)，就是与组织建立了一种无诚信的关系，从而使本具有同等竞争地位的现实被以“科学权威”的名义压制了。

鉴于现代主义倾向这样和那样的问题，我们首先建立一系列**生成性对话**（*generative dialogues*），此为第一阶段。在这种对话中我们和咨询者都扮演着合作的角色。我们通过访问总公司和子公司不同组织层次的不同管理者，探讨他们对组织内各种关系的看法。我们的尝试不是为了用无限接近的精确度来定位和界定“问题”，而是试图探索可以使管理者脱离关系的日常话语的话语资源，并反身性地思考他们的处境。同时，也希望使造成“问题”沉积下来的现实松散化，使能够谈这些问题的声音多元化，由此也使行动的选择多元化。

尽管这些讨论涉及范围很广，但是有两种形式的分析是所有讨论所共有的：首先，我们要求参与者描述沟通和协调非常有效的例子。借鉴斯瑞瓦斯塔瓦和库珀里德（Srivastva & Cooperrider，1990）关于鉴赏式探究的论著，我们希望：首先解构失败的常识（“我们有一个严重问题”），其次获得一组可以充当典型实践的正面实例（重构的来源）。可是，我们也询问了经理感觉沟通和协调中存在明确问题的方面。这里的关键是，在可以被用来生成更深入对话的组织里推进对不足的共同建构（例如，“我们需要谈谈”的一个基本理由）。

此项计划的第二阶段是**引入概念资源**（*introduce conceptual resources*）。鉴于以上的论述，我们认为理论话语（当得到适当转化时）在实践领域具有催化的潜力。通过引进新的隐喻、叙述或图像，行动的新选择可以被打开。但是，这些资源务必反映先前的对话——它们把组织的现实与学者的思考融合起来。因此我们发信给每位参与者，让他们总结自己的意见。这些总结由后现代组织理论的核心术语精心制作。一方面，管理者的记录被用来例证现代主义组织的缺点——其等级制、单
167 一逻辑、边界分明、领导的个人主义观点等。另一方面，正面案例往往与后现代的组织概念相联系，例如，参与式绩效、互动式决策、现实的创造、多元文化资源以及不同诠释的协调。事实上，通过用源于组织的正在进行的实践来举例说明一系列观念和看法，我们希望这些理论资源可以被用于组织内的对话。

第三阶段，我们试图**拓宽沟通空间**（*Broaden the conversational*

space)。也就是说，在获得各种各样的参与者的许可之后，我们把对他们的采访内容与其他管理者进行分享。这些资料得到广泛传播，以试图：(1) 丰富参与者可利用的谈话资源的范围；(2) 提供一系列未来可使用的正面看法；(3) 提供一系列可以引起进一步讨论的问题；(4) 把一种共同语言（受益于后现代组织理论）引入讨论中。在这一时刻，我们无法确定有用的讨论是否确实在进行，这也许将是进一步对话的主题。尽管假定这些各种各样的措施足以改变整个公司的文化无疑将是傲慢的，但是至少，管理培训与公司沟通结构的改变将会是令人满意的。这些各种各样的交换确实将各种建构论假设引入组织中，暗示着新形式的组织实践（技术），同时也反身性地充实了我们自己的理论取向——所有这些都发挥着引进新的和变革性会话的作用。

结论：迈向触发式会话

本章首先分离了组织科学中一组相互联系的核心假设，然后通过考虑后现代批评，这些现代主义假设被置于危险之中。接着，我们超越批评，提出一种组织科学的替代性洞察，它重点强调的是社会建构过程。从后者这一视角，我们勾勒了被我们视为极其宽泛和丰富的组织科学概念的一个基本原理。

然而，这些观点还远远不应该被视为定型和最终的。恰恰相反，“科学”这个概念在后现代语境中是一个强调不断交流、不停反思和转变的概念。因此，当前的记述只是会话的开始，而不是终结。当前的论点没有一个是自身没问题的。例如，利奥塔（Jean François Lyotard）因当代科学放弃了将知识本身作为目标来关注而对其进行批评。正如他所认为的：“知识……被生产出来以供出售，它……被消费以在新的生产中规定价格。科学成为一种生产力，换句话说，成为资本流通中的一个环节。”(1984, pp. 4-5) 当前研究使用了一种后现代组织科学的视 168
角，这一研究不会受到同种责难吗？有没有更有希望的替代？这一研究当然还存在进一步的问题，比如这一分析中所含价值观的隐含社会制度、立论无限倒退的可能性以及相对主义的理智和文化危险等。让对话继续吧……

注释

[1] 若需要这些文化基础的相关简单概要，参见格根（1991）；若需要更详细的叙述，请见伯曼（1982）、弗里斯比（1985）、兰德尔（Randall，1940）。

[2] 参见德里达（Derrida，1977）、诺里斯（Norris，1983）、西蒙斯（1990）。

[3] 若需要女权主义的解释，请见格罗希（Grosz，1988）和哈丁（Harding，1986）；需要非洲裔美国人对科学主义的评论，请见韦斯特（West，1993）。

[4] 对这一文献有主要贡献的是巴尼斯（Barnes，1974）、费耶阿本德（1976）、诺尔-赛蒂纳（Knorr-Cetina，1981）、库恩（1970）、拉图尔和伍尔加（Latour & Woolgar，1979）。

[5] 关于这一影响的经典理论出自库恩（1970）和费耶阿本德（1976）。

[6] 关于在组织领域中的发展，见阿斯特利（Astley，1985）、摩根（1998）、塞钦可瑞（1992）和维特利（Whitley，1992）。

第三部分
社会建构与文化语境

第10章　从认同到关系政治

社会建构和认同政治构成一对不幸的情人，它们缠绕在一种充满激情、刺激和不忠的关系中。这不是简单的关系，而是这样一种关系：在其中深度的亲密产生一系列极具影响力的遍及各地的运动。然而，正如我现在所认为的那样，这种联合的繁殖力正在急剧消减。这对别样密友之间的那些紧张关系已经滋生出怨恨。它们的私生子现在在街上行走时遭受着充满恶意的对待，在每个黑暗角落都有人发出具有诋毁性的批评、嘲笑、漠视和不满。认同政治陷入困境，现在社会建构主义即使确实不是一个暗杀者，似乎也是一个可疑的盟友。认同政治能够成功地维持它的路线吗？它与社会建构的关系应该维持吗？在以下部分，我将提出，认同政治不能成功地继续其现存的行动模式，而且，我们确实发现一种朝向改革努力的运动。同样，建构论者的对话也已进入一个新的发展阶段。建构论者致力的这种转向能够并且应当在将来的认同政治改革中扮演关键角色。那么我们就应在我将称为“关系政治”（*relational politics*）的事物中酝酿着以重燃激情。

“认同政治”这个词语承载了很多不同的意图，当前我将用它代表政治行动主义的一个模型——这种政治行动主义尽管不是单独但却典型地由被传统主流政治排除在外的各个群体发起。这些边缘群体产生了自我认同（群体意识），这种认同又具体化为它的组成者的个人认同。认
170 同政治与诸如左翼、基督教基要主义等很多社会运动不同，因为前者的组成者——例如妇女、美国黑人和同性恋者等——在政治上以个体为特征。政治和人格存在实质上的不可分离，这种不可分离性很大程度上归因于对自然的感知。一个人可能会因为理智或冲动加入美国国家步枪协会（National Rifle Association，NRA）或称颂耶和华俱乐部，但是否成为印第安人或黑人穆斯林却无法选择。一个人是一位亚裔美国人、女性同性恋者或下层社会成员，只是简单地因为天生、传统或被抛入的环境。正是在很大程度上由于群体成员的“天生”条件，这些群体需要去争取某些本应不可被剥夺的权利——例如，机会平等、待遇平等、实践自由和参与民主管理等。

为什么认同政治和社会建构之间会有暧昧关系呢？存在很多原因。在它们中间，学术团体内对社会建构的普遍关注为政治和道德行动主义奠定了一个有力且合理的基础。在上个世纪的大部分时间里，学术团体在它认为是一种意识形态无党派性的事物中找到了乐趣［例如，贝尔的《意识形态的终结》（*The End of Ideology*）］。激进的经验论者认为，探索的功能就是去确定什么是客观真理，这从其在自然和社会科学上的落脚点便可以体现出来。道德和价值承诺使探索变得迷乱，正如有人说的那样，道德和价值承诺产生偏见和错误的信息（适当的学术是关于真而不是善）。然而，正如建构论者的批评对客观性——超越文化立场的真理——提出的挑战，对其的批评也根除了“实然—应然”的分割。不仅真理、客观性和合理性的话语不再操纵修辞，而且它们的主张者也似乎犯了或者无知（缺乏对内隐的意识形态的反思）或者自私（用中立的外衣掩盖为自我服务的意识形态）的错误。从而，建构论者的攻击导致了对权威的缓慢破坏，同时解放了具有政治和道德取向的研究。如果一个人的职业不可避免地是政治性的，那么根据建构论者的逻辑，学院派就有了一个崭新且鼓舞人心的目的。不是生产可以或不可以被那些为社会做决定的人利用——正如纯粹的科学家设想的他们的目标——的知

识，而是知识产生的过程本身成为一种创造美好社会的途径（妇女研究、黑人研究和酷儿研究就是这种趋向的典范）。

建构论不仅促进激发了政治驱动力，而且也为社会批评生产了一套强有力的工具。建构论的探究阐述了对真和善的宣称如何出自历史传统，并被社会网络强化，然后由文学上的修辞黏合在一起，通过修辞策略合法化，在服务于权力和特权的上流社会结构的特定意识形态中得到操作。对诡辩的建构论者而言，并不存在无懈可击或不容置疑的立场，没有基础性的理由，而他们自身也不具备超验的合理性或者固执的事实。现在最重要的是，这些解构对立者的模式中的很多都是“街头适 171
用”的；在日常的政治行动主义的行话中，它们可以很容易（而且已经）被改写。

认同政治的阐释

如果你在这些评论中感受到了些许怀旧之情，那不是你的错误。我们经历的这些时刻充斥着令人眩晕的兴奋、绝对的偶像崇拜、充满火花的讨论和使人顿悟的道德。我决不认为其中的隐含之意已被完全挖掘，也不认为其中的行动潜力已被充分开发。在我看来，由建构论对话援助和支持——正如已经发生那样——的认同政治的强大力量已经开始衰减。在很大程度上，这种功效的衰减可以根据文化变迁来理解，这种变迁可以部分地追溯到认同政治本身的影响中去。为了在这种分析中采取一种建构论立场，并拓展第 3 章中的讨论，让我把注意力主要集中在认同政治的修辞学上。

最初，盛行的修辞学在其已委身的群体外部影响甚微。对于那些目标群体——那些多数需要“政治教育”者，这种修辞学更多的是离间性或反生成性的。大体上，认同政治依赖于一种指责的修辞学，这些指责通过以言行事的效果来惩罚这些目标群体（因为不公正、偏见、非人性化、自私、挑战性和/或暴力性）。在西方文化中我们针对这种形式的斥责必然有两种会话式的回应——不合作或者对抗。不合作的模式（“是的，现在我认识到了我的方式的错误之处”）要求一种理解得以扩展的前结构（使批评者的权威和判断合法化，也使批评对象负责的一段历史）。可是，由于就认同政治而言，并没有预先建立起来的语境按照这种方法来安置批评对象，因此批评引发的回应更像是敌意、反抗或者斥责。

此外，这种对抗式的回应是由于批评者与目标对象相反的不同话语世界引发的。比如，一方认为是“剥夺性工资”，但在另一方也许将之标榜为“公平的收入”；一方提出的“偏见性的决定”，却被另一方认为是“根据道德而做的决定”；与“排他的偏见”做斗争的尝试被看成是对“历史悠久和友好的共同体”的毁坏；对批评者来说是“严格的教区管理制度”，但却被一些对象理解为“对悠久传统的热爱”。在这种状况下，那些批评者的对象可能极少提防被批评的问题，却极可能促使其在相反方向上走得更远。正如玛丽·安·格兰登（Mary Ann Glendon）在《权利话语》（*Rights Talk*）中谈论的那样，权利的修辞学“使争论极端化，它倾向于压制道德讨论和共识建构。一旦一种待议事项被视为是‘正确的’，理智的谈论和谦虚的姿态就倾向于消失”。

172 应该补充的是，这种对抗性敌意并不限于批评者和批评对象的关系，而是转入很多政治运动自身之中。在对待他人时的一个有利选择——责备修辞学也成为政治运动中修正错误的铁锤。任何把文化作为压制声音的批评对象的运动，很快就会发现在其自身的阶级序列中，一些声音要比其他的显得更为平等。在朝向经济平等的突进过程中，妇女因为家长制支配权而攻击男人；在朝向性别平等的驱动力下，白人妇女被发现在压制黑人声音方面负有罪责；享有教育特权者犯有杰出人物统治论和语言排他的过错；异性恋政治对女性同性恋者不友善；如此等等。举个例子，杰出的黑人知识分子帕特里夏·希尔·柯林斯（Collins，1990）在作品中写到对于一个专属黑人女性主义运动的必要性。然而，总体说来她更提倡“以一种批评的姿态对待主流、女权运动和黑人学术探究”（p. 12）。在这里，她加入了其他杰出的黑人思想家队伍，与以西班牙裔美国人、印第安人和亚裔美国妇女为核心的人们一道挑战女权运动，因为它隐含着种族主义并且总体上仅仅关注中产阶级白人妇女的问题。

不仅认同政治的主要修辞引发不和的效果，而且其丰富性也使它在很多重要方面失去效力。例如，权利的修辞学在举论的语境中就只能没有分量地巡回。那些为平等而进行的最著名的战争发生在阶级、民族和性别领域中，在这里修辞的形式对那些即使需要遭受苦难的人们来说，也是唾手可得的。很快，印第安人、亚裔美国人、西班牙裔美国人、老年人、无家可归的人、精神失常的病人、残疾人、男同性恋者和女同性恋者，与生存权和儿童权利的倡导者一道，加入到阶级、民族和性别领域这三者当中。我们还发现一些诉讼是基于高等教育的权利、死囚的权利、妇女在任何公共厕所小便的权利等要求的。正如阿米泰·伊兹欧尼（Etzioni，1993）提出的："不断颁布的新权利，就像批量印刷的纸币，它们导致了使人们道德诉求贬值的权利的无限膨胀。"格兰登（1991）补充道，权利话语包含着"一个不言自明的前提，即我们在很大程度上在一片遍布陌生人的土地上漫步，在那里我们假定对他人没有义务，除非是为了去避免那些被人主动施加的伤害。"其他的批评者则更加严厉。民族专栏作家甚至谈到这是"权利胡话"。

最后，考虑到修辞学在文化生活中已存在相对较长的时间，那么就已有充足的时间来发展有效的反修辞学。正如赫希曼（Hirschman，1991）在《反应修辞学》（*The Rhetoric of Reaction*）中指出的，反对社会变迁的散乱无章的意图有着一段丰富的历史，然而，过去的几十年它却激发了一系列新的自我孤立的辩驳。例如，有"牺牲"的避难所一说——这一观点认为，声称自己是一个压制性环境下的牺牲者，仅仅是为了掩饰怠惰和不负责任的失败借口。查尔斯·塞克斯（Sykes，1992） 173
提出，我们已经变成了"受害者民族"，而且权利和责备的修辞学是造成"美国特征衰退"的原因。在著作《滥用借口》（*The Abuse Excuse*）中，亚伦·德肖维茨（Alan Dershowitz）断言，我们已经变成一个"哭诉故事"的民族。一种最具力量的驳斥修辞学，就是关于政治正确性的修辞学，由于它在认同政治本身中被使用。弱势群体对既定政策和惯例的批评如此犀利，以至于对于那些批评对象来说，表现出残暴的态度，因此也侵犯了他们对传统和发言的权利。正如一位评论者最近谈到的，这也许是该民族历史上最初出现的此类事件之一，在此政治争论双方都为他们的市民自由提出辩护。最后，当迈克尔·桑德尔（Sandel，1982）等反自由主义批评者已经开始废除个体权利的公正性之时，就为以有责任的修辞学取代权利的修辞学铺平了道路。正是后者这种修辞学使得共产主义运动取得了如此高的文化可见度。

建构论者的难题

认同政治如果没有被文化历史的变迁充分保护的话，那么也会开始感受到来自它的建构论情人的某种令人窒息的存在。因为，当社会建构论为了构建内部力量和削弱对手势力而提供生动的推论资源时，它同时也严重破坏了认同政治的中心原则。特别是，建构论针对实在论、本质主义和伦理基础主义提出了有力的辩驳，这三者在认同政治的很多话语中是特有的。

在第一种情况下，在认同政治中发展的社会批评典型地嵌入实在论话语之中，这种话语赋予其批评以超越视角的真理地位。例如，在描述阶级障碍、无形的障碍、对同性恋的憎恶、关于强奸的色情书刊产生的影响以及人类胎儿形成初期的特征时，宣称的就是独立于我们诠释性倾向的自然状态。当然，对于建构论者来说，这种宣称与其说是自然的反应，不如说是社会进程的后果。这些描述都内在地同时定位于历史和文化之中，各种各样的选择从其他社会位置来看既是可能的也是可信的。实证论的立场更加具有讽刺意味，建构论者论证道，因为这些批评经常伴随着对对方客观性的解构。占优势地位的话语的建构性特征被认同政治家用于为边缘化的选择铺路，然后在之后的地位上被以好像清楚无疑的方式对待。

与有问题的实在论紧密相关的是在很多认同政治中暗含的本质主义假设。为妇女、儿童、老人、穷人和精神病患者等群体主张权利的行为暗示着一个必要的实体的存在——一个由它自身的鲜明特征统一在一起的群体。这个群体的名称被当做有指涉内容的——源于自然中存在的特 174
征——且独立于名称自身。当然，对于建构论者而言，指涉是一种突出的社会达成结果，因此本身是可作废的。历史、种族划分、阶级等的真实性产生于同时代的文化生活之中，但也有可能它们并没有产生。正如亨利·路易斯·盖茨（Gates，1994）提出的，黑“并不是物质客体、一种绝对事物或者说一个事件”，而只是“一种修辞”。把这一论述嵌入社会进程中，他继续说道：“种族，只是一种社会政治的分类，不过如此。”当这种社会政治的分类被用于个体时，它也扮演了一种还原性中介，限制着人们的认同，压制人的潜能。斯蒂芬·卡特（Stephen Carter）在《一个肯定性行动儿童的反思》（*Reflections of An Affirmative Action Baby*）一书中提出，这种标签就像一个有问题的铅版在运作，遮蔽了复杂性，生产着误导性的社会政策（See also Calhoun，1994）。

最后，建构论者的思想还对隐含在很多认同政治中的道德根基的宣称——从那种更高的基础上人们可以非常自信地批评其他人，把他们说成是无人性、自私自利、有偏见和不公正的——产生不利影响。建构论者的思想痛苦地提醒我们：我们并没有超验的理论根基，在此根基之上可以支撑这种谴责，我们的道德尊严感本身就是定位于历史和文化中的各种传统的产物。进而，建构论者吟唱道：有没有可能那些被我们批评的人也生存在对于他们而言充满着道德至上感的各种传统之中？由此，正如我们所发现的，社会建构论在政治舞台上成了双刃剑，既潜在地伤害着运用它的手，也可能相反。

社会建构中的关系转向

正如很多人提出的，认同政治正面临着一种僵局。它似乎已不再是一个保护声音、尊严和平等性的有效途径了。然而，更为肯定的是，在认同政治和社会建构论二者中我都发现了转型的重要迹象。例如，就前者而言，一位对认同政治现状深感绝望的左翼激进主义者托德·吉特林（Gitlin，1993）讲道，认同政治的扩散“导致一种内向转变、一种可怕的与外界隔绝的颂扬牺牲和边缘地位的冒险”（p. 173）。黑人知识分子康奈尔·韦斯特（Cornel West）、托妮·莫利森（Toni Morrison）和亨利·路易斯·盖茨也将批评转向过去的政治立场，并与很多人产生共鸣，寻求着认同政治中的进展。那么，让我描述一下自己成为当代建构论思想的基本产物的感觉。从而我们可能会思考这个运动将其自身导向（重新）审视（re/visioned）的政治日程。

自从社会建构论者作为一股自觉的力量出现以来（尤其是在 20 世纪 70 年代），他们的著作在很大程度上被其目的和效果所解构。通过阐
175 述负责生产专业和日常双重知识世界的社会、语言、修辞、意识形态、文化和历史力量，他们挑战了所有权威、真理、理性和道德优越的宣称。正如在第 2 和第 3 章中描述的那样，他们在拓展谈判达成真和善的权利上一直是卓有成效的力量。这项事业必须也应该继续下去，只是它也存在不足之处。它的不足一部分是因为其主要角色是共栖性的：作为一面的批评者保持着安静，直到作为另一面的傻瓜开始跳舞。同时，当建构论者的话语步入正轨时，当它开始迂回进入我们描述和解释的途径时，它也邀请来了一些替代方式的行动——新的关系模式。在某些方面，这些模式搅乱了试图取代已历经数百年之传统的各种替代方案。事实上，建构论对我们的文化生活方式具有非常大的改革性潜力。建构论者对这种潜力的探索从共栖的转变为生成性的态度——从解构到重构。

关于早期研究中的这些积极成果我已经说得比较多了（Gergen，1990），确实，之前的内容也充分地阐明了这种变化中的洞察力。然而，对于现在的目标，我希望只关注于一个新兴的发展，即合理的理论和实践的发展。建构论者的对话不断强调关系作为意义产生源头的重要性。正是在行为、语言和客体三者的协调的达成中，人类的意义产生了。我们发现的所有对于自然、心灵、自我和他人是真理的东西，也在

关系中找到了它们的起源。或者，用马丁·布伯（Buber，1970）的术语来说，“关系就在开始”。正是这种推理思路，形成一种生气勃勃的对比，从个体到关系自身的概念上的运动（第 2 章），远离探索个人心智、朝向共构现实的治疗运动（第 6 章），合作教育的教育学实践（第 7 章）以及我们在多民族组织中发现伦理潜力的那些实践（第 8 章）。建构论思想的这种转变不是朝向新真理即关系的真理的阐明，而是这种在感受力上的转变为创新和转型敞开了新的空间。

迈向关系政治

如果我们扩展这种关系的隐喻，那么对于认同政治又意味着什么？我认为其潜力是非常大的。确实，我相信我们在这里找到了最为重要的多样性的复兴和转型的种子。让我以“关系政治”（*ralational politics*）这一术语来抛出这样一种转型，在关系政治中自我/他人、我们/他们这些二元体被一种关系过程之重要意义的实现和肯定所取代。正是那些实践打破了狭隘意义的凝结，将迥然不同的话语引入共同轨道，我们将在 176
其上寻找鲜活的社会变迁之源。我在这里谈论的不是脱离实际的幻想，一个在象牙塔里策划的不可行的宏大设计，而是我相信关系政治已经有据可循——尽管这是不完全自觉的，但是正在为通往共同可理解性的多元化之地而努力。在此，我希望只论及发展的三个具体方面：对自我和他人的重新审视、话语实践和社会行动。

自我和他人的再理论化

在一种很重要的程度上，认同政治是西方个体主义意识形态下的产物。尽管群体代替个人成为关注焦点，但是关于个体特征的话语并没有因此而被破坏。群体在话语上仍然被以与对待个人大致相同的方式来对待：充满好坏意图，被认为应受谴责或被视作应享有权利等。尽管朝向社会的方向移转，我们却再次继承了个体主义的问题——简单地移动了一步。我们有的不是一个由彼此孤立和疏离的个体构成的社会——在个体主义的意义上潜在的所有人反对所有人的战争，而是一个敌对群体之间的战场。正如詹姆斯·亨特（Hunter，1991）所形容的，我们现在正卷入“文化战争”之中。

认同政治的提倡者敏锐地意识到了分隔（separation）的问题。正如他们所指出的，主流文化已经倾向于将他者客观化。在杜普里兹（du Preez，1980）的术语中，他者被强行推进了**认同陷阱**，这个陷阱稳固了主流文化的优越性和自以为是的感觉。正是鉴于这一点，我们能够理解黑人知识分子试图去模糊化种族、性别和政治认同边界的真正意图。例如，康奈尔·韦斯特在《种族问题》（*Race Matters*）一书中，对一种独特黑人文化的描述作出警告，并探寻一种“对我们每个人的基本人性和美国性的率真承认”。与此相似，史坦利·克罗奇（Stanley Crouch）在《偏爱判处绞刑的法官的笔记》（*Notes of A Hanging Judge*）中论述道，政治必须包括美国黑人，“不是作为局外人”——一个自生自灭的独特群体——而是广泛的社会领域里的参与者，例如作为“投票者、纳税人以及冷静的思考者等”。同样，托德·吉特林（1993）谈到**共同性政治**，意在理解“以非差异的、群体共享的东西为背景”的差异（p. 173）。

已有有益的研究引导我们去颠覆传统上自我与他人的二元划分。建构论者朝向关系的转向为进一步的推进提供了资源。我们面临着发展可理解性的可能，这种可理解性超越了分隔单元——我对你、我们对他们——的认同，可以创造一种更为根本的关联性和明显的不可分离性的现实。正是在这里，之前关于关系自我（第 2 章）的讨论是特别适当的。当我们把思想、记忆和情感等概念重新概念化为关系意丛时，自我和他
177 人之间的区别就变得模糊了。把世界视为由个体单元组成的倾向——不管是多个个体还是多个群体（还隐含着种族、阶级、制度和民族）——让位于一种关系过程的概念。主要的关注转向了过程，通过过程我们所认为的单元（多个个体、多个群体等）产生了。关注点不在于跳舞者而在于舞蹈。

尽管我们在前面章节中已经谈到了很多关系理论的相关内容，但是这些努力却仍处于发展初期。戴维斯和哈里（Davies & Harré，1990）的自我定位（self-positioning）概念、泰勒（Taylor，1989）的“对话之网”（webs of interlocution）、米切尔（Mitchell，1993）的“本真性的含糊性”（ambiguity of authenticity）以及鲍德里亚（1988）的“作为多元网络终结的自我”（selves as terminals of multiple networks）等也都非常振奋人心。另外引人注目的是将自我视为多局部复合体（*multiple-partials*）的循环式形象，即由很多面向组成，每一面都反映了一个不同范围的人类关系，而且每一面只代表整体中的一部分面向。这里，让我想到康诺利（Connolly，1991）的作品《认同/不同》（*Identity/Difference*）和朱迪思·巴特勒（Judith Butler）的《性别困扰》（*Gender Trouble*）。在每个例子中，我们都发现一系列丰富的看法，这些看法会大幅度地改变我们对社会生活的解释。当关系的现实变得逐渐可理解时，我们发现在对认同政治的未来思考上有很多暗含之意。为了简要地审视一下研究视野，我们应考虑以下的可能性：

- 并不存在群际对抗的自然（生物的、基因的）基础（正如社会生物学家、习性学家和弗洛伊德学派惯于争论的那样）。在关系的舞蹈中，暴力是一个充满意义的整体。这种舞蹈植根于历史惯例，也会在草根和政策层面上有所变化。

- 偏见并非起源于个体心智。偏见行动在多种多样的文化场景中是一个富含深意的举动。当这些场景展开时，偏见行动也悄然而至。因为我们在文化（包括其大众媒介）中的参与，我们所有人都会有这种行动。出于同样的原因，我们都有爱、关心和担负社会责任行为的能力。实际上，所有行动都是现有关系形式的副产品。

- 认同——无论个体还是群体——不是来源于世界中的自然（个人间或者群体间并不存在必然的或自然的区别），而是关系的结果。个人化（或整体化）只是我们可以描述和解释世界的很多种方式中的一种。这种话语形式隐藏了人类联结的领域。

- 如果胜利意味着根除他者（或者他者的立场）的话，那么最终的胜利（政治的、经济的、军事的）将没办法达到。在我们的社会中，去责备、批评或发动战争来反对建构起来的他者就是内在地自我毁灭；因为在最根本的意义上我们就是他者。我们是我们关系的产物，我们的认同感也源于关系。

● 社会转型不是心智和心灵、政治价值或者美善感的改变问题，而是要求释放关系过程中固有的积极潜力。事实上，我们必须确定一系列
178 的关系形式，来保证集体转型的进行，而不是相互疏离以至解体。最后这一点接下来将会具体阐述。

迈向关系话语

除了自我和他者的关系概念的发展以外，关系政治引入了对与他人——尤其是与那些我们并不认同的人——交谈/交往的替代模式的探讨。这不是因为我们要求更适当、更尖锐或者更深奥的词语，用它们包装这一论述。我在这里并不是在说“压倒一切的争论”或者是“更好的扭转”。而是，话语之所以重要，是因为它本身就是关系的组成部分。作为社会行动，话语是一种关系形成的途径，言说或书写模式的转换就像一种引导改变关系特征的邀请。在这里以及前面几章当中，我们已经简略提到了传统修辞学——例如，真理宣称、道德权威宣称和批评攻击——中起疏远、对抗以及增加冲突作用的方式中的一些。那么，一个有效的关系政治需要一种新的话语形式的诗意般飞跃，更确切地说，这种话语形式就是为共存带来更广阔机会的形式。或者说，正如戴维·高德博格（Goldberg，1993）形容的，我们需要的是一系列新的**不合作的隐喻**（*incorporative metaphors*），在这里不是为了理论发展的目的，而是为了在日常交流的喧嚣中能够有用。

正是在这种语境下，很多同事与希拉·麦克纳米和我（McNamee & Gergen，1999）一道来探索**关系责任**（*relationally responsible*）话语的潜力。我们如果为意义创造过程赋予价值的话——本质上说，没有意义创造过程的存在就不会有政治价值的领地，那么我们的注意力就会被引向维持而不是颠覆这一过程的话语形式。有人问，我们如何说话才

能维持我们在生成性（而不是破坏性）意义创造上的能力？我们认为，一种经常破坏持续交流基础的主要话语仪式就是个体责备的话语仪式。责备的话语运作起来非常像评论（参见第 3 章），所以批评对象被典型地降低地位，也从善的共同体中分离出来，并与它渐渐疏远。任何行动都是浸没在复杂性之中的，但在责备的过程中，人们忽略了这种复杂性，而把单个的个体作为行动的唯一起源。关系责任就是要定位替代形式的话语，这种话语可以替代责备和反责备的仪式。我们还可以如何说话以使我们可以改变或终结不必要的行动，但同时维持相互尊重的关系？

考虑这么一种可能性，即构造联合关系（conjoint relations）的可能性（Mcnamee & Gergen，1999）。正如我们所见，越来越多的人已将 179
兴趣从对抗和分离的修辞学转移到联合视野的表述。从“我 vs. 你”到“我们”的话语转变对政治过程具有无比重要的意义。对分离的建构让位于一种共享投入。那么，实践的问题就是如何会话式地构造联合关系。社会生活的所有单元——从个人到社区再到单一民族国家——都是关系的建构。它们典型地需要对话式的调和将它们带入作为共同体的认知中。因此，无论在何处出现对抗——关于“我 vs. 你”的认知，我们都面临着创造一种我们的超验话语的机会。为了取代责备仪式，可以展开一种关系责任的探究，来探索一种难以达到的行为如何通过联合共同达到。我们怎样一起创造了一种情景，在其中一种原本无法容忍的行为最后却产生了？这种探究不仅能够使参与者保持创造性的结合，而且也开辟了新的探寻线路。这里不是单独的个体必须“纠正他的方式”，而是存在一种对合作机会的探索。

让我用一种更浅显的方式来阐述。几年前，我和妻子玛丽开车行驶在南欧的一条危险的悬崖边的路上。雨无情地下着，视野非常狭小，道路状况变化莫测，因此我们无法准时赴约。我们都高度紧张，尤其当我开车开得不够好的时候，玛丽变得越来越挑剔，而我自己对她的责备也变得越来越恼怒和愤恨。很快，我们不仅担心这条路的路况，而且不得不开始担忧我们自己。在一个几乎要发生的惊险的近似碰撞之后，我把车停在马路一边，以便我们能镇定下来。这里我们决定再概念化驾车的过程。与其把我界定为“司机”，把她界定为“身处危险的乘客”，我们决定不如共同承担这些角色。我们将一起驾车，而我们也将一起批评。她变成了查看路况的新增的一双眼睛，我也产生了一种自我批评的姿态。结果是令人满意的：我们不仅避免了关系破裂，而且我们存活了下来，并把这段经历说给大家听。

然而，在一个更具普遍性的层面上，伴随着联合关系话语的繁荣，我们面临着这样一种可能性，即政治党派可以停止为各种各样的政府或社会过失而相互责备。正如很多人看到的，责备仪式已经削弱了在民族层面制定有效政治政策的潜力。事实上，对一个政治党派有所偏爱，就会自然而然地成为对立党派的批评目标；所有对成就的主张都被贬低，所有过失的缘起都被追溯到对立党派那里。随着向联合现实的转移，我们为替代性会话敞开了空间。“我们一起”是如何造成失败状况的？这些成就又是怎样被共同地实现的？不同的偏见是否可以通过新的和创新性的方式联合起来？关系政治不需要掩饰或完全根除差异。把这些差异看做源自关系过程，就像将之看做来自对立的独立来源一样，会让我们
180 获益良多。我们没有为关系责任这个“可付诸行动”的词汇探听所有可能性，未来仍然是开放的。最后让我们转向更为直接的政治行动形式。

关系实践的政治

只有理论资源和话语实践的转变并不足够，我们最迫切需要的是政治行动的创新形式。在我看来，源自认同政治运动的最重要创新之一是广泛地扩展政治的舞台。尤其是，政治实践不再被保留为正式政治的舞台，这里的正式政治包括竞选、投票和履行公职等；政治实践也不再划分等级，即不再划分为从高层到草根的一系列等级。政治工作成为每个人的事情，从本土和即时的舞台到街道、教室、商店等，都是政治存在之处。进一步来说，正如我们慢慢了解到的，特别是从女权主义激进主义者那里了解到的，没有日常活动不是隐含地具有政治性的——从儿童看的卡通片到我们购买的洗发液和衬衫都具有政治性。在这种意义上，

政治行动既不要求有特定的好斗的支持者，也不需要党派偏见发挥作用。在我看来，关系政治的未来也许能够通过连接这些现实来大有可为地塑造：我们可以把关系政治看做是**缓和的**（*defused*）（针对挑衅或霸权追求的减少而言）或**扩散的**（*diffused*）（就一种向各种形式关系的扩散而言）。关系模型中的政治也许是微妙的、可改变的和不停息的——并不是特定群体在特定地点的工作才被认为是“政治的”，而是我们所有人的工作都是政治的，政治存在于所有关系之中。

在这里我特别关注的实践形式被熟知于或适合于建构论中的关系转变。我们怎样从对抗、煽动和诉讼转移到共同维持行为的普通且不停息的形式中去？可以形成什么形式的实践以远离孤立和疏远，朝向认同的相互借鉴、实践的相互融合、自我的相互交织以及协作行动形式的不断扩展方面发展？我确实认为这些实践是可能的，而事实上，已经存在很多此类创新的实例。其中的一些已经在本书前面章节中有所描述——尤其是那些在治疗、教育和写作方面的。例如，建构论者在治疗方面的进展（第 6 章）已经成功地把焦点从有缺陷的个体转移到关系过程。这一转变远离了谁或者什么是有缺陷的，朝向我们怎样开始把生活模式解释成是有缺陷的，以及什么替代形式的建构可以使关系进展得更顺利。那么，治疗并不是专心于定位病变（疾病、机能不良）并纠正它，而是在关系内部协调意义，以使病变话语成为过时的。就教育而言（第 7 章），我们讨论了协作学习、批判性反思、多元知识和对话式评价这些最近新兴的实践。而至于学术写作（第 7 章），我们被吸引到了加强关系的展 181
示形式上。我把这些实践视作正在起作用的关系政治。

对于可以产生出来服务于关系政治的行动形式，并不存在固有的限制。人类合作的每种形式都为创新提供了机会。只有为数不多的联合尝试——其中有些特别令人欣赏——将在此讨论。

聚焦社区的机构 我对很多以治疗为目的的机构活动印象深刻，它们的活动范围从治疗机构扩展到社区——不是以一个特定政治主张的名义，而是为了跨越分离的话语和价值的边界。其中，引人注目的有雪丽恩·罗斯（Sallyann Roth）、劳拉（Laura）和理查德·蔡辛（Richard

Chasin）以及他们的同事在公共会话计划（Public Conversations Project）中的工作（Chasin & Herzig，1994）。[1]该项目已经尝试从敌对的意识形态阵营中，将领导者汇集在一起——例如主张堕胎合法化者和反堕胎者，或者异性恋者和同性恋者。这些交流的目的不是为了抵制一方支持另一方，也不是为了打击任何一种传统的可理解性，更不是去化解冲突；而是为了通过压制引起不和的各种形式的修辞，给生活体验的叙述以发言权（“我流产的经历”或“我作为同性恋者感觉是什么样子的”）。这种尝试是为了开辟一条联合他者、欣赏讨论中视角的情境性特征的道路。诚然，意识形态的冲突并没有因此而消融，但是结果看上去会是一种更为人道的理解对方的模式。这里我也想到了纽曼和赫兹曼（Newman & Holzman，1996，1997）以及他们在曼哈顿岛的东城研究所工作的同事令人印象深刻的工作。这些学者远远超越治疗实践，他们帮助犹太人社区的年轻人组织才艺表演，提议在黑人和犹太人之间展开公共对话，并在黑人住宅区开办了一所多种族小学。甚至那些真正寻求治疗的人也被鼓励加入有组织的政治行动，尤其是那些可能缓和他们的问题状况的活动。

鉴赏式探究 在组织管理领域，戴维·库珀里德（1999）和他的同事在凯斯西储大学提出了一种名曰“鉴赏式探究”（*appreciative inquiry*）的组织干预方式。当组织面临冲突——管理人员和工作人员之间、男人和女人之间、黑人和白人之间等——时，鉴赏式探究把焦点转移开，使其远离问题性交谈：谁该被责备、意见不合的根源是什么以及怎样才能解决冲突等。所有这些谈话都会促进“问题”的客观化。这种尝试是为了和组织一起寻找令人满意的或理想的关系——在这些情形中，群体之间可以良好地、有效地工作。此外，这些鉴赏式陈述被引入
182 公共意识中，也使得组织开始讨论在这样的情形下，它们能够建构何种性质的未来。正是在引用积极例证并塑造令人满意的未来图景的这个过程中，各种导致分裂的建构失去了它们劝说的能力。这种积极合作的导向也被扩展到社区建设、宗教间整合、教育、老年护理、警察训练等过程中。[2]而且，在布利斯·布朗（Bliss Browne）和她同事的指导下，芝

加哥的公民正在联合起来共同创造一个新的未来。他们的节目“想象芝加哥”促进了鉴赏式的和发展导向的对话，这种对话不仅包括大量芝加哥社区之间的对话，还有差异迥然的经济和道德群体之间的对话。[3]

这些关系创新参与了建构论者的对话。不过，还有一些其他有名的运动，它们并没怎么受到关系概念的影响，因为它们是相同性质的。在此我想把在过去十年中获得巨大发展的私人志愿组织（*private voluntary organizations*）包括在内——致力于人道的和赋予生命的实践的草根组织。现在有约三万个此类组织在国际上运作，与来自世界各地的参与者合作，致力于解决减少饥饿、治疗疾病、控制艾滋病、保护环境、帮助儿童生存等问题。正如库珀里德和达顿（Cooperrider & Dutton，1999）提出的，“国际合作无极限”。虚拟社区如雨后春笋般的出现也代表了对关系政治的一种潜在贡献。现在几乎有500万①的互联网用户，他们中有很大比例的人参与小的连接松散的意义社区。这类社区跨越种族、人种、年龄、性别、地理和宗教界线，促成了包括深层的和个人的无数主题的对话。[4]我也对朝向世界宗教中充分的普世教会主义的尝试印象深刻——正如在最近的世界宗教议会（Parliament of World Religions）上所实现的。在这次芝加哥的会议上，全球来自150种信仰的8 000人聚在一起进行相互交流。这些例子中的每一个都标志着人们跨越边界并开始在新的舞台上进行表演。

结　论

在这些提议中我并不希望建议我们抛弃认同政治和关于压制、公正、平等、权利等话语的现存传统，也不应放弃我们已经熟知的咄咄逼人的激进主义。关键不是消除现存的行动词汇。我希望我们现在正参与一组新词汇、一种新意识和一系列新实践的生产之中——一种合并的、

① 数字疑有误，原书如此。——译者注

有说服力的、合作的和不停息的关系政治。正如一位同性恋女权主义者谢恩·菲兰（Phelan，1989）提出的："认同政治必须不仅以认同为基础，还应该以对作为共同生活的艺术的政治的欣赏为基础。"（p. 170）关系政治恰恰就是实现这种艺术的尝试。

183 ## 注释

[1] 参见 http：//www. publicconversations. org。

[2] 参见例如哈蒙德（Hammond，1996）和 www. taos. org。要了解关于这些应用和扩展的讨论，请写信给杰克·布里顿（Jack Brittain）请教新闻组（mgtjwb@business. utah. edu）。

[3] 参见 www. imaginechicago. org。

[4] 关于网络协调（Internet coordination）的局限性将在下一章中讨论。

第11章 科技、自我与道德建设

对任何一种文化而言，所面临的最核心挑战就是能否保证一种可以忍受的——如果不是有道德的——集体生活模式。实际上，每一种文化都会受到这样一种挑战，我们大致上将其称为“道德工程”。从启蒙运动以来，西方文化中的我们一直希望通过除暴力以外的其他方式去回应这种挑战。更确切地说，我们总体上希望将制度秩序与理性的脚手架联系起来，从而代替这种粗鲁的控制形式。也就是说，我们探索建立一种能被大家共享的可理解性、一幅道德生活图像以及它将被达成的途径和方法。三个世纪以来，对道德社会的希望都停留在对两种主要且相互冲突的可理解性之上，一种以个体道德行为者为中心，而另一种则是以社区为中心。这两种道德行为支点是这里要提出的主要关注点。但 21 世纪它们仍能保持其坚固性和可服务性吗？有没有更有希望的替代形式？

在这里，让我们假设道德可理解性的形式既不是在一个空间里发展起来的，也不会在这个空间内得到持续。道德可理解性的起源和可能的消亡重要地依赖于现有的环境，包括物质的和文化的。举例来说，一个宗教系统是否会繁荣，将依赖于现存的教育制度、经济制度和政府的意识形态等。就此而言，让我们来思考 21 世纪的主要变革之一，即**社会交往技术**（*technologies of sociation*）变革。从上世纪早期的电话、汽车、大众运输系统到后期的无线电广播设备和喷气式飞机、电视机、网络、卫星传输、传真以及微型手机，低成本的科技大幅地扩展和强化了社会联系的领域。我们不管用“信息时代”、“全球化进程”还是“新的全球秩序”这些术语来形容，都能发现日常生活被我们所暴露于其中的范围稳步扩展的看法、价值观、视角、态度、形象、人格和信息等打上了深刻烙印。[1]

因此，现有的分析提出的一个中心问题就是：关于自我和社区的传统观念在这个新兴的科技语境中能否仍作为道德秩序的可行基础？正如
185 我将在下面提出的，这种科技变革正在大幅地侵蚀着个体主义和集体主义保证道德可行社会的可能性。在新出现的情况下，需要的就是新形式的可理解性和联结制度。在思考我们历时甚久的传统的腐蚀之后，我将扩展一个前面章节所共有的主题，并勾画正在显现的**关系的存在**（relational being）的理论潜力。

自我：科技致死

我们习惯上把单独的个体看做道德社会的原子，这一观点从古希腊、犹太人和基督教的传统中得出，但在启蒙运动期间得到最充分的描述。我们无论根据精神、灵魂、媒介、理性的深思熟虑，还是有意识的选择来说，总体上都认为道德行为来源于个人心智的特定状态。因此，哲学家寻求建立道德决策的基本标准，宗教机构关注个人意识的状态，法院探究个人判别对错的能力，而父母则关心子女的道德教育。一般假设是有道德的心智能够激发有价值的行为，而通过足够数量的个体进行有价值的行动，我们就能建设美好的社会。正是这种观念不断地指导着学术的和科学的理论建构。这内在地存在于科尔伯格（Kohlberg，1981）有关道德观念后生说的提议中，又与布伯（1970）的把他者当做**你**（*thou*）对待的呼吁类似，也存在于列维纳斯（Levinas，1981）回

应自己中的他者一面的观点中。正如我们长期所持有的看法，我们必须依靠个人来达成道德秩序。

然而，让我们再根据科技语境来考量一下自我的概念。在这里，一位研究者（Ong，1982）对从口头交流到印刷科技转变的经典分析对我们很有帮助。正如他提出来的，这个从口头文化到印刷文化的转变显著地改变了普遍的思维方式。例如，在口头交流的社会人们更可能依赖于回忆、具体而非抽象的分类，以及赘言而非精确的表达。然而，这里具有一种重要意义：令人着迷的论点并没有被充分地证实。当他将精神生活的形式追溯到文化语境时，他并没办法涉足精神状况本身。也就是说，这种分析告诉我们的不是精神生活本身，而是我们关于精神过程的信念的变化。如果扩展他的分析的含义，我们可以问，是否个人心智的重要性——或作为有突出重要性领域的心智——并没有因为印刷媒体的普及而得到极大的增强。在一个口头交流的社会中，对真和善的判断是通过面对面的会谈产生的，我们没有理由去对说话者的隐私和精神意义进行质询。我们通过词语、面部表情、手势、物质情境以及针对听众的表达而进行不断的调整，意义就会显现出来。然而，当印刷允许词语从面对面的关系中跳脱出来——当印刷版的话语逐步地进入无数语境并在 186
时间和空间上与它的本源脱离时，解释问题就成了焦点。也就是说，我们开始对“文字背后的思想”进行严肃的推敲。在诸如“他的意图是什么?”“他在这里的意思是什么?”的问题中，我们把思想的现实作为行动的起源。[2]

假设自我概念对科技状况存在着潜在的依赖，让我们考虑当代的精神特质。特别是，社会交往技术越来越多地介入我们的生活，并对个人思想中我们的信仰产生影响，我们对这些又能说些什么？我认为这种科技变革正在慢慢地摧毁个体自我的可理解性以及它作为道德行动来源的功能。原因有很多而且是累积的，然而在这里我把讨论限制在几个连锁性的趋势上。[3]

多音性

通过我们所暴露于其中的信息范围、与我们有着重要交流的人的范围以及在多媒体站点中可获得的观点范围的急剧扩张，我们也由单个个体变成了多元现实。或者更简单地说，原本狭小范围和单义性带给人们的舒适被打乱了。从国家政治和经济领域到社区居民关心的教育、环境和精神健康，我们面临着过多相互冲突的信息和观点。关于道德结果问题也是一样。例如，这是美国最高法院法官被提名者的问题、堕胎政策的问题，还是肯定性行动的问题？一个人总会被冲突的道德观点所困扰。在这些观点可以被理解的程度上，他们也会进入对个体自身思考来说可获得的资源清单中。用巴赫金的语调说，个体走向一种根本上多音化的状态。

如果一个人的确获得了越来越多迥然不同的思考词语，那么怎样才能做出一个令人满意的决定呢？意识范畴的自我反思不是一致的而是不和谐的；“良心的声音”已经没有了，而是充满竞争力的竞争者们的庞杂观点的汇总。例如，交税是一个人的道德职责，同时，供养家属、为自己保存劳动报酬以及从不公平的政府政策中截留应属于自己的款项也是我们的道德职责。帮助非洲难民是一个人的道德职责，同时帮助自己国家中的贫困者、阻止人口增长以及避免干涉其他主权国家的政治也是我们的道德职责。在这不同种类的道德观中，哪些才是正确的信号呢？

如果沉浸在一整套可理解性中，以致一个人的道德资源处在一种复杂的碎片化状态，那么这些资源在何种程度上才具有指导性或指示性？
187 或者更中肯地说，如果“目光短浅”对道德行为问题越来越没用，那对“我的心境”的关心会不会失去它的紧迫性呢？对个体而言，更强迫性的选择是向外转向社会语境——去发现周围的观点、去协商、妥协和即兴创作。在这种从私人内部到社会领域的转移中，原来仅将私人自我作为道德方向的资源的假设就被颠覆了。如果协商将这种多元复杂性变得程序化，那么作为道德试金石的心智概念将变得苍白无力。

可塑性

社会交往技术在使我们能接触的知识信息和评论不断增加的同时，也扩大了我们的行动范围和加剧了复杂性。我们忙于处理更大范围的散布在为数众多、多种多样的场所之间的关系——从在街道和工作场所的面对面相遇，到往往跨越洲界的职业和消遣娱乐中的关系。此外，因为信息和观念的快速运动，各种产品和政治政策的半衰期变短了，而新奇的变更机会增加了。工作场所的组成也在相应地不断变化。工作人员变换工作更加频繁，而且经常随着工作的变化迁移到另外一个地方。在 20 世纪 90 年代的早期，三分之一的美国职员在一个雇佣者手下工作的时间少于一年，差不多三分之二的人工作时间少于五年。

作为这些发展的结果，个体需要面对一系列越来越多样的行动要求的挑战。每一个新的行为场所都要求人们采取新的行为方式；性情、兴趣和角色也需要习得或放弃，并在环境要求或需要时重新使用。由于穿越时空的运动，也许人们经常会形成相互矛盾的腔调：在这里坚定在那里温和，时而命令时而屈从，时而世故时而粗野，正直和不道德共存，常规和反抗同在。对于很多人，这种变色龙一般的转变现在已经不值得注意了，它们构成正常的、喧嚣的日常生活。这些挑战也许往往是一种享受，甚至被人找寻。五十多年前，戴维·里斯曼（Riesman，1953）在《寂寞的人群》（*The Lonely Crowd*）这本名著中赞扬了内在导向（inner-directed）者的美德，谴责了那些他者导向（other-directed）的个体，因为后者缺少个性——是个没有自我引导的支撑中心的人。在新的以科技为基础的道德中，并不需要内在导向和所有个体同一风格——这样的人是狭隘、渺小和不知变通的。在科技社会的快速步伐中，关注内在生活不是浪费时间就是一种奢侈。现在，我们欢迎易变的存在。在任一情况中，内在自我都从重要性中退隐了（see，for example，Lifton，1993）。

本真性的缺失

让我们来考虑一个更为微妙的自我侵蚀模型，在这一情况下它的自我侵蚀是由越来越多的如洪水般涌来的看法、故事和信息造成的。在此，让我们来考虑个人作者身份被确证的这些瞬间，考虑本真行动的意义变得清晰可查的那些时刻。假定在西方个体主义的传统下，存在这样 188

一些典型的时刻：我们认为自己的行动是独特的，在此过程中我们并不是复制模型、服从命令或遵循常规，而是在独创性行为中定位了一个作为创新源泉、富有创造性的行动者和个人道德的创造者的自我作为保证。然而，在这样一个科技促使人们在"事情是怎样的"这个问题上的回答上极为老练的世界，这种时刻变得越来越少了。例如，一对年轻夫妇沉浸在浪漫叙述——电视广播中、电影里、杂志和书刊上——中长达20年之久，难道他们在表达充满爱意的甜言蜜语时，没有一种陈词滥调般的重复感？或者，用翁贝托·埃科（Eco，1983，p.67）的话来说："一个男人如何对他喜欢的有教养的女人说'我疯狂地爱你'，当他清楚她熟知（而且清楚她了解他知道）的这些话已经被芭芭拉·卡特兰书写下来的时候？"在何种意义上，一个人才可以从人群中站出来单独地表现道德的坚毅，而不去理会立于自己肩膀上的约翰·韦恩（John Wayne）、加里·库珀（Gary Cooper）和哈里森·福特（Harrison Ford）的声音？

如果一个人尝试从公共行动——政治抗议、宗教表达和音乐表演等——中确认自己的能动性，本真性的问题就更加尖锐了。首先，现存的科技不允许我们逃避过去。过去的图像前所未有地被保存、再现及再造。在这种意义上，从口头到印刷保存的跳越，只是文化记忆的引人注目的科技灌输的开始。因此，避免观察任一值得注意的行动是如何历史性地准备的，就变得越来越困难。进行公众展示的目的是为了激励对一个人怎么样这个问题不断的评价，例如"跟60年代一样"、"他扎根于比利·桑戴（Billy Sunday）的信仰复兴运动之中"或"他的灵感来自吉米·亨德里克斯（Jimi Hendrix）"。如果公共抗议引起媒体的兴趣，那么就存在从本真性到工具性的慢慢转变。也就是说，曾经似乎是自发的东西现在可能转变成"对媒体"和公众的表演。例如，一个人对政治激情的沉溺被他必须给予服装、声音传播和面部表情等的注意力所牵扯而减轻。一个人不能简单地"演奏音乐"，而必须也关注自己的发型、动作和身材。在这个由本土性朝向全球化快速转变的世界中，道德本真性的半衰期也快速缩短了。

短暂性

一个人被包围在一群他人当中，他们都以相似的方式来对待他，在这种意义上，就会产生统一自我的感觉。例如，一个人也许会认为，他是一位受人尊敬的高中老师和一位尽职尽责的母亲的大儿子、一个棒球队明星和一位虔诚的天主教徒。这些持续的特质感也提供了一个标准，依照它可以评判一个人行为的道德性。一个人能够知道“这不是我”， 189
也知道“如果我那样做了，我将感到无法忍受的罪恶感”。然而，随着社会交往技术不断积累的影响，一个人现在变成一位过客、一个流浪者或者一个“无家可归的灵魂”（Berger，Berger & Kellner，1973）。伴随着全球范围内稳步增长的工作机会，普通的美国人一般在一生中要迁居11次。工作和娱乐对远距离旅行的需要，使每年航空旅客的数量直线上升。而且，人们也增加了虚拟旅行的维度——花大量的时间在电视、邮件和网络上。在每种情况中，我们一次可能会在心理上跨越洲界和文化长达几个小时。实际上，对于个体认同——一个人是谁以及一直以来都是谁——的不断提醒已不再流行，内在的标准也变得苍白无力，最后，一个人只能设想这种标准在道德行为的生产中价值甚微。

这种由科技导致的短暂性还有一种更微妙的影响。并非只有凝聚性的共同体能带来个人的深度感。他人的可获得性也对之有所助益，他们为敞开内心感觉的出现付出必要的时间和关注。精神分析过程是具有说明性的。当分析家带着兴趣倾听那些接受精神分析的人的言语，以及这些言语激发的更深层含义的问题时，就为接受精神分析的人创造出一种存在着可触知的内部状态的感觉、一个超越表面既定的一个领域的现实，或者事实上，一种个人深度的感觉。这个过程需要时间和精力，这在日常生活中也是如此。有充分的时间去探索，有时间超越从工具性算计到“深层次需求”、忘乎所以的幻想，到“真正有价值的事物”的问题上，通过这些过程一个人才获得了深度的感觉。然而，恰恰是这种“走马灯似的生活之外的时间”，越来越难以找寻。在这个科技主导的世界里，一个人必须保持忙碌，互联网很辽阔，承诺也很多，期望无穷无尽，机会大量存在，时间却是稀缺资源。现在已经不再方便拥有“内部深度”了。

自我的商品化

这些争论与在文化理解中起决定作用的科技主导的转变紧密相连。因为社会交往技术使得信息以低成本广泛传播，而大众化娱乐已经变成一个主要行业。个体表演者对于娱乐行业是关键性的，因为他们可以使人得到娱乐，他们就掌握了大量的观众并获得丰厚的回报。实际上，“自我”变成一种可以销售的商品。个人表演者为了提高知名度和收入，也许会变换他们的名字、配偶和生活方式。随着娱乐行业的不断壮大，电视频道也变得越来越多，对“名人”的需求不断扩大。一个普通人——因为特殊的感情、独特的故事、英雄式的行为或者愚蠢的事情或者对“内部信息”的拥有——变成一个名声和财富的潜在人选，这种例子越来越多。

190 在一个更为微妙的层面上，人们在各种情境中重构自身的可能性也促成了一种“自我出售”的感觉。在一个不间断、长期、面对面关系中，一个人很少需要询问“我想从这种关系中得到什么”，以及“为了获得它我必须怎样做”。当一个人进入一个陌生环境时，起初他会问这些问题。假设一个人具备多元潜力，他就能更易敏感于把自己塑造成一个赢利的自我——一个将会获得有效整合的酬赏的人——的可能性。为娱乐业出卖一个人的面具人格与一种工具性态度有着紧密的渊源关系，这种工具性态度是由在日常生活中对一种复杂关系领域的跨越所导致的。在每种情况下都存在着逐渐增加的把自我看成商品的意识。“忠于自我”、获得个性深度或者找到一个人的认同都已经变成来自过去的旧赞词而不再有价值了。

这些趋势中的每一种——迈向多音性、可塑性、重复性、短暂性和商品性的趋势——的运作都削弱了长久以来对可觉察自我的假定、作为一种代理性资源的个人意识以及作为道德生活的试金石的内在性格。[4]

然而，对道德自我的逐渐减弱的可理解性在一些方面具有滞后性，同时却受到其他方面的欢迎。把自我作为道德原子的概念在智力和意识形态方面都变得具有缺陷。在概念层面上，并不是道德能动性的概念概括了认识二元论——主观 vs. 客观、精神 vs. 肉体以及心智相通等观念——中的棘手问题这样简单。更加确切地说，独**立的**道德决定这个理念并不引人注目。有人问，道德思想如何能够不在文化提供的范畴之内发生？如果我们从个人主观性中减去整个文化词汇，那么个人又怎么能形成关于公正、责任、权利和道德等的观念呢？用迈克尔·桑德尔（1982：179）的话来说："想象一个不能形成基本情感的人……并不是构想一个思想自由、理性的行动者，而是想象出一个完全没个性也没道德深度的人。"

这些观念性问题与广泛存在的意识形态批判紧密相连。亚力克斯·托克维尔（Tocqueville，1969，p. 506）为 19 世纪美国生活的观察设置了这样的场景："个体主义是一种平静而被人尊重的感觉，这种感觉使每个公民把自己从他的众多同伴中分离出来……他很高兴地离开更大的社会而在后面目送它。"在最近几十年中，这些观念已经被很多人吹捧和夸大。克里斯托弗·拉希（1979）追溯了个体主义假设与朝向自恋的文化趋势之间的联系。贝拉和他的同事（1985）主张，某些形式的个体主义不利于效忠关系和为集体奉献的可能性。对于爱德华·桑普森（1993a）来说，一个自律个体的假设导致人们对少数群体声音、他者压制和社会分割的不敏感。最终，行动内部起源的概念以无法冲破的孤独之观点界定了社会。如果对我们的存在而言最关键的东西对他人来说是 *191*
不可知的，反之亦然，那么我们将永远只剩下一种深刻的孤独感，一种永远无力知道他人面具之后是什么样的感觉。通过构造一个内在自我，我们也不可避免地创造了将永远保持陌生的他者。

科技/共同体：所有人反对所有人的终结

正如我们发现的，我们有很多理由欢迎人们减少将道德行为纳入独立思想的尝试。并不简单是个体主义中固有的观念性和政治性极限受到批判，而是对于很多分析家来说，存在着一个更有优势的候选者，它可以有效地完成道德工程，它就是共同体。正如亚历代尔·麦金太尔（MacIntyre，1984）提出的，做一个独立的自我——也就是说，一个可以在对过去、现在和未来的叙述之中找到认同的人——需要一个共同体。那么，要成为一个道德自我，就是“能够说明在一个共同体中构成一种可以叙述的生活的行为和经验”（p. 202）。在这种意义上，道德工程就是通过维持一个共同体的传统中的精华来实现的。事实上，“美德的关键和目的不仅在于维持那些对于获得内在于实践的各种事物来说必要的关系……也在于维持那些为实践和个人生活提供他们必要的历史语境的传统”（p. 207）。在更富政治色彩的层面上，这种观念与倡导共产主义社会者的尝试产生共鸣，这些倡导共产主义社会者试图取消一种基于权利的社会生活导向，而代之以一种强调对共同体的责任的导向。

然而，让我们再次把共同体视为这个科技时代的道德资源。一本早期的经典之作又一次为进行这种反思铺平了道路，它就是本尼迪克特·安德森（Anderson，1983）的《想象中的共同体》（*Imagined Communities*）。安德森提出，印刷科技的发展在很大程度上为民族国家的形成提供了便利。印刷科技的发展不仅在统一和编制特定法律的语言上获得了成功，而且也可以被用来产生共同利益和共同未来的感觉。事实上，我们不能把社会组织问题与科技语境分开。既然如此，那么按照当代语境，以共同体为基础的道德的可能性是什么？

如果共同体指的是我们在一个有地理界限的栖息地上跨越时间有着面对面关系的一群人，那么在道德工程中取得成功就几乎没有希望。正如我在《饱和自我》（*The Saturated Self*）（Gergen，1991a）中勾画的，20世纪社会交往技术已经到处侵蚀了传统的面对面交流的作为道德行为的产生母体的社区。大众传送系统已经将家庭从工作场所、邻里从商业和娱乐中心分离出来，家人也往往跨越不同大陆分散而居，这在
192 很大程度上是因为工作越来越频繁地需要家庭移进或移出社区，而且频率也越来越高。即使当邻里或家人在地域上距离很近时，面对面的互动

也大幅度地减少。科技媒介的交流——通过电话、电视、收音机、CD播放机和计算机等——正在稳步地降低人们对直接交流的依赖性。通过这些方式，有地理限制的附近区域和传统的家庭单元正在失去产生和维持道德义务的能力。[5]因此，虽然在理论上把道德植入基于地理环境的共同体比个体主义更具吸引力，但不断浮现的技术风潮对把道德植入这种共同体产生了实质性的并不断被强化的限制。

然而，在科技发展不断降低文化中面对面社区的重要性的同时，我们也目睹了科技中介社区在数目上和重要性上都正在以惊人的速度增长。有很多社区，其参与者为了维持他们的现实、价值以及议程，在很大程度上依赖于科技交流。电视福音主义正是一个很明显的切题案例。起初，几百万美国人主要通过媒介沟通与一套信仰连接起来，这些影响了从当地学校系统到民族政治党派态度的决策（see，for example，Hoover，1988）。在这一点上稍不明显的例子是之前的章节中提到的30 000个非政府组织（non-governmental organization，NGOs）。这种组织在国际层面上运作——抵制饥饿、人口膨胀、艾滋病、环境污染以及其他对人类福祉的威胁。超过100万个这种组织在美国从事着促进人类福祉的事业。这种组织极其依赖现存的交流科技来维持生存。

数不清的计算机媒介或虚拟社区也在过去十年里不断涌现，它们在道德议程上不像前面例子中那么公开。在这种群体中经常形成的社区感在霍华德·莱茵戈德（Howard Rheingold）的《虚拟社区》（*The Virtual Community*）中得到了阐述：

> 找到威尔（WELL）（一个计算机媒介社区）就像发现一个舒适的小世界……躲在自家的围墙内。一旦我找到了那扇秘密之门，一整个剧组的所有角色都欢天喜地欢迎我来到剧团……在我的电话插口另一端正在成长着一个亚文化群体，他们邀请我帮助他们创造一些新事物。我在1985年无意中发现的几百人的虚拟乡村到1993年时已经增加到了8 000人。(p. 7)

当前互联网为这些虚拟社区的出现提供了便利，在网络中任何组织都能够向参与者发出生动的邀请。如果道德倾向通过关系得到加强，那么一个人可能会在20世纪的沟通科技中看到很大希望。在这里我们看到新社区如雨后春笋般迅速成长，它们中的很多都是特别围绕美好的憧憬建构起来的。正如戴夫·希利（Healy，1997）所进行的适当反思那样："在互联网代表了一致性文化的维度上，它成为个体主义危机的一种矫正物。"（p. 148）

193 虽然建立在科技基础上的组织具有真正的优势，但这种优势也许同时会带来最大的危险。一方面，这个利用计算机网络建立的世界所呈现出的道德假设的范围是宽泛而多变的，其中也充满了潜在的冲突。例如，现在有高度活跃的网站邀请成员加入宗教组织——从所有公认的宗教流派到数量繁多的小教派（例如苏非派禁欲神秘主义、萨满教、耆那教、德鲁伊教和多神教）。[6]另外，一个人也许会加入各种各样的政治运动，这些政治运动的范围包括女同性恋和男同性恋激进主义者、老年激进主义者和反堕胎群体、三K党、"民兵运动"和新纳粹等。这些通过科技中介参与的活动形式具有巨大的潜在力量，也许最引人注目的例证便是，产生于科技的天门教甚至能够导致突然的集体自杀。我们不仅在这里发现了无处不在的社会冲突的根源，而且这些被包围的领土可以被快速地、低廉地而与地理距离无关地创造和维持。组织的方便和有效也伴随着强向心性的或内在导向的趋势。随着按钮的按下，个体就进入群体的总体现实。在很多情况中，科技中介关系通过印刷媒体（时事通讯、报纸、杂志）和面对面会见（宗教服务、会议、示范、野餐）得到补充。社会和政治日程导致了全面投入的生活方式。希利（1997）这样评论了朝向计算机分割的趋势：

> 在我的大学……网上交谈（IRC）上瘾者就像我儿子高中午餐室的占座者一样被分隔。在我们的计算机实验室里，越南学生闲逛在越南互联网的聊天室。这就像在本（Ben）的学校一样，午饭时他们都坐自己的餐桌前……在网络上……谈论倾向于不被"偷听"。划分虚拟交谈者的边界并不那么具有本质性，但它们的影响却更加使人印象深刻。两个虚拟地域也许只是被一个按键所"分离"，但是它们的"居民"却永远不会见面。（p. 62）

伴随着这种分割的是道德或政治地位向两极分化或僵化的方向发展。群内现实变得越来越令人确信，群外现实却变得越来越有恶意。当道德/政治工作在公共行为中变得显著时，不调和的冲突几乎不可避免。公民社会中的这种分裂已经变成了司空见惯的事：在为流产权、环境、男女同性恋者权益、自由言论权、社会公正、枪支控制等所进行的斗争中。我怀疑几乎没有读者没有加入到一个或更多的这些领域的主张中，也几乎没有读者同时被赋予了对对立者的强烈对抗性。到处都是相互竞争的道德社会景象的挣扎。可是，正是当对公正、尊严、自由和道德融合的信奉导致了俄克拉何马联邦大楼发生炸弹袭击的时候，我们开始面对建立在共同体基础上的道德僵局。

迈向关系的存在 *194*

正如前面分析中所显示的那样，我们的遗产对于建设道德工程来说是非常不够的。按照正在显现的科技语境，个体主义和集体主义都对确保一个可以接受的文化生活模式没有本质性的希望。这两种传统都有很大的缺陷，包括概念上、意识形态里以及实践上的缺陷。事实上，伴随着正在显现的全球文化之间的冲突，一个人可能会将这些传统看成是我们未来福祉的潜在灾难。每一个都是导致深度不和的问题。我们在什么样的概念根基上才能继续下去？为了在 21 世纪继续从事道德工程，对于个体主义和集体主义还有有效的替代形式吗？正如在前面章节中勾画的，微妙但却重要的运动正在发生，它需要教导性的和创造性的关注以获得良好效果。正是运动的运作推翻了自我/社会的二元结构，在一个更广阔的关系现实中去包容自我和社区。

在某些方面，新兴的科技再次为一种关系想象创造了空间。这种想象与聊天室、布告栏、名录服务以及其他允许关系脱离个人身体的特定位置得以发生的网络设施的发展有着特别的关联性（Stone，1995；Turkle，1995）。也就是说，人们能够提出，认同可能或不可能通过特别的方式与参与者的具体存在（existence）相连接，并且网络身份可能会附带活跃而投入的关系。对我们的目的最重要的是，我们这里所说的关系并不是发生在“真实自我”（一个身体内的原初心智）的基础上的，而是在自我建构或话语构造的基础上的（一个“真实自我”也许确实生产多元的自我建构）。正是这些话语构造的协调一致的功能，使得网络“社区”（名录服务、聊天室、布告栏、互动游戏）的实现成为可能。实际上，计算机社区在其得以构成的话语网络之外并没有地理上的场所。在这里我们着手处理一种纯粹关系状况，没有传统意义上的个人或社区。

对没有自我或社区的关系图景的灵感，从科技研究领域中获得了进一步的推动力。几十年来，计算机一直充当着对人类机能的主要隐喻之一。心理学的认知革命，与人工智能运动和认知科学一起，从个人和计算机的多种方程中获得了它们的很多可理解性。不过，随着互联网世界的飞速膨胀，计算机逐渐失去了其修辞魅力。网络是将即时关系带入全球范围内呈指数增长的人口中的一个领域。这是一个如此广泛又如此具有力量的一个领域，以至于它很少能够被民族国家控制。它没有被任何
195 制度合法化，它实质上在法律之外发挥着作用。在这种语境下，计算机只是一扇通向这个无明显终点的领域的大门。计算机——有限而狭小——的隐喻逐渐被网络——一个向无限延伸的世界——代替了。

科技风潮先前有利于自我的和社区的现实，现在以同样的方式激发了对关系的关注。这种关注已经进入当前工作的很多方面。对自我相关概念以及在治疗、组织、教育和政治行动中的相关过程的关注都已经成为焦点。在每种情况下，我们都试图去揭示人类关系的现实，去揭示关系对于所有我们珍视的事物的重要性。然而，与传统学问不同的是，这种理论并非典型地投身于阐明人类行动的真理中。社会建构论总体上避开“真理”和“客观”的授权，而倾向于一个基于实用的语言概念。因此，关系理论化尝试的主要目的是繁荣一系列话语资源，这些资源可能扩展人类交流的可能性。这种对真理断言的躲避也使我们直面道德工程的挑战。即在何种意义上，源自建构论者感受力的关系解释可以充当未

来的道德资源？

建构论者一开始对基本的或根本的论断（独白式的或极权主义式的）的反对也是对道德承诺的削弱。如果这样的话，那么建构论就因为缺少道德立场——它的“道德相对论”——而被置于遭受攻击的位置。事实上，这里并不存在道德立场而只有一个空间。[7]然而，正是在其无根据性之上，我们为后现代世界定位了建构主义的道德潜力。在建构论之内并不存在将其假设建立在一个基础或第一哲学之上的企图，同时也不会禁止任何道德规范或意识形态。从建构论的视角来看，所有的道德话语都是创造意义的资源——对于创造一种善（财富、价值、理念）的意义所必要的资源。可是，当这些资源被用于排斥所有他者时，当它们最终支配霸权时，它们也会变得具有破坏性。现在在建构论者看来，对于拥护创造而不是破坏，还没有根本性的正当理由。然而，如果我们重视评价这个过程，那么培育价值从中出现的关系过程，就与我们休戚相关。接受一种特定道德的善，就潜藏着一个更为基本性的承诺，即对这种善从中达成的过程的承诺——本质上是一种创造的而不是破坏的关系。

如果这一途径是合理的，那么我们的注意力就从产生一个特定的道德编码的尝试转向道德差异的问题上。正是在差异的空间中，我们发现了相互毁灭的潜力——评价的结束。在大多数生活区域，话语关系都是在没有严重阻力的情况下进行的。当我们与家庭、朋友、邻居等交谈时，会出现不言明的（以及有时明晰的）道德编码——关于什么是合理的、适合的或必要的共识。实际上，正常的人类交流将展示出善的标准。在这种意义上，道德工程总是已在行动中。善的感觉的出现并不需 196
要任何基础理性。不过，在这个关头，主要问题不是道德本身的产生问题，而是多元道德的存在问题。正是当善的飞地将其本土的标准视作是全球性的，将不被人知道的承诺视作是劣等的或者是危险的时，意义消解的场所就被准备好了。正是在共同消灭的过程中，我们面临着关系的毁灭，从而也是道德意义的终结。

结论：维持意义的母体

当前我们面临的最大挑战便是道德冲突的挑战。现在我们通过什么方式才能共同令人满意地继续与那些他们视野中的善对我们是某种形式的地狱的人肩并肩地生活？也许我们最初会被话语伦理学的宣传所吸引——一套能够帮助裁定我们的差异的原则，正如在哈贝马斯（Habermas，1993）的重要研究中的情况一样。然而，按照建构论推理中的反基础主义（anti-foundationalist）主旨，我们就有理由避免对特定种类对话的先验性根据。考虑到对意义的基于实用的特征的论述，人们就不会太希望去创造抽象的、情境免疫的“良好对话的规则”了。对于很多建构论者来说，由学术转向社会实践将可获益更多。特别关注道德的实践是那些与维持面对差异时的意义制造的建构过程有关的实践。

维持意义的生成性创造的实践一直是当前整个工作的核心。我们已经讨论了很多可以弥合各种鸿沟的方法，这些鸿沟分隔了那些处于迥然不同且相互冲突的现实之中的人们。事实上，在这方面，书中很多章节都驶上了朝向自我表现的航程。正如之前描述的，很多实践者和理论家当前正忙于用生成性的意义制造来取代竞争的关系。这些努力产生于诸如家庭治疗、组织发展、交流、咨询、教育、社会工作、社区组织等截然不同的领域。这些探索不是建构论者的私人保留区，这些努力本身就是公共性的。而且，在这种探索中存在着可能成为对维持道德工程非常重要的社会资源的潜力。正因为这样，当前的提议不是以一个充满希望的未来蓝图为结尾，而是以一个邀请——欢迎大家加入为维持道德制造过程本身的实践资源的探索和创造之中——为结尾的。

197 **注释**

[1] 对这一过程的扩展论述，参见格根（1991）。

[2] 这一结论也可以在关于心灵的历史和文化建构的越来越多的文献中找到。例如，福柯（1978）、鲁茨（1988）、格劳曼和格根（Graumann & Gergen，1996）。

[3] 对媒体时代“自我的丧失”更广泛的分析，参见特科（Turkle，1995）和格根（1996）。

[4] 这些结论无疑与在最近的学术研究中关于自我的“迷失”、“离中心”或“解构”的叙述产生共鸣。然而，在福柯、拉康和德里达的关键作品的理论前提中得出结论的地方，现在的分析试图去追溯对特定的文化科技场景的分解的感觉。实际上，我们可能猜想理论分析的可理解性也许来自当代文化的大众讨论。

[5] 对科技和传统家庭的侵蚀的进一步讨论，参见梅罗维茨（Meyrowitz，1985）和格根（1991）。

[6] www.spiritual.com 上有进入计算机信仰的几千个入口的清单。

[7] 对建构主义和道德相对论的讨论，参见格根（1994a，Chapter 4）。

参考文献

Addison, R.B., & Packer, J.J. (Eds.). (1989). *Entering the circle: hermeneutic inquiry in psychology*. Albany, NY: SUNY Press.

Albertsen, N. (1988). Postmodernism, post-Fordism, and critical social theory. *Environment and Planning*, *6*: 339–365.

Allen, D.B., Miller, E.D., & Raghu, N. (1991). North America. In N. Raghu (Ed.), *Comparative management* (pp. 23–54). Cambridge, MA: Ballinger.

Alvesson, M., & Willmott, H. (1992). On the idea of emancipation in management and organization studies. *The Academy of Management Review*, *17*: 432–464.

Amundson, J. (1996). Why pragmatics is probably enough for now. *Family Process*, *35*: 473–486.

Andersen, T. (1991). *The reflecting team: dialogues and dialogues about dialogues*. New York: W.W. Norton.

Andersen, T. (1995). Reflecting processes; acts of informing and forming; you can borrow my eyes but you must not take them away from me! In S. Friedman (Ed.), *The reflecting team in action* (pp. 11–38). New York: Guilford Press.

Anderson, B. (1983). *Imagined communities*. London: Verso.

Anderson, H. (1997). *Conversation, language and possibilities, a postmodern approach to psychotherapy*. New York: Basic Books.

Anderson, H., & Goolishian, H. (1992). The client is the expert: a not-knowing approach to therapy. In S. McNamee & K. Gergen (Eds.), *Therapy as social construction* (pp. 25–38). Thousand Oaks, CA: Sage.

Apple, M. (1982). *Education and power*. Boston: Routledge & Kegan Paul.

Apple, M. (1993). *Official knowledge, democratic education in a conservative age*. New York: Routledge.

Arendt, H. (l969). *On violence*. New York: Harcourt Brace Jovanovich.

Argyris, C. (1996). Actionable knowledge: design causality in the service of consequential theory. *The Journal of Applied Behavioral Science*, *32*: 390–406.

Argyris, C., Putnam, R., & Smith, D. (1985). *Action science*. San Francisco: Jossey-Bass.

Aries, P. (1962). *Centuries of childhood: a social history of family life*. New York: Vintage.

Aronowitz, S., & Giroux, H.A. (1991). *Postmodern education: politics, culture and social criticism*. Minneapolis: University of Minnesota Press.

Ashbach, C., & Schermer, V.L. (1987). *Object relations, the self, and the group*. London: Routledge & Kegan Paul.

Ashley, D. (1990). Postmodernism and the 'end of the individual': from repressive self-mastery to ecstatic communication. *Current Perspectives in Social Theory*, *10*: 195–221.

Astley, G. (1985). Administrative science as socially constructed truth. *Administrative Science Quarterly, 30*: 497–513.

Astley, G., & Zammuto, R. (1992). Organization science, managers, and language games. *Organization Science, 3*: 443–460.

Atkouf, O. (1992). Management and theories of organizations in the 1990s: toward a critical radical humanism? *The Academy of Management Review, 17*: 407–431.

Averill, J.R. (1982). *Anger and aggression: an essay on emotion*. New York: Springer-Verlag.

Averill, J.R., & Nunley, E.P. (1992). *Voyages of the heart*. New York: Free Press.

Ayer, A.J. (1940). *The foundation of empirical knowledge*. New York: Macmillan.

Bacigalupe, G. (1996). Writing in therapy: a participatory approach. *Journal of Family Therapy, 18*: 361–374.

Badinter, E. (1980). *Mother love: myth and reality*. New York: Macmillan.

Bakan, D. (1990). *Sigmund Freud and the Jewish mystical tradition*. London: Free Association Books.

Bakhtin, M.M. (1981). *The dialogic imagination: four essays by M.M. Bakhtin* (M. Holquist, T.C. Emerson, & M. Holquist, Eds.). Austin, TX: University of Texas Press.

Bakhtin, M.M. (1985) *Speech genres and other late essays*. Austin, TX: University of Texas Press.

Barbules, N.C. (1993). *Dialogue in teaching*. New York: Teachers College Press.

Barnes, B. (1974). *Scientific knowledge and sociological theory*. London: Routledge & Kegan Paul.

Baron, J., Forgione, P., Rindone, D., Kruglanski, H., & Davy, B. (1989). *Toward a new generation of student outcome measures: Connecticut's common core of learning assessment*. Presentation at the annual meetings of the American Educational Research Association, San Francisco, CA.

Bartlett, C., & Ghoshal, S. (1991). Global strategic management: impact on the new frontiers of strategy research. *Strategic Management Journal, 12*: 5–16.

Baudrillard, J. (1988). *The ecstasy of communication*. New York: Semiotext(e).

Baudrillard, J. (1994). *Simulacre and simulation*. Ann Arbor, MI: University of Michigan Press.

Bazerman, C. (1988). *Shaping written knowledge: the genre and activity of the experimental article in science*. Madison, WI: University of Wisconsin Press.

Becker, C., Chasin, L., Herzog, M., & Roth, S. (1995). 'From stuck debate to new conversation on contraversial issues: a report from the public conversations project.' *Journal of Feminist Family Therapy, 7*: 143–163.

Becker, J. & Varelas, M. (1995). Assisting construction: the role of the teacher in assisting the learner's construction of preexisting cultural knowledge. In L. Steffe & J. Gale (Eds.), *Constructivism in education*. Hillsdale, NJ: Lawrence Erlbaum.

Belenky, M., Clinchy, B.M., Goldberger, N.R., & Tarule, J.M. (1986). *Women's ways of knowing*. New York: Basic Books.

Bell, D. (1960). *The end of ideology*. Glencoe, IL: Free Press.

Bell, D. (1974). *The coming of post-industrial society*. London: Heinemann.

Bellah, R.N. et al. (1985). *Habits of the heart*. Berkeley, CA: University of California Press.

Benhabib, S. (1992). *Situating the self*. Cambridge: Cambridge University Press.

Berg, I.K., & de Shazer, S. (1993). Making numbers talk: language in therapy.

In S. Friedman (Ed.), *The new language of change: constructive collaboration in psychotherapy* (pp. 5–25). New York: Guilford Press.

Berger, P., Berger, B., & Kellner, H. (1973). *The homeless mind*. New York: Vintage.

Berger, P. & Luckmann, T. (1966). *The social construction of reality*. New York: Doubleday/Anchor.

Berman, M. (1982). *All that is solid melts into air: the experience of modernity*. New York: Simon & Schuster.

Berman, R.A. (1989). *Modern culture and critical theory*. Madison, WI: University of Wisconsin Press.

Bernstein, R. (1989). The end of history, explained for a second time. *New York Times*, 10 December, Section 4: 6.

Berquist, W. (1993). *The postmodern organization*. San Francisco: Jossey Bass.

Beyer, L., & Apple, M. (1988). *The curriculum: problems, politics and possibilities*. Albany, NY: State University of New York Press.

Billig, M. (1987). *Arguing and thinking: a rhetorical approach to social psychology*. Cambridge: Cambridge University Press.

Billig, M. (1990). Collective memory, ideology and the British royal family. In D. Middleton & D. Edwards (Eds.), *Collective remembering*. London: Sage.

Billig, M., Condor, S., Edwards, D., Gane, M., Middleton, D., & Radley, A. (1988). *Ideological dilemmas: a social psychology of everyday thinking*. London: Sage.

Bleich, D. (1988). *The double perspective, language, literacy and social relations*. Oxford: Oxford University Press.

Bloom, L.R. (1996). Stories of one's own: nonunitary subjectivity in narrative representation. *Qualitative Inquiry*, 2: 176–197.

Blumenfeld-Jones, D.S. (1995). Dance as a mode of research representation. *Qualitative Inquiry*, 1: 391–401.

Bohan, J., & Russell, G.M. (1999). *Conversations about psychology and sexual orientation*. New York: New York University Press.

Boje, D. (1992). *The university in a panoptic cage: the disciplining of the student and faculty body*. Paper presented at the National Academy of Management Meetings, Las Vegas, Nevada.

Boje, D., Gephart, R., & Thatchenkery, T. (Eds.). (1996). *Postmodern management and organization theory*. Newbury Park, CA: Sage.

Boje, D.M., Gephart, R.P., & Joseph, T. (Eds.). (1997). *Postmodern management and organization theory*. Thousand Oaks, CA: Sage.

Boland, R.J., & Tenkasi, R. (1992). *Post-modernism and its implications for information system design*. Paper presented at the National Academy of Management Meetings, Las Vegas, Nevada.

Botschner, J. (1995). Social constructionism and the pragmatic entente: a reply to Osbeck. *Theory and Psychology*, 5: 145–151.

Bowles, S., & Gintis, H. (1976). *Schooling in capitalist America*. New York: Basic Books.

Boyacigiller, N., & Adler, N. (1991). The parochial dinosaur: organizational science in a global context. *The Academy of Management Review*, 16: 262–290.

Boyatzis, R. (1982). *The competent manager: a model for effective performance*. New York: Wiley.

Boyte, H., & Evans, S. (1986). *Free spaces*. New York: Harper & Row.

Bradley, B.S. (1989). *Visions of infancy, a critical introduction to child psychology*. Cambridge: Polity Press.

Bradshaw-Camball, P., & Murray, V. (1991). Illusions and other games: a trifocal view of organizational politics. *Organizational Science*, 2: 379–398.

Brooks, C., & Warren, R.P. (1970). *Modern rhetoric*. New York: Harcourt Brace and World.

Brown, N. (1959). *Life against death, the psychoanalytical meaning of history*. Middletown, CT: Wesleyan University Press.

Brown, R.H. (1987). *Society as text*, Chicago: University of Chicago Press.

Bruffee, K.A. (1993). *Collaborative learning*. Baltimore: Johns Hopkins University Press.

Bruner, J. (1986). *Actual minds, possible worlds*. Cambridge, MA: Harvard University Press.

Bruner, J. (1990). *Acts of meaning*. Cambridge, MA: Harvard University Press.

Bruner, J.S. (1996). *The culture of education*. Cambridge, MA: Harvard University Press.

Buber, M. (1970). *I and thou*. New York: Scribner.

Budge, G.S., & Katz, B. (1995) Constructing psychological knowledge: reflections on science, scientists and epistemology in the APA Publication Manual. *Theory and Psychology*, *5*: 217–232.

Burkitt, I. (1991). *Social selves: theories of the social formation of personality*. London: Sage.

Burkitt, I. (1996). Social and personal constructs. *Theory and Psychology*, *6*: 71–77.

Burrell, G., & Morgan, G. (1979). *Sociological paradigms and organizational analysis*. Portsmouth, NH: Heinemann.

Butler, J. (1990). *Gender trouble: feminism and the subversion of identity*. New York: Routledge.

Butler, M.H., Gardner, B.C., & Bird, M.H. (1998). Not just a time-out: change dynamics of prayer for religious couples in conflict situations. *Family Process*, *37*: 451–475.

Cabaj, R.P., & Stein, T.S. (Eds.). (1996). *Textbook of homosexuality and mental health*. Washington, DC: American Psychiatric Press.

Calas, M., & Smircich, L. (1991). Voicing seduction to silence leadership. *Organization Studies*, *12*: 567–602.

Calhoun, C. (1994) Social theory and the politics of identity. In C. Calhoun (Ed.), *Social theory and the politics of identity*. Oxford: Blackwell.

Carter, S.L. (1991) *Reflections of an affirmative action baby*. New York: Basic Books.

Case, S., Brett, P., & Foster, S.L. (Eds.). (1995). *Cruising the performative*. Bloomington, IN: Indiana University Press.

Cecchin, G., Lane, G., & Ray, W. (1992). *Irreverence: a strategy for therapist's survival*. London: Karnac Books.

Chandler, A. (1962). *Strategy and structure*. Cambridge, MA: MIT Press.

Cheal, D. (1990) Authority and incredulity: sociology between modernism and post-modernism. *Canadian Journal of Sociology*, *15*: 129–147.

Chen, C.C., & Meindl, J. (1991). The construction of leadership images in the popular press: the case of Donald Burr and People Express. *Administrative Science Quarterly*, *36*: 521–551.

Chia, R. (1996). From modern to postmodern organizational analysis. *Organizational Studies*, *16* (4): 579–604.

Chia, R., & King, I.W. (1998). The organizational structuring of novelty. *Organization*, *5*: 461–478.

Child, J. (1972). Organizational structure, environment, and performance: the role of strategic choice. *Sociology*, *6*: 2–22.

Clark, P., & Wilson, J. (1961). Incentive systems: a theory of organizations. *Administrative Science Quarterly*, 6: 129–166.
Clegg, S.R. (1989). *Frameworks of power*. London: Sage.
Clegg, S.R. (1990). *Modern organizations: organization studies in the postmodern world*. Newbury Park, CA: Sage.
Clegg, S.R. (1992). *Postmodern management?* Paper presented at the National Academy of Management Meetings, Las Vegas, Nevada.
Clifford, J., & Marcus, G. (Eds.) (1986). *Writing culture*. Berkeley, CA: University of California Press.
Cloud, D.L. (1994). Socialism of the mind: the new age of post-Marxism. In H.W. Simons & M. Billig (Eds.), *After postmodernism*. London; Sage.
Cohen, E. (1995). Towards a history of European physical sensibility: pain in the later middle ages. *Science in Context*, *8*: 47–74.
Cole, M. (1998). *Cultural psychology*. Cambridge: Harvard University Press.
Collins, P.H. (1990). *Black feminist thought*. New York: Routledge.
Colville, I.D., Waterman, R.H., & Weick, K.E. (1999) Organizing and the search for excellence: making sense of the times in theory and practice. *Organization*, *6*: 129–148.
Combs, G. and Freedman, J. (1990). *Symbol, story, and ceremony: using metaphor in individual and family therapy*. New York: W.W. Norton.
Connolly, W. (1991). *Identity/difference: democratic negotiations of political paradox*. Ithaca, NY: Cornell University Press.
Cooper, R. (1989). Modernism, postmodernism and organizational analysis 3: the contribution of Jacques Derrida. *Organization Studies*, *10* (4): 479–502.
Cooper, R., & Burrell. G. (1988). Modernism, postmodernism and organizational analysis: an introduction, Part I. *Organization Studies*, *9*: 91–112.
Cooperrider, D.L. (1990). Positive imagery, positive action: the affirmative bais of organizing. In S. Srivastva & D.L. Cooperrider (Eds.), *Appreciative management and leadership*. San Francisco: Jossey-Bass.
Cooperrider, D.L., & Dutton, J.E. (Eds.). (1999). *Organizational dimensions of global change*. Thousand Oaks, CA: Sage.
Cooperrider, D., & Srivastva, S. (1990). Appreciative inquiry in organizational life. *Research in Organizational Change and Development*, *1*: 129–169.
Cooperrider, D., Sorensen, P.F., Whitney, D., & Yaeger, T.F. (Eds.) (1999). *Appreciative inquiry*. Cleveland: Stipes.
Corbin, A. (1986). *The foul and the fragrant*. Cambridge, MA: Harvard University Press.
Coulter, J. (1979). *The social construction of the mind*. New York: Macmillan.
Coulter, J. (1983). *Rethinking cognitive theory*. New York: St. Martin's Press.
Cousins, M., & Hussain, A. (1984). *Theoretical traditions in the social sciences*. New York: St. Martin's Press.
Covaleski, M., & Dirsmith, M. (1990). Dialectic tension, double reflexivity and the everyday accounting researcher: on using qualitative methods. *Accounting, Organizations and Society*, *15*: 543–573.
Crook, S., Pakulski, J., & Waters, M. (1992). *Postmodernization*. London: Sage.
Crouch, S. (1990). *Notes of a hanging judge*. New York: Oxford University Press.
Crozier, M. (1964). *The bureaucratic phenomenon*. London: Tavistock.
Crystal, G. (1991). *In search of excess: the overcompensation of American executives*. New York: Norton.

Csikszentmihalyi, M. (1990). *Flow: the psychology of optimal experience*. New York: Harper & Row.

Cushman, P. (1990). Why is the self empty: toward a historically situated psychology. *American Psychologist*, *45*: 599–611.

Cushman, P. (1995) *Constructing the self, constructing America, a cultural history of psychotherapy*. Reading, MA: Addison-Wesley.

Dahl, R.A. (1957). The concept of power. *Behavioural Science*, *2*: 201–205.

Dahl, R.A. (1961). *Who governs? democracy and power in an American city*. New Haven, CT: Yale University Press.

Danziger, K. (1997). *Naming the mind: how psychology found its language*. London: Sage.

Darwin, C. (1896). *The expression of the emotions in man and animals*. New York: Appleton: 1885.

Davies, B., & Harré, R. (1990). Positioning: the discursive production of selves. *Journal for the Theory of Social Behaviour*, *20*: 43–63.

de Grazia, A. (1960). The sciences and values of administration-I. *Administrative Science Quarterly*, *5*: 421–447.

de Man, P. (1986). *The resistance to theory*. Minneapolis: University of Minneapolis Press.

de Shazer, S. (1991). *Putting difference to work*. New York: W.W. Norton.

de Shazer, S. (1994). *Words were originally magic*. New York: W.W. Norton.

Deese, J. (1984). *American freedom and the social sciences*. New York: Columbia University Press.

Deleuze, G., & Guattari, F. (1983). *Anti-Oedipus, capitalism and schizophrenia*. Minneapolis: University of Minnesota Press.

DeMause, L. (1982). *Foundations of psychohistory*. New York: Creative Roots.

Denzin, N., & Lincoln, Y. (2000). *Handbook of qualitative research*. 2nd ed. Thousand Oaks, CA: Sage.

Derrida, J. (1977). *Of grammatology* (G.C. Spivak, Trans.). Baltimore: Johns Hopkins University Press.

Dershowitz, A.M. (1994). *The abuse excuse*. Boston: Little Brown.

Dewey, J. (1916). *Democracy and education: an introduction to the philosophy of education*. New York: Free Press.

Doan, R.E. (1998). The king is dead; long live the king: narrative therapy and practicing what we preach. *Family Process*, *37*: 379–385.

Douglas, M. (1986). *How institutions think*. Syracuse, NY: Syracuse University Press.

Driscoll, M., & Brahn, G. (1995). *Prosthetic territories: politics and hyper-technology*. Boulder, CO: Westview.

du Preez, P. (1980). *The politics of identity*. New York: St. Martin's Press.

Eagleton, T. (1996). *The illusions of postmodernism*. Oxford: Blackwell.

Eco, U. (1983). *Postscript to the Name of the Rose*. San Diego: Harcourt Brace Jovanovich.

Edwards, D., Ashmore, M., & Potter, J. (1995). Death and furniture: the rhetoric and politics and theology of bottom line arguments against relativism. *History of the Human Sciences*, *8*: 25–49.

Edwards, D., & Mercer, N. (1987). *Common knowledge, the development of understanding in the classroom*. London: Methuen.

Edwards, D., & Potter, J. (1992). *Discursive psychology*. London: Sage.

Egelund, M. (1997). (Ed.) *Enforskel der gor enforskel: Reflekterende proceser hos born, foroeldre og personale pa en dogninstitution*. Kobenhaven: Hans Reitzels Forlag.

Elder, G.H. (1974). *Children of the great depression*. Chicago: University of Chicago Press.

Elias, N. (1978). *The civilizing process*. New York: Urizen Books.

Ellis, C. (1995). *Final negotiations: a story of love, loss, and chronic illness*. Philadelphia: Temple University Press.

Ellis, C., & Bochner, A.P. (Eds.). (1996). *Composing ethnography*. Walnut Creek, CA: Alta Mira.

Epston. D., & White, M. (1995). Termination as a rite of passage: questioning strategies for a therapy of inclusion. In R. Neimeyer & M. Mahoney (Eds.), *Constructivism in psychotherapy* (pp. 339–354). Washington, DC: American Psychological Association.

Epston, D., White, M., & Murray, K. (1992). A proposal for re-authoring therapy: Rosie's revisioning of her life and a commentary. In S. McNamee & K.J. Gergen (Eds.), *Therapy as social construction* (pp. 96–115). London: Sage.

Erikson, E.H. (1975). *Life history and the historical moment*. New York: Norton.

Etzioni, A. (1993). *The spirit of community*. New York: Crown.

Fay, B. (1987). *Critical social science, liberation and its limits*. Ithaca, NY: Cornell University Press.

Featherstone, M., Hepworth, M., & Turner, B. (1991). *The body: social processes and cultural theory*. London: Sage.

Feyerabend, P. (1976). *Against method*. New York: Humanities Press.

Feyerabend, P. (1978). *Science in a free society*. London: Thetford Press.

Fish, S. (1980). *'Is there a text in this class?' The authority of interpretive communities*. Cambridge, MA: Harvard University Press.

Fisher, H. (1995). Whose right is it to define the self? *Theory and Psychology*, *5*: 323–352.

Fleck, L. (1979). *Genesis and development of a scientific fact*. Chicago: University of Chicago Press.

Foucault, M. (1978). *The history of sexuality, Vol. 1* (R. Hurley, Trans.) New York: Pantheon.

Foucault, M. (1979a). *Discipline and punish: the birth of the prison*. New York: Random House.

Foucault, M. (1979b). What is an author? In V.H. Josue (Ed.), *Textual strategies: perspectives in post-structuralist criticism*. Ithaca, NY: Cornell University Press.

Foucault, M. (1980). *Power/knowledge*. New York: Pantheon.

Fowers, B.J., & Richardson, F.C. (1996). Individualism, family ideology and family therapy. *Theory and Psychology*, *6*: 121–151.

Frank, A.W. (1995). *The wounded storyteller*. Chicago: University of Chicago Press.

Frascina, F., & Harrison, C. (Eds.). (1982). *Modern art and modernism*. London: Open University Press.

Frederick, W. (1963). The next development in management science: a general theory. *Academy of Management Journal*, *6*: 212–219.

Freeman, J., Epston, D., & Lobovits, D. (1997). *Playful approaches to serious problems: narrative therapy with children and their families*. New York: W.W. Norton.

Freedman, D.H. (1992). Is management still a science? *Harvard Business Review*, Nov.–Dec.: 626–657.

Freedman, J., & Combs, G. (1996). *Narrative therapy: the social construction of preferred realities*. New York: Guilford Publications.

Freeman, M. (1993). *Rewriting the self: history, memory, narrative*. New York: Routledge.

Freeman, M. (1999). Culture, narrative, and the poetic construction of selfhood. *Journal of Constructivist Psychology, 12*: 144–161.
Friedman, S. (Ed.). (1993). *The new language of change: constructive collaboration in psychotherapy*. New York: Guilford Press.
Frieire, P. (1972). *Pedagogy of the oppressed*. New York: Herder and Herder.
Friere, P. (1985). *The politics of education*. South Hadley, MA: Bergin and Garvey.
Frisby, D. (1985). *Fragments of modernity*. London: Polity Press.
Fromm, E. (1941). *Escape from freedom*. New York: Rinehart.
Fukuyama, F. (1992). *The end of history and the last man*. New York: Free Press.
Garfinkel, H. (1967). *Studies in ethnomethodology*. Englewood Cliffs, NJ: Prentice-Hall.
Garroutte, E.M. (1992). When scientists saw ghosts and why they stopped: American spiritualism in history. In T. Wuthnow (Ed.), *Vocabularies of public life*. London: Routledge.
Gates, H.L. (1994). *Colored people: a memoir*. New York: Knopf.
Gebser, J. (1985). *The ever-present origin*. Athens, OH: Ohio University Press.
Gee, J.G. (1992). *The social mind*. New York: Bergin and Garvey.
Gephart, R.P. (1992). *Environmental disasters in the postmodern era: theory and methods for organizational change*. Paper presented at the National Academy of Management Meetings, Las Vegas, Nevada.
Gergen, K.J. (1973). Social psychology as history. *Journal of Personality and Social Psychology, 26*: 309–320.
Gergen, K.J. (1987). The language of psychological understanding. In H.J. Stam, T.B. Rogers, & K.J. Gergen (Eds.) *The analysis of psychological theory* (pp. 15–128). New York: Hemisphere.
Gergen, K.J. (1991). *The saturated self: dilemmas of identity in contemporary life*. New York: Basic Books.
Gergen, K.J. (1992). Organization theory in the postmodern era. In M. Reed & M. Hughes (Eds.), *Rethinking organization: new directions in organization theory and analysis* (pp. 207–226). London. Sage.
Gergen, K.J. (1994a). *Realities and relationships: soundings in social construction*. Cambridge, MA: Harvard University Press.
Gergen, K.J. (1994b). Mind, text, and society: self memory in social context. In U. Neisser & R. Fivush (Eds.), *The remembering self*. New York: Cambridge University Press.
Gergen, K.J. (1994c). *Toward transformation in social knowledge* (2nd ed.). London: Sage.
Gergen, K.J. (1995a). Metaphor and monophony in the twentieth century psychology of emotions. *History of the Human Sciences, 8*: 1–23.
Gergen, K.J. (1995b). Performative psychology: the play begins. *Psychology and the Arts*, Fall: 8–9.
Gergen, K.J. (1996). Technology and the self: from the essential to the sublime. In D. Grodin & T. Lindlof (Eds.), *Constructing the self in a mediated age* (pp. 127–140). Beverly Hills, CA: Sage.
Gergen, K.J. (1999). *An invitation to social construction*. London: Sage.
Gergen, K.J., & Gergen, M.M. (Eds.). (1984). *Historical social psychology*. Hillsdale, NJ: Erlbaum.
Gergen, K.J., & Gergen, M.M. (1986). Narrative form and the construction of psychological science. In T. Sarbin (Ed.), *Narrative psychology: the storied nature of human conduct*. New York: Praeger.

Gergen, K.J., & Gergen, M.M. (1994). *Sandoz in the new century, an incorporative vision of communication for managerial effectiveness*. Basle: Sandoz Pharma.

Gergen, K.J., Gulerce, A., Lock, A., & Misra, G. (1996). Psychological science in cultural context. *American Psychologist, 51*: 496–503.

Gergen, K.J., & Kaye, J. (1992). Beyond narrative in the negotiation of human meaning. In S. McNamee & K.J. Gergen (Eds.), *Therapy as social construction* (pp. 166–185). London: Sage.

Gergen, K.J., & Walter, R. (1998). Real/izing the relational. *Journal of Social and Personal Relationships. 15*: 110–126.

Gergen, K.J., & Whitney, D. (1997) Technologies of representation in the global organization: power and polyphony. In D.M. Boje, R.P. Gephart, & T. Joseph (Eds.), *Postmodern management and organization theory*. Thousand Oaks, CA: Sage.

Gergen, M.M. (1988). Toward a feminist metatheory and methodology in the social sciences. In M. Gergen (Ed.), *Feminist thought and the structure of knowledge*. New York: New York University Press.

Gergen, M.M. (2001). *Feminist reconstructions in psychology: narrative, gender, and performance*. Thousand Oaks, CA: Sage.

Giddens, A. (1984). *The constitution of society*. Cambridge: Polity.

Giddens, A. (1990). *Consequences of modernity*. Stanford, CA: Stanford University Press.

Gigerenzer, G. (1996). From tools to theories: discovery in cognitive psychology. In C. Graumann & K. Gergen (Eds.), *Historical dimensions of psychological discourse*. New York: Cambridge University Press.

Gilligan, C. (1982). *In a different voice: psychological theory and women's development*. Cambridge, MA: Harvard University Press.

Gilligan, S., & Price, R. (Eds.). (1993). *Therapeutic conversations*. New York: W.W. Norton.

Giroux, H. (1992). *Border crossings*. New York: Routledge, Chapman and Hall.

Gitlin, T. (1993). The rise of 'identity politics'. *Dissent, 40*: 172–177.

Glendon, M.A. (1991). *Rights talk: the impoverishment of political discourse*. New York: Free Press.

Goldberg, D.T. (1993). *Racist culture*. Oxford: Blackwell.

Goldner, V. (1998). The treatment of violence and victimization in intimate relationships. *Family Process, 37*: 263–286.

Goldner, V., Penn, P., Sheinberg, M., & Walker, G. (1990). Love and violence: gender paradoxes in volatile attachments. *Family Process, 29*: 342–364.

Goncalves, O.F. (1995). Cognitive narrative psychotherapy: the hermeneutic construction of alternative meanings. In M.J. Mahoney (Ed.), *Cognitive and constructive psychotherapies*. New York: Springer.

Goodman, N. (1978). *Ways of worldmaking*. New York: Hackett.

Goolishian, H., & Anderson, H. (1987). Language systems and therapy: An evolving idea. *Journal of Psychotherapy, 24*: 529–538.

Graumann, C.F., & Gergen, K.J. (Eds.). (1996). *Historical dimensions of psychological discourse*. New York: Cambridge University Press.

Gray, C.H. (Ed.). (1995). *The cyborg handbook*. New York: Routledge.

Greenberg, D., & Sadofsky, M. (1992). *The Sudbury Valley School experience*. Framingham, MA: Sudbury Valley School Press.

Griffith, J.L., & Griffith, M.E. (1992). Therapeutic change in religious families: working with the God construct. In L.A. Burton (Ed.), *Religion and the family: when God helps* (pp. 63–86). New York: Haworth Press.

Griffith, J.L. & Griffith, M.E. (1994). *The body speaks: therapeutic dialogues for mind-body problems*. New York: Basic Books.

Gross, B., & Levitt, N. (1994). *Higher superstition: the academic left and its quarrels with science*. Baltimore: Johns Hopkins University.

Grossen, M. (1988). *L'interaction sociale en situation de test* (doctoral thesis, University of Neuchatel).

Grosz, E. (1988). The intervention of feminist knowledge. In B. Caine, E.A. Grosz, & M. de Lepervanche (Eds.), *Crossing boundaries, feminisms and the critique of knowledge*. North Sydney: Allen and Unwin Australia.

Gubrium, J., Holstein, J.A., & D. Buckholdt (1994). *Constructing the life course*. Dix Hills, NY: General Hall.

Fox, M. (1993). Personal communication.

Habermas, J. (1971). *Knowledge and human interests*. Boston: Beacon.

Habermas, J. (1993). *Justification and application: remarks on discourse ethics*. Cambridge, MA: MIT Press.

Hacking, I. (1995). *Rewriting the soul*. Cambridge, MA: Harvard University Press.

Hacking, I. (1999). *The social construction of what?* Cambridge, MA: Harvard University Press.

Hackman, R., & Lawler, E. (1971). Employee reactions to job characteristics. *Journal of Applied Psychology, 60*: 159–170.

Hage, J. (1963). An axiomatic theory of organizations. *Administrative Science Quarterly, 10*: 289–320.

Hage, J., & Powers, C.H. (1992). *Post-industrial lives*. Thousand Oaks, CA: Sage.

Haire, M. (Ed.). (1959). *Modern organization theory*. New York: Wiley.

Hammond, S.A. (1996). *Appreciative inquiry*. Chagnin Falls, OH: Taos Institute.

Harding, S. (1986). *Whose science, whose knowledge?* Ithaca, NY: Cornell University Press.

Hare-Mustin, R., & Marecek, J. (1988). The meaning of difference: gender theory, postmodernism, and psychology. *American Psychologist, 43*: 455–464.

Haraway, D. (1985). Manifesto for cyborgs: science, technology and socialist feminism in the 1980s. *Socialist Review, 80*: 65–108.

Harré, R. (Ed.). (1986). *The social construction of emotions*. Oxford: Blackwell.

Harré, R. (1992). What is real psychology: a plea for persons. *Theory and Psychology*, 2: 153–158.

Harré, R., & Finlay-Jones, R. (1986). Emotion talk across times. In R. Harré (Ed.), *The social construction of emotions*. Oxford: Blackwell.

Harré, R., & Gillett, G. (1994). *The discursive mind*. Thousand Oaks, CA: Sage.

Harré, R., & Krausz, M. (1996). *Varieties of relativism*. Oxford: Blackwell.

Harvey, D. (1989). *The condition of postmodernity: an inquiry into the origins of cultural change*. Oxford: Blackwell.

Harvey, D. (1993). Class relations, social justice and the politics of difference. In J. Squires (Ed.), *Principled positions, postmodernism and the rediscovery of value*. London: Lawrence and Wishart.

Hassard, J. (1991). Multiple paradigms and organizational analysis: a case study. *Organization Studies, 12*: 275–299.

Healy, D. (1997). Cyberspace and place. In D. Porter (ed.), *Internet culture*. New York: Routledge.

Hebdige, D. (1987). *Subculture, the meaning of style*. London: Routledge.

Heelas, P., & Lock, A. (Eds.). (1981). *Indigenous psychologies: the anthropology of the self*. London: Academic Press.

Held, B. (1996). *Back to reality: a critique of postmodern psychotherapy*. New York: W.W. Norton.

Hepworth, J. (1999). *The social construction of anorexia nervosa*. London: Sage.

Herman, J. (1992). *Trauma and recovery*. New York: Basic Books.

Hermans, H.J.M., & Kempen, H.J.G. (1993). *The dialogical self: meaning as movement*. San Diego, CA: Academic Press.

Hetrick, W., & Lozada, H. (1992) *Postmodernism and anti-theory: the illusion of organizational science*. Paper presented at the National Academy of Management Meetings, Las Vegas, Nevada.

Hirschman, A.O. (1991). *The rhetoric of reaction*. Cambridge, MA: Belknap.

Hobbes, T. (1651). *The Leviathan*. London: Crooke.

Hoffman, L. (1990). Constructing realities: an art of lenses. *Family Process*, *29*: 1–12.

Hoffman, L. (1993). *Exchanging voices: a collaborative approach to family therapy*. London: Karnac Books.

Hollinger, R. (1994). *Postmodernism and the social sciences*. Thousand Oaks, CA: Sage.

Hollingsworth, S., & Sockett, H. (1994). Positioning teacher research in educational reform: movement and momentum. In S. Hollingsworth & H. Sockett (Eds.), *Teacher research and educational reform*. Chicago, IL: University of Chicago Press.

Holzman, L. (1997). *Schools for growth*. Mahwah, NJ: Erlbaum.

Hoover, S.M. (1988). *Mass media religion*. Thousand Oaks, CA: Sage.

Horkheimer, M. (1974). *Eclipse of reason*. New York: Seabury.

House, R. (1971). A path goal theory of leadership effectiveness. *Administrative Science Quarterly*, *16*: 321–338.

Hoyt, M.F. (Ed.). (1994). *Constructive therapies*. New York: Guilford Press.

Hoyt, M.F. (Ed.). (1996). *Constructive therapies: volume 2*. New York: Guilford Press.

Hoyt, M.F. (Ed.). (1998). *The handbook of constructive therapies: innovative approaches from leading practitioners*. San Francisco: Jossey-Bass.

Hume, D. (1977). *Treatise on human nature*. New York: Dutton. (First published in 1739).

Hunt, N.M. (1959). *The natural history of love*. New York: Knopf.

Hunter, J.D. (1991). *Culture wars*. New York: Basic Books.

Izard, C.E. (1977). *Human emotions*. New York: Plenum.

Jackson, P. (1968). *Life in classrooms*. New York: Holt, Rinehart and Winston.

Jacques, R. (1992). Critique and theory building: producing knowledge from the kitchen. *The Academy of Management Review*, *17*: 582–606.

Jameson, F. (1984). Postmodernism, or the cultural logic late capitalism. *New Left Review*, *146*: 53–92.

Johnson D.W., & Johnson, R.T. (1989). *Leading the cooperative school*. Edina, MN: Interaction Books.

Joseph, T. (1994). Organizations as texts: hermeneutics as a model for understanding organizational change. Unpublished doctoral dissertation, Case Western Reserve University.

Jung, C.G. (1973). *Four archetypes*. Princeton, NJ: Bollingen. (Originally published in 1945).

Kaslow, F.W. (Ed.) (1996). *Handbook of relational diagnosis and dysfunctional family patterns*. New York: John Wiley and Sons.

Kelly, G. (1955). *The psychology of personal constructs*. New York: W.W. Norton.

Kern, S. (1992). *The culture of love, Victorians to moderns*. Cambridge, MA: Harvard University Press.

Kesey, K. (1989). *Caverns*. Harmondsworth: Penguin.
Kessen, W. (1990). *The rise and fall of development*. Worcester, MA: Clark University Press.
Kessler, S.J., & McKenna, W. (1978). *Gender: an ethnomethodological approach*. New York: Wiley.
Kilduf, M. (1993). Deconstructing organizations. *The Academy of Management Review, 18*: 13–3.
Kilmann, R., Thomas, K., Slevin, D., Nath, R., & Jerrell, L. (Eds.). (1983). *Producing useful knowledge for organizations*. New York: Praeger.
Kirschner, S.R. (1996). *The religious and romantic origins of psychoanalysis*. New York: Cambridge University Press.
Kleinman, A. (1988). *The illness narratives*. New York: Basic Books.
Knorr-Cetina, K.D. (1981). *The manufacture of knowledge*. Oxford: Pergamon.
Kogan, S., & Brown, A.C. (1998). Reading against the lines: resisting foreclosure in therapy discourse. *Family Process, 37*: 495–512.
Kohlberg, L. (1981). *Philosophy of moral development: moral stages and the idea of justice*. San Francisco: Harper & Row.
Kostera, M. (1997). Personal performatives: collecting poetical definitions of management. *Organization, 4*: 345–353.
Kozulin, A. (1998). *Psychological tools, a sociocultural approach to education*. Cambridge, MA: Harvard University Press.
Kuhn, T. (1962). *The structure of scientific revolutions*. Chicago: University of Chicago Press.
Kuhn, T.S. (1970). *The structure of scientific revolutions*. 2nd rev. (ed.). Chicago: University of Chicago Press.
Kutchins, H., & Kirk, S.A. (1997). *Making us crazy: DSM the psychiatric bible and the creation of mental disorders*. New York: Free Press.
Kvale, S. (1987). Examinations – a psychometric test or a censorship of knowledge? *Nordisk Pedagogik, 4*: 221–234.
Kvale, S. (Ed.). (1992). *Psychology and postmodernism*. London: Sage.
Lacan, J. (1953). Actes due Congress du Rome. *La Psychoanalyze*, I.
Laclau, E., & Mouffe, C. (1985). *Hegemony and socialist strategy*. London: Verso.
Laing, R.D. (1967). *The politics of experience*. New York: Ballantine Books.
Laing, R.D. (1967). *The politics of experience*. Harmondsworth, Penguin.
Lakoff, G., & Johnson, M. (1980). *Metaphors we live by*. Chicago: University of Chicago Press.
Landau, M. (1991). *Narratives of human evolution*. New Haven, CT: Yale University Press.
Lange, A. (1996). Using writing assignments with families managing legacies of extreme traumas. *Journal of Family Therapy, 18*: 375–388.
Lannamann, J.W. (1998). Social construction and materiality: the limits of indeterminancy in therapeutic settings. *Family Process, 47*: 393–413.
Larner, G. (1996). Narrative child family therapy. *Family Process, 35*: 423–440.
Larochelle, M., Bednarz, N., & Garrison, J. (Eds.). (1998). *Constructivism and education*. Cambridge: Cambridge University Press.
Lasch, C. (1979). *The culture of narcissism*. New York: Norton.
Lasch, C. (1991). *The true and only heaven, progress and its critics*. New York: Norton.
Lather, P. (1991). *Getting smart*. New York: Routledge.
Latour, B., & Woolgar, S. (1979). *Laboratory life, the social construction of scientific fact*. Beverly Hills, CA: Sage.

Lavipour, F.G., & Sauvant, K. (Eds.). (1976). *Controlling multinational enterprises: problems, strategies, counterstrategies*. Boulder, CO: Westview.

Lawrence, P.R., & Lorsch, J. (1967). *Organization and environment*. Cambridge, MA: Harvard School of Business.

Layder, D. (1987). Key issues in structuration theory: some critical remarks. *Current Perspectives in Social Theory*, 8: 25–46.

Leary, D. (Ed.). (1990). *Metaphors in the history of psychology*. New York: Cambridge University Press.

Lee, A. (1991). Integrating positivist and interpretive approaches to organizational research. *Organization Science*, 2: 342–365.

Leo, J. (1991). The lingo of entitlement. *U.S. News and World Report*, 14 October: 22.

Levenson, M. (1984). *A geneology of modernism*. Cambridge: Cambridge University Press.

Levin, G.H. (1982). *Writing and logic*. New York: Harcourt Brace Jovanovich.

Levinas, E. (1981). *Otherwise than being or beyond essence*. The Hague: Martinus Nijhof.

Levitt, K. (1970). *Silent surrender: the multinational corporation in Canada*. Toronto: Macmillan.

Levy, R.I. (1989). The quest for mind in different times and different places. In A.E. Barnes & P.N. Stearns (Eds.), *Social history and issues in human consciousness*. New York: New York University Press.

Lieblich, A. (1993). Looking at change. In R. Josselson & A. Lieblich (Eds.), *The narrative study of lives*. Newbury Park, CA: Sage.

Lifton, R.J. (1993). *The protean self: human resilience in an age of fragmentation*. New York: Basic Books.

Lipman-Blumen, J. (1984). *Gender roles and power*. Englewood Cliffs, NJ: Prentice-Hall.

Lobel, S.A. (1990). Global leadership competencies: managing to a different drumbeat. *Human Resource Management*, 29: 39–47.

Locke, E.A. (1968). Toward a theory of task motivation and incentives. *Organizational Behavior and Human Performance*, 3: 157–189.

Locke, J. (1959). *An essay concerning human understanding*. New York: Dover.

Loewenberg, P. (1983). *Decoding the past: the psychohistorical approach*. New York: Knopf.

Lopes, L.L. (1991). The rhetoric of irrationality. *Theory and Psychology*, 1: 65–82.

Luhmann, N. (1976). A general theory of organized social systems. In G. Hofstede & S. Kassem (Eds.), *European contributions of organization theory* (pp. 96–113). Amsterdam: Van Gocum.

Luhmann, N. (1987). *Love as Passion*. Harvard, MA: Harvard University Press.

Lukes, S. (1974). *Power: a radical view*. London: Macmillan.

Lukes, S. (1977). *Essays in social theory*. London: Macmillan.

Lutz, C. (1988). *Unnatural emotions*. Chicago: University of Chicago Press.

Lyons, W. (1986). *The disappearance of introspection*. Cambridge, MA: MIT Press.

Lyotard, J. (1984). *The postmodern condition: a report on knowledge* (G. Bennington & B. Massouri, Trans.). Minneapolis: University of Minnesota Press.

Lyotard, J., & Thebaud, J. (1985). *Just gaming*. Minneapolis: University of Minneapolis Press.

MacIntyre, A. (1984). *After virtue* (2nd ed.). Notre Dame, IN: University of Notre Dame Press.

MacKinnon, L., & Miller, D. (1987). The new epistemology and the Milan approach:

feminist and sociopolitical considerations. *Journal of Marital and Family Therapy*, 13: 139–155.
Madigan, S., & Epston, D. (1995). From 'spy-chiatric' gaze to communities of concern: from professional monologue to dialogue. In S. Friedman (Ed.), *The reflecting team in action*. New York: Guilford Press.
Mancuso, J.C. (1996). Constructionism, personal construct psychology and narrative psychology. *Theory and Psychology*, 6: 47–70.
Mannheim, K. (1951). *Ideology and utopia*. New York: Harcourt Brace.
March, J.G., & Simon, H.A. (1958). *Organizations*. New York: John Wiley.
Marcus, G.E., & Fisher, M. (1986). *Anthropology as cultural critique: an experimental moment in the human sciences*. Chicago: University of Chicago Press.
Marcuse, H. (1964). *One dimensional man*. Boston: Beacon.
Martin, E. (1994). *Flexible bodies: tracking immunity in American culture from the days of polio to the age of AIDS*. Boston: Beacon Press.
Martin, J. (1990) Deconstructing organizational taboos: the suppression of gender conflict in organizations. *Organizational Science*, 1: 339–359.
Martin, J. and Sugarman, J. (1999). *The psychology of human possibility and constraint*. Albany: State University of New York Press.
Martindale, C. (1975). *The romantic progression: the psychology of literary history*. Washington, DC: Hemisphere.
Martindale, C. (1990). *The clockwork muse: the predictability of artistic change*. New York: Basic Books.
McCloskey, D.N. (1985). *The rhetoric of economics*. Madison, WI: University of Wisconsin Press.
McLaren, P. (Ed.). (1994). *Post-modernism, post-colonialism, and pedagogy*. Albert Park, Australia: James Nicholas.
McLeod, J. (1997). *Narrative and psychotherapy*. London: Sage.
McLibben, B. (1989). *The end of nature*. New York: Random House.
McNamee, S., & Gergen, K.J. (Eds.). (1992). *Therapy as social construction*. London: Sage.
McNamee, S., & Gergen, K.J. (1999). *Relational responsibility: resources for sustainable dialogue*. Thousand Oaks, CA: Sage.
Mehan, H. (1979). *Learning lessons, social organization in the classroom*. Cambridge, MA: Harvard University Press.
Merttens, R. (1998). What is to be done (with apologies to Lenin). In I. Parker (Ed.), *Social constructionism, discourse, and realism*. (pp. 59–74). London: Sage.
Messer, S.B., Sass, L.A., & Woolfolk, R.L. (Eds.). (1988). *Hermeneutics and psychological theory*. New Brunswick, NJ: Rutgers University Press.
Meyrowitz, J. (1985). *No sense of place*. New York: Oxford University Press.
Michael, M. (1996). *Constructing identities*. London: Sage.
Miles, R.E., & Snow C.C. (1978). *Organizational strategy, structure and process*. New York: McGraw-Hill.
Miller, G., & de Shazer, S. (1998). Have you heard the latest rumor about solution-focused therapy as a rumor? *Family Process*, *37*: 363–377.
Minuchin, S. (1991). The seductions of constructivism. *The Family Therapy Networker*, *15*: 47–50.
Mitchell, S. (1993). *Hope and dread in psychoanalysis*. New York: Basic Books.
Modell, J. (1989). A note on scholarly caution in a period of revisionism and interdisciplinarity. In A.E. Barnes & P.N. Stearns (Eds.), *Social history and issues in human consciousness*. New York: New York University Press.

Morawski, J.G. (1985). The measurement of masculinity and femininity: engendering categorical realities. *Journal of Personality, 53*: 171–197.
Morawski, J.G. (Ed.). (1988). *The rise of experimentation in American psychology*. New Haven, CT: Yale University Press.
Morawski, J.G. (1994). *Practicing feminisms, reconstructing psychology: notes on a liminal science*. Ann Arbor, MI: University of Michigan Press.
Morgan, G. (Ed.). (1983). *Beyond method: strategies for social research*. Beverly Hills, CA: Sage.
Morgan, G. (1990). Paradigm diversity of organizational research. In N. Hassard & D. Pym (Eds.). *The theory and philosophy of organizations*. London: Routledge.
Morgan, G. (1993). *Images of organization* (2nd ed.). London: Sage.
Morgan, R.E. (1984). *Disabling America: the 'rights industry' in our time*. New York: Basic Books.
Moscovici, S. (1984). The phenomenon of social representations. In R. Farr & S. Moscovici (Eds.), *Social representations*. London: Cambridge University Press.
Mulkay, M. (1985). *The word and the world: explorations in the form of sociological analysis*. London: Allen & Unwin.
Mumby, D.K., & Putnam, L. (1992). The politics of emotions: a feminist reading of bounded rationality. *The Academy of Management Review, 17*: 465–486.
Mustin, R.T. (1994). Discourse in the mirrored room: A postmodern analysis of therapy. *Family Process*, 33: 199–236.
Myerson, G. (1994). *Rhetoric, reason and society*. London: Sage.
Natter, W., Schatzki, T.R., & Jones, J.P. (Eds.). (1995) *Objectivity and its other*. New York: Guilford.
Neimeyer, G.J., & Neimeyer, R.A. (1985). Relational trajectories: a personal construct contribution. *Journal of Social and Personal Relationships*, 2: 325–349.
Neimeyer, R.A. (1999). Narrative strategies in grief therapy. *Journal of Constructivist Psychology*, 12: 65–86.
Neimeyer, R., & Mahoney, M. (Eds.). (1995). *Constructivism in psychotherapy*. Washington, DC: American Psychological Association.
Nielsen, Eric H. (1992). *Modernism, postmodernism and managerial competences*. Paper presented at the National Academy of Management Meetings, Las Vegas, Nevada.
Newman, F., & Holzman, L. (1996). *Unscientific psychology: a cultural-performatory approach to understanding human life*. Westport, CT: Praeger.
Newman, F., & Holzman, L. (1997). *The end of knowing: a new developmental way of learning*. London: Routledge.
Newman, F., & Holzman, L. (1999). Beyond narrative to performed conversation. *Journal of Constructivist Psychology, 12*: 23–41.
Nkomo, S. (1992). The emperor has no clothes: rewriting race in organizations. *The Academy of Management Review, 17*: 487–513.
Norris, C. (1983). *The deconstructive turn*. London: Methuen.
Norris, C. (1990). *What's wrong with postmodernism?* Baltimore: Johns Hopkins University Press.
Novick, P. (1989). *That noble dream*. New York: Cambridge University Press.
Ogilvy, J. (1990). This postmodern business. *Marketing and Research Today, 18*: 4–21.
O'Hanlon, W.H. (1993). Possibility therapy: from iatrogenic injury to iatrogenic healing. In S. Gilligan & R. Price (Eds.), *Therapeutic conversations*. New York: W.W. Norton.

O'Hanlon, W., & Weiner-Davis, M. (1988). *In search of solutions: a new direction in psychotherapy*. New York: W.W. Norton.
Olssen, M. (1996). Radical constructivism and its failings: anti-realism and individualism. *British Journal of Educational Studies, 44*: 275–296.
O'Neill, P. (1998). *Negotiating consent*. New York: New York University Press.
Ong, W.J. (1982). *Orality and literacy*. London: Methuen.
Osbeck, L. (1993). Social constructionism and the pragmatic standard. *Theory and Psychology, 3*: 337–349.
Osborne, J.F. (1996). Beyond constructivism. *Science and Education, 80*: 53–83.
Paranjpe, A. (1998). *Self and identity in modern psychology and Indian thought*. New York: Plenum.
Parker, I. (1998). Against postmodernism: psychology in cultural context. *Theory and Psychology, 9*: 601–627.
Parker, I., Georgas, E., Harper, D., McLaughlin, T., & Stowall-Smith, M. (1995). *Deconstructing psychopathology*. London: Sage.
Parker, I., & Shotter, J. (Eds.). (1990). *Deconstructing social psychology*. London: Routledge & Kegan Paul.
Parker, M. (1992) Post-modern organizations or postmodern organization theory? *Organization Studies, 13*: 1–17.
Parré, D.A., & Sawatzky, D.D. (1999). *Discursive wisdom: reflections on ethics and therapeutic knowledge*. Unpublished paper, Lousage Institute.
Parry, A., & Doan, R.E. (1994). *Story re-visions: narrative therapy in the postmodern world*. New York: Guilford Press.
Parsons, T. (1956). Suggestions for a sociological approach to the theory of organizations. *Administrative Science Quarterly, 1*: 63–85.
Parsons, T. (1969). On the concept of political power. In R. Bell, D. Edwards, & R. Wagner (Eds.), *Political power: a reader in theory and research* (pp. 251–284). New York: Free Press.
Pearce, W.B., & Littlejohn, S.W. (1997). *Moral conflict: when social worlds collide*. Thousand Oaks, CA: Sage.
Peck, S. (1992). *A world waiting to be born*. New York: Bantam.
Penn, P. (1988). Rape flashbacks: Constructing a new narrative. *Family Process*, 37, 299–310.
Penn, P., & Frankfurt, M. (1994). Creating a participant text: writing, multiple voices, narrative multiplicity. *Family Process, 33*: 217–231.
Pepper, W.C. (1942). *World hypotheses*. Berkeley: University of California Press.
Peters, T. (1992). *Liberation management: necessary disorganization for the nanosecond Nineties*. New York: A.A. Knopf.
Pettigrew, T.F., & Martin, J. (1987) Shaping the organizational context for black American inclusion. *Journal of Social Forces, 43*: 41–78.
Pfeffer. J. (1982). *Organizations and organization theory*. Boston: Pitman.
Pfohl, S. (1992). *Death at the parasite cafe*. New York: St. Martins Press.
Phelan, S. (1989). *Identity politics*. Philadephia, PA: Temple University Press.
Phillips, D.C. (1997). How, why, what, when and were: perspectives on constructivism in psychology and education. *Issues in Education, 3*: 151–194.
Piaget, J. (1954). *The construction of reality in the child*. New York: Basic Books.
Pitkin, H. (1972). *Wittgenstein and justice*. Berkeley, CA: University of California Press.
Polkinghorne, D.E. (1988). *Narrative knowing and the human sciences*. Albany, NY: State University of New York Press.

Potter, J., & Wetherell. (1987). *Discourse and social psychology: beyond attitudes and behavior*. London: Sage.
Pugh, D.S., Hickson, D.J., Hinings, C.R., Macdonald, K.M., Turner, C., & Lupton, T. (1963). A conceptual scheme of organizational analysis. *Administrative Science Quarterly, 8*: 289–315.
Ramirez, M. (1983). *Psychology of the Americas: Mestizo perspectives on personality and mental health*. Elmsford, NY: Pergamon.
Randall, J.H. (1940). *The making of the modern mind*. Boston: Houghton Mifflin.
Rawlins, W.K. (2000). Teaching as a mode of friendship. *Communication Theory, 10*: 5–26.
Reason, P., & Bradbury, H. (Eds.) (2001). *Handbook of action research*. London: Sage.
Reed, M., & Hughes (Eds.). *Rethinking organization*. London: Sage.
Rheingold, H. (1993). *The virtual community: homesteading on the electronic frontier*. Reading, MA: Addison-Wesley.
Richards, J. & von Glasersfeld, E. (1979). The control of perception and the construction of reality. *Dialectica*, 33: 37–58.
Richards, P.S., & Bergin, A.E. (1997). *A spiritual strategy for counseling and psychotherapy*. Washington, DC: American Psychological Association.
Riesman, D. (1953). *The lonely crowd*. New Haven, CT: Yale University Press.
Riikonen, E., & Smith, G.M. (1997). *Re-imagining therapy: living conversation and relational knowing*. London: Sage.
Rogoff, B. (1990). *Apprenticeship in thinking*. New York: Oxford University Press.
Rorty, R. (1979). *Philosophy and the mirror of nature*. Princeton, NJ: Princeton University Press.
Rorty, R. (1982). *Consequences of pragmatism*. Minneapolis: University of Minneapolis Press.
Rose, N. (1985). *The psychological complex: psychology, politics and society in England, 1869–1939*. London: Routledge & Kegan Paul.
Rose, N. (1990). *Governing the soul: the shaping of the private self*. London: Routledge.
Rosen, H., & Kuehlwein, K.T. (Eds.). (1996). *Constructing realities: meaning-making perspectives for psychotherapists*. San Francisco: Jossey-Bass Publishers.
Rosenau, P.M. (1992). *Postmodernism and the social sciences*. Princeton, NJ: Princeton University Press.
Rosengren, W. (1967). Structure, policy and style: strategies of organizational control. *Administrative Science Quarterly, 12*: 140–164.
Rumelt, R. (1974). *Strategy, structure, and economic performance*. Boston: Harvard Business School.
Rushing, W. (1967). The effects of industry size and division of labor on administration. *Administrative Science Quarterly, 12*: 273–295.
Rychlak, J.F. (1988). *The psychology of rigorous humanism* (2nd ed.). New York: New York University Press.
Salomon, G. (Ed.). (1996). *Distributed cognitions: psychological and educational considerations*. New York: Cambridge University Press.
Sampson, E.E. (1977). Psychology and the American ideal. *Journal of Personality and Social Psychology, 35*: 767–782.
Sampson, E.E. (1978). Scientific paradigms and social values: Wanted – a scientific revolution. *Journal of Personality and Social Psychology, 36*: 730–743.
Sampson, E.E. (1988). The debate on individualism. *American Psychologist, 43*: 15–22.
Sampson, E.E. (1989). The challenges of social change for psychology: globalization and psychology's theory of the person. *American Psychologist, 44*: 914–921.

Sampson, E.E. (1993a). *Celebrating the other, a dialogic account of human nature.* Boulder, CO: Westview.

Sampson, E.E. (1993b). Identity politics: challenges to psychology's understanding. *American Psychologist, 48*: 1219–1230.

Sandel, M.J. (1982). *Liberalism and the limits of justice.* Cambridge: Cambridge University Press.

Sarbin, T.R. (Ed.). (1986). *Narrative psychology: the storied nature of human conduct.* New York: Praeger.

Sarbin, T.R., & Mancuso, J.C. (1980). *Schizophrenia: medical diagnosis or verdict.* Elmsford, NY: Pergamon.

Sass, L.A. (1992a). *Madness and modernism.* New York: Basic Books.

Sass, L.A. (1992b). The epic of disbelief: the postmodern turn in contemporary psychoanalysis. In S. Kvale (Ed.), *Psychology and postmodernism* (pp. 166–182). London: Sage.

Schein, E. (1993). On dialogue, culture, and organizational learning. *Organizational Dynamics, 22*: 40–51.

Schnitman, D.F. (1996). Between the extant and the possible. *Journal of Constructivist Psychology, 9*: 263–282.

Schon, D.A. (1983). *The reflective practitioner: how professionals think in action.* New York: Basic Books.

Schwartz, B. (1986). *The battle for human nature.* New York: Norton.

Seeger, F. Voigt, J., & Waschescio, U. (1998). *The culture of the mathematics classroom.* New York: Cambridge University Press.

Seikkula, J., Aaltonen, J., & Alakare, B. (1995). Treating psychosis in western Lapland: reflective processes and open dialogue instead of hospitalization and heavy medication. In S. Friedman (Ed.), *The reflecting team in action* (pp. 62–81). New York: Guilford Press.

Selvini-Palazzoli, M., Boscolo, L., Cecchin, G., & Prata, G. (1980). Hypothesizing, circularity, neutrality: three guidelines for the conduct of the session. *Family Process, 19*: 3–12.

Semin, G., & Chassein, J. (1985). The relationship between higher order models and everyday conceptions of personality. *European Journal of Social Psychology, 15*: 1–16.

Senge, P. (1990). *The fifth discipline: the art and practice of the learning organization.* New York: Currency Doubleday.

Shafritz, J.M., & Ott, S. (1987). *Classics of organization theory.* Chicago: Dorsey Press.

Shapin, S. (1994). *A social history of truth.* Chicago: University of Chicago Press.

Shapin, S. (1996). *The scientific revolution.* Chicago: University of Chicago Press.

Sharan, S. (1990). *Cooperative learning.* New York: Praeger.

Sheinberg, M., & Penn, P. (1991). Gender dilemmas, gender questions and the gender mantra. *Journal of Marital and Family Therapy, 17*: 33–44.

Shorter, E. (1992). *From paralysis to fatigue, a history of psychosomatic illness in the modern era.* New York: Free Press.

Shotter, J. (l980). Action, joint action and intentionality. In M. Brenner (Ed.), *The structure of action.* Oxford: Blackwell.

Shotter, J. (1984). *Social accountability and selfhood.* Oxford: Blackwell.

Shotter, J. (1990). The social construction of remembering and forgetting. In D. Middleton & D. Edwards (Eds.), *Collective remembering.* London: Sage.

Shotter, J. (1993a). *Cultural politics of everyday life*. Toronto: University of Toronto Press.
Shotter, J. (1993b). *Conversational realities*. London: Sage.
Shotter, J. (1995). In dialogue: social constructionism and radical constructivism. In L.P. Steffe & J. Gale (Eds.), *Constructivsm in education*. Hillsdale, NJ: Erlbaum.
Shweder, R.I. (1991). *Thinking through cultures*. Cambridge, MA: Harvard University Press.
Simon, H. (1957). *Administrative behavior* (2nd ed.). New York: Macmillan.
Simonds, R.H. (1959). Toward a science of business administration. *The Journal of the Academy of the Management*, 2: 135–138.
Simons, H.W. (Ed.). (1989). *Rhetoric in the human sciences*. London: Sage.
Simons, H. (Ed.). (1990). *Case studies in the rhetoric of the human sciences*. Chicago: University of Chicago Press.
Simonton, D.K. (1984). *Genius, creativity, and leadership*. Cambridge, MA: Harvard University Press.
Simonton, D.K. (1990). *Psychology, science and history: an introduction to historiometry*. New Haven, CT: Yale University Press.
Sloterdijk, P. (1987). *Critique of cynical reason*. Minneapolis: University of Minnesotta Press.
Sluzki, C.E. (1992). Transformations: a blueprint for narrative changes in therapy. *Family Process*, *31*: 217–230.
Smedslund, J. (1978). Bandura's theory of self-efficacy, a set of common sense theorems. *Scandinavian Journal of Psychology*, *19*: 1–14.
Smedslund, J. (1988). *Psycho-logic*. New York: Springer-Verlag.
Smith, B.H. (1997). *Belief and resistance*. Cambridge, MA: Harvard University Press.
Smith, D.E. (1987). Women's perspective as a radical critique of sociology. In S. Harding (Ed.), *Feminism and methodology*. Bloomingon, IN: Indiana University Press.
Snyder, M. (1996). Our 'other history': poetry as a metaphor for narrative therapy. *Journal of Family Therapy*, *18*: 337–359.
Soyland, A.J. (1994). *Psychology as metaphor*. London: Sage.
Spacks, P.M. (1995). *Boredom, the literary history of a state of mind*. Chicago: University of Chicago Press.
Spector, M., & Kitsuse, J.I. (Eds.) (1977). *Constructing social problems*. Menlo Park, CA: Cummings.
Spence, D. (1982). *Narrative truth and historical truth*. New York: W.W. Norton.
Spencer, H. (1885). *Principles of psychology*. New York: Appleton.
Srivastva, S., & Barrett, F.J. (1988). The transforming nature of metaphors in group development: a study in group theory. *Human Relations*, *41*: 31–63.
Srivastva, S., Cooperrider, D.L., & Associates (1990). *Appreciative management and leadership: the power of positive thought and action in organizations*. San Francisco: Jossey-Bass.
Stearns, C.Z., & Stearns, P.N. (1986). *Anger: the struggle for emotional control in America's history*. Chicago: University of Chicago Press.
Stearns, P. (1989). *Jealousy: the evolution of an emotion in American history*. New York: New York University Press.
Stearns, P. (1994). *American cool*. New York: New York University Press.
Steffe, L., & Gale, J. (Eds.). (1995). *Constructivism in education*. Hillsdale, NJ: Lawrence Erlbaum.

Steffe, L., & Gale, J. (Eds.). (1996). *Alternative epistemologies in education*. Hillsdale, NJ: Erlbaum.

Stenner, P., & Eccleston, C. (1994). On the textuality of being. *Theory and Psychology*, *4*: 85–103.

Sternberg, R.J. (1989). *The ethnic myth*. Boston: Beacon.

Sternberg, R.J. (Ed.). (1990). *Wisdom, its nature, origin and development*. New York: Cambridge University Press.

Stewart, E.C. (1972). *American cultural patterns: a cross-cultural perspective*. Chicago: Intercultural Press.

Stone, A.R. (1995). *The war of desire and technology at the close of the mechanical age*. Cambridge: MIT Press.

Strati, A. (1992). Aesthetic understanding of organizational life. *The Academy of Management Review*, *17*: 568–581.

Suddaby, K., & Landau, J. (1998). Positive and negative timelines: a technique for restorying. *Family Process*, *37*: 287–298.

Sugiman, R., Karasawa, M., Liu, J.H., & Ward, C. (Eds.) (1999). *Progress in Asian social psychology* (Vol. 2) Seoul: Kyoyook-Kwahak-Sa.

Suleiman, S.R. (1986). *The female body in western culture: contemporary perspectives*. Cambridge, MA: Harvard University Press.

Sykes, C.J. (1992). *A nation of victims, the decay of the American character*. New York: St. Martins.

Szasz, T.S. (1997). *The manufacture of madness: a comparative study of the inquisition and the mental health movement*. New York: Syracuse University Press. (Originally published in 1970)

Taggart, M. (1985). The feminist critique in epistemological perspective: questions of context in family therapy. *Journal of Marital and Family Therapy*, *11*: 113–126.

Tavris, L.A. (Ed.). (1982). *Multinational managers and poverty in the Third World*. South Bend, IN: Notre Dame University Press.

Tavris, C. (1982). *Anger, the misunderstood emotion*. New York: Simon & Schuster.

Taylor, C. (1989). *Sources of the self*. Cambridge, MA: Harvard University Press.

Taylor, T. (1992). *Mutual misunderstanding*. Durham, NC: Duke University Press.

Thatchenkery, T. (1992). Organizations as texts: hermeneutics as a model for understanding organizational change. *Research in Organizational Change and Development*, *6*: 197–233.

Thatchenkery, T.J., & Pasmore, W.A. (1992). *Postmodernism and the learning organization: implications for the academy*. Paper presented at the National Academy of Management Meeting, Las Vegas, Nevada.

Thompson, A.A., & Strickland, A.J. (1992). *Strategic management*. Homewood, IL: Irwin.

Thompson, C.J. (1993). Modern truth and postmodern incredulity: a hermeneutic deconstruction of the metanarrative of 'scientific truth' in marketing research. *International Journal of Research in Marketing*. 10: 32–338.

Thompson, J.D. (1956). On building an administrative science. *Administrative Science Quarterly*, *1*: 102–111.

Thompson, V.A. (1960). Hierarchy, specialization, and organizational conflict. *Administrative Science Quarterly*, *5*: 485–521.

Tiefer, L. (1992). Social constructionism and the study of human sexuality. In E. Stein (Ed.), *Forms of desire*. New York: Routledge.

Tocqueville, A. de (1969). *Democracy in America*. New York: Doubleday.

Tomkins, S. (1962). *Affect, imagery and consciousness*, (Vol. 1). New York: Springer.

Tomm, K. (1999). Co-constructing responsibility. In S. McNamee & K.J. Gergen (Eds.), *Relational responsibility: resources for sustainable dialogue* (pp. 129–138). Thousand Oaks, CA: Sage.

Torbert, W.R. (1991). *The power of balance: transforming self, society, and scientific inquiry*. Newbury Park, CA: Sage.

Tu Wei-ming (1985). Selfhood and otherness in Confucian thought. In A.J. Marsella, G. Devos, & F.L.K. Hsu, (Eds.), *Culture and self: Asian and western perspectives*. New York: Tavistock.

Tugendhat, C. (1972). *The multinationals*. New York: Random House.

Turkle, S. (1995). *Life on the screen, identity in the age of the internet*. New York: Simon & Schuster.

Turner, B.S. (Ed.). (1990). *Theories of modernity and postmodernity*. London: Sage.

Tyler, S. (1987). *The unspeakable: discourse, dialogue, and rhetoric in the postmodern world*. Madison, WI: University of Wisconsin Press.

Ulmer, G. (1987). *Applied grammatology. poste(e)-pedagogy from Jacuqes Derrida to Joseph Beuys*. Baltimore: Johns Hopkins University Press.

Ulmer, G. (1989). *Teletheory/grammatology in the age of video*. London: Routledge.

Usher, R., & Edwards, R. (1994). *Postmodernism and education*, London: Routledge.

Ussher, J.M. (1992). *Women's madness: misogyny or mental illness?* Amherst: University of Massachusetts Press.

van den Berg, J.H. (1961). *The changing nature of man*. New York: Norton.

van Dijk, T.A. (1989). *Elite discourse and racism*. Newbury Park, CA: Sage.

van Eemeren, F.H., & Grootendorst, R. (1983). *Speech acts in argumentative discussions*, Dordrecht: Foris.

van Maanen. J. (1988). *Tales of the field*. Chicago: University of Chicago Press.

Vernon, R. (1977). *Storm over the multinationals: the real issues*. Cambridge, MA: Harvard University Press.

von Glasersfeld, E. (1979). The control of perception and the construction of reality. *Dialectica*, *33*: 37–50.

von Glasersfeld, E. (1988). The reluctance to change a way of thinking. *Irish Journal of Psychology*, *9*: 83–90.

Vroom, V.H. (1964). *Work and motivation*. New York: Wiley.

Vygotsky, L.S. (1978). *Mind in society: the development of higher psychological processes*. Cambridge, MA: Harvard University Press.

Walkerdine, V. (1997). *Ethnomathematics: challenging eurocentrism in mathematics education*. Albany, NY: State University of New York Press.

Walkerdine, V. (1998). *Counting girls out: girls and mathematics*. London: Falmer.

Wallach, L., & Wallach, M.A. (1994). Gergen versus the mainstream: are hypotheses in social psychology subject to empirical test? *Journal of Personality and Social Psychology*, *67*: 223–242.

Wallach, M., & Wallach, L. (1983). *Psychology's sanction for selfishness*. San Francisco: W.H. Freeman.

Warriner, C.K., Hall, R., & McKelvey, B. (1981). The comparative description of organizations: a research note and invitation. *Organization Studies*, 2: 173–175.

Wartenberg, T. (1990). *The forms of power*. Philadelphia, PA: Temple University Press.

Watzlawick, P., Beavin, J., & Jackson, D. (1967). *Pragmatics of human communication*. New York: W.W. Norton.

Weber, M. (1958). *The Protestant ethic and the spirit of capitalism*. New York: Scribner.

Weick, K. (1995). *Sensemaking in organizations*. Thousand Oaks, CA: Sage.

Weick, K.E., & Van Orden, P.W. (1990). Organizing on a global scale: a research and teaching agenda. *Human Resource Management, 29*: 49–61.

Weingarten, K. (1991). The discourse of intimacy: adding a social constructionist and feminist view. *Family Process, 30*: 285–305.

Weingarten, K. (1998). The small and the ordinary in the daily practice of a postmodern narrative therapy. *Family Process, 37*: 3–15.

Wells, G. (1999). *Dialogic inquiry, towards a sociocultural practice and theory of education*. Cambridge: Cambridge University Press.

Wertsch, J.V. (1991). *Voices of the mind: a sociocultural approach to mediated action*. Cambridge, MA: Harvard University Press.

Wertsch, J.V., & Toma, C. (1995). Discourse and learning in the classroom: A sociocultural approach. In L.P. Steffe & J. Gale (Eds.), *Constructivism in education*. Hillsdale, NJ. Erlbaum.

West, C. (1993). *Race matters*. New York: Vintage.

White, M., & Epston, D. (1990). *Narrative means to therapeutic ends*. New York: W.W. Norton.

Whitley, R. (1992) The social construction of organizations and markets: the comparative analysis of business recipes. In M. Reed & M. Hughes (Eds.), *Rethinking organization*. London: Sage.

Wiener, M., & Marcus, D. (1994). A sociohistorical construction of depression. In T.A. Sarbin & J.I. Kitsuse (Eds.), *Constructing the social*. London: Sage.

Willmott, H. (1997). Managment and organization studies as science? *Organization, 4*: 309–344.

Wise, A. (1979). *Legislated learning*. Berkeley, CA: University of California Press.

Wittgenstein, L. (1953). *Philosophical investigations*. (G. Anscombe, Trans.). New York: Macmillan.

Wittington, E. (1985). *Sometimes a shining moment: the Foxfire experience*. New York: Anchor Press.

Wolf, W. (1958). Organizational constructs: an approach to understanding organizations. *The Journal of the Academy of Management, 1*: 7–15.

Wood, G.H. (1988). Democracy and the curriculum. In L.E. Beyer & M.W. Apple (Eds.), *The curriculum, problems, politics and possibilities*. Albany, NY: State University of New York Press.

Wood, T., Cobb, P., & Yackel, E. (1995). Reflections on learning and teaching mathematics in elementary school. In L. Steffe & J. Gale (Eds.), *Constructivism in education*. Hillsdale, NJ: Lawrence Erlbaum.

Wortham, S.F. (1994). *Acting out participant examples in the classroom*. Amsterdam: John Benjamins.

Wortham, S. (1996). Are constructs personal? *Theory and Psychology, 6*: 79–84.

Wykoff, G.S. (1969). *Harper handbook of college composition*. New York: Harper & Row.

Yakkhlef, A. (1981). Outsourcing and the construction of accountable worlds. *Organization, 5*: 425–446.

Yakkhlef, A. (1992). Call for special research forum: configurational approaches to organization. *Academy of Management Journal, 35*: 685–692.

Young, K. (1997). *Presence in the flesh*. Cambridge, MA: Harvard University Press.

Zimmerman, J.L., & Dickerson, V.C. (1996). *If problems talked: narrative therapy in action*. New York: Guilford Press.

索引

（所注页码均为原书页码，即本书边码）

译后记

历经寒暑，冬去春来，本书的翻译和校对工作终于完成了。这项工作我算是半路接手。但在写硕士论文之时，冥冥之中就为自己的硕士论文起了“饮食的社会建构”的题目，本意只是从文化人类学的角度研究饮食。待到答辩完成，硕士论文告一段落，赵旭东老师将本书的翻译初稿交到我的手里，让我统稿。通读此书之后，深觉汗颜，社会建构论作为一场理智运动已经有了长足的发展，而我却在对其毫不了解的情况下还以“社会建构”作为自己论文的题目！于是深感赵旭东老师之用心良苦，作为我的硕士导师，他很少直接告诉我哪里做错了，而是让我自己去感受，而这种感受则往往非常深刻。

这本书的翻译经历了几个不同的过程和阶段。最早是由罗涛等同学做了初译：张颖翻译了第1和第9章，罗涛翻译了第2、第3和第8章，付蓉翻译了第4和第5章，陆颖尔翻译了第6和第7章，王念翻译了第10和第11章。初稿翻译完成之后，由我做了第一次统校，算是二稿。交付赵老师后被退回，于是我沉下心来重新统校。老师的严谨激发了我重新翻译的决心和劲头，这次重译几乎花去了我所有的时间和心力。校对工作甚至比翻译还要难，不仅要根据英文做出自己的翻译，还要与原译稿作比较，有时在原稿基础上花费的校译时间和精力要远远超过翻译。这个过程是缓慢的、漫长的，需要无尽的耐心和韧性。当我深夜坐在电脑桌前从事这项进展迟缓的工程时，仿佛旁边燃着一盏昏暗的小油灯，在燃耗着我的精力和精神。时常在挑灯夜战之后进入梦乡时却又再次进入一个充满着“格根”、“建构”和一行行等待思考和推敲的文字的世界中。第三稿在一次次推延交稿期限的请求中最终完成，待译校完成，稿子已几乎看不出原稿的痕迹。这次重译之后的进一步校对是由赵老师完成的，他在入冬之时接手，在入春之际完成。今年的春天姗姗来迟，这个冬天几乎是北京半个世纪以来最冷、最长的一个冬天，恰似第四稿在这个冬天经历的一个锻造和历练的过程。

本书的翻译工作得以完成离不开很多人付出的努力。首先，我要感谢帮助过我们的师辈。非常感谢赵老师对我们的信任和对我们的翻译训练。至今我还经常忆起当初我们围坐在办公桌前，赵老师一字一字地纠正我们的翻译的情景。他的严谨和认真一次一次地在我的印象中得到加强。还要感谢方文老师，他一次次地叮嘱和提醒我翻译中的注意事项，一次次地关心译稿的进度，并多次查看译稿，给出修改建议和意见。他对学生的尊重和友善让他的每一位学生都深受触动。作为他的博士生，当我的愚拙与他的厚望相遇时，我一次次地为给他带来的失望而感到内疚和不安。其次，我要感谢参与此书出版工作的龚洪训、姜颖昳、李颜、汤慧芸等各位编辑，她们为此工作付出了无尽耐心和巨大努力。此书的出版经历了一些曲折，她们面对意外事件时表现出的宽容和友善让我印象深刻。最后，我要感谢各位为译稿初稿作出贡献的译者，感谢他们作出的所有努力。其中，罗涛还负责了翻译过程中的各项联络和组织工作，感谢他为此付出的时间和精力。本书翻译工作的完成是一个团队的成果，它的出版离不开每一位参与者的贡献。

在本书付印之际，我自然更多了一层惶恐，生怕辜负了师辈的厚望，生怕给读者带来不便和麻烦，更怕翻译的不周引来对原著的误解和曲解。自忖才疏学浅，经验阙如，纵然竭尽全力，也难免有所疏漏，但校译工作终究要画一个句号，也出于想与各位学人分享此书之热望，故就此定稿。书中不免有偏差错误，还望知者体恤，识者指瑕，俾当怀惶恐负罪之心，再接再厉。最后，我们对所有的批评预致谢忱！

郭慧玲

于畅春新园

2011年4月11日

Social Construction in Context by Kenneth J. Gergen

English language edition published by Sage Publications of London, Los Angeles, New Delhi and Singapore, © Kenneth J. Gergen, 2001.

图书在版编目（CIP）数据

语境中的社会建构/（美）格根著；郭慧玲等译．—北京：中国人民大学出版社，2010
（当代西方社会心理学名著译丛）
ISBN 978-7-300-13011-8

Ⅰ.①语… Ⅱ.①格… ②郭… Ⅲ.①社会心理学-研究 Ⅳ.①C912.6

中国版本图书馆 CIP 数据核字（2010）第 220238 号

当代西方社会心理学名著译丛
方文 主编
语境中的社会建构
[美] 肯尼斯·J·格根 著
郭慧玲 张 颖 罗 涛 译
赵旭东 校
Yujing zhong de Shehui Jiangou

出版发行	中国人民大学出版社		
社　　址	北京中关村大街 31 号	邮政编码	100080
电　　话	010－62511242（总编室）		010－62511770（质管部）
	010－82501766（邮购部）		010－62514148（门市部）
	010－62515195（发行公司）		010－62515275（盗版举报）
网　　址	http://www.crup.com.cn		
经　　销	新华书店		
印　　刷	北京东君印刷有限公司		
规　　格	155 mm×235 mm　16 开本	版　　次	2011 年 9 月第 1 版
印　　张	19.75 插页 1	印　　次	2021 年 7 月第 2 次印刷
字　　数	275 000	定　　价	69.00 元